행복한 도시

행복한 도시

행복한 도시를 위한 41가지 제언

ⓒ 성영준, 2021

초판 1쇄 발행 2021년 5월 9일

지은이   성영준
펴낸이   이기봉
편집   좋은땅 편집팀
펴낸곳   도서출판 좋은땅
주소   서울 마포구 성지길 25 보광빌딩 2층
전화   02)374-8616~7
팩스   02)374-8614
이메일   gworldbook@naver.com
홈페이지   www.g-world.co.kr

ISBN   979-11-6649-740-7 (03330)

행복한 도시

행복한 도시를 위한 41가지 제언

성영준 지음

좋은땅

서문

세상은 원래 정의롭지도 공정하지도 않다고 이야기한다. '누구나 모두 똑같은 능력을 가질 수 없으며, 절대적 빈곤을 벗어나 이만큼 살게 되었으면 성공한 것 아니냐.'라고, '불평불만을 거두고 가진 것에 만족하는 삶을 살라.' 하고. 하지만 공정이나 평등은 상대적이라고 했다. 예전에는 대부분 가난했고 어려운 삶을 살았다. 어렵고 힘들었지만 미래에 대한 희망으로 기대에 부푼 삶이었다. 하지만 오늘날 국가발전의 혜택은 소수에 집중되고 빈부의 차는 갈수록 심해지고 있다. 부와 교육의 대물림으로 계층간 상향 이동을 위한 사다리는 쓰러진 지 오래다. 대다수의 삶은 조금도 나아지지 않고 번영의 주변부로 밀려나고 있다.

우리도 모르는 사이 도시 공간은 소득, 교육, 지역에 따라 계층화되고 분리되고 있다. 소득과 자산은 소수의 상위계층에게 집중되고 부의 불평등은 도시 공간의 불평등을 고착화시키고 있다. 모두가 공정과 정의를 외치고 있지만, 현재의 정치·경제·교육시스템이 공정하다고 느끼는 사람은 거의 없다. 외침은 허공에 메아리쳐 되돌아올 뿐이다.

도시에서 삶을 꾸리고 살아가고 있지만, 항상 이웃과 단절되고 주변과 분리된 채 부를 쫓아 이곳저곳 옮겨 다닌다. 일상에서 수많은 사람을 만나고 관계를 맺고 시간을 보내지만 자기 앞집에는 누가 사는지도 모른다, 아파트 엘리베이터는 침묵이 흐르는 불편한 공간이다. 아파트는 삶을 보듬는 공간이 아니라 단지 사고파는 부동산 상품일 따름이다.

도시에서의 우리의 삶은 너무나 바쁘고 복잡하다. 오로지 앞만 보고 달린다. 언제부터인가 옆을 보거나 되돌아보지 않는다. 더 좋은 아파트, 더 좋은 직장, 더 비싼 자동차, 해외에서의 멋진 휴가와 여행, 그리고 자식들의 교육과 성공을 위해 밤낮없이 열심히 일한다. 내일을 위해 오늘을 희생하고 이 모든 것들은 우리를 멈출 수 없게 한다. 폭주하는 기차에서 내릴 때가 다가왔지만 너무나 빠른 속도 때문에 내릴 수 없다. 젊음은 어느덧 사라지고 남은 것은 지친 마음과 어느새 주름진 얼굴이다.

부의 불평등은 갈수록 심해지고 이에 따라 도시 공간도 점점 더 집중화되고 계층화되고 있다. 우리라는 연대 의식은 갈수록 희미해지고 서로에 대한 무관심만 더해 가고 있다. 지금껏 경험하지 못한 변화의 파도가 도시로 밀려오고 있다. 도대체 우리 도시는 어디로 가고 있는 것일까? 혹시 방향을 잃고 어디로 가야 할지 갈피를 잡지 못하고 있는 것은 아닐까? 도시는 그 안에서 삶을 살아가는 사람들의 관계와 소통을 통해 성장하고 발전한다고 한다. 우리는 과연 서로 솔직하고 올바르게 소통하고 있는 것일까? 아니면 정치적 힘이나 우리가 알 수 없는 거대한 힘이 일방통행으로 대화를 이끌어 가는 것은 아닐까? 우리 앞에 닥친 도시의 위기와 분열에 대처하고 지속 가능한 미래를 위해서는 도시의 보이지 않는 곳을 보고 지각할 수 있는 눈과 생각하고 꿈꾸는 것을 실행으로 옮길 수 있는 용기가 필요하다.

지금까지 우리는 도시를 삶터가 아닌 상품이라는 하나의 렌즈로만 바라본 것은 아닐까? 아니면 회색빛 콘크리트와 아스팔트로 뒤덮인 도시의 풍경이 우리의 눈과 귀를 가리고 있는 것일까? 우리는 버스나 기차를 타더라도 창밖을 보지 않는다. 손 위의 휴대폰이나 차량 앞쪽에 설치된 TV만 쳐다볼 뿐이다. 창밖을 보면 너무나 아름다운 세상이 펼쳐지는데도 말이다. 그림처럼 스쳐 지나가는 산과 강, 초록으로 물든 들판 그리고 밤이면 보석처럼 빛나는 작은 마을의 불빛은 우리를 상상과 기쁨의 나래로 이끈다. 조금만 여유를 가지고 우리의 이웃과 도시에 담긴 작은 이야기에 공감하면서 미래를 바라보고 달려간다면 더 아름다운 세상이 펼쳐지지 않을까? 그 길이 조금은 느리고 불편하더라도!

우리는 도시에서 과연 행복할 수 있을까? 모든 도시에는 어둠과 희망이 공존한다. 나는 도시의 불평등과 쇠퇴, 고립과 불안 등 우리 도시 뒤편에 감춰진 어둡고 부정적인 면을 애써 찾아보려 했다. 도시개발 분야에 30년간 몸담고 있는 전문가로서, 도시에 살고 있는 한 사람의 시민으로서 느끼고 생각했던 것들이다. 다소 과장되고 논리적 비약이 있는 주장도 있을 것이다. 최근 심화되고 있는 불평등과 도시 문제에 대한 소시민의 애정 어린 제언으로 이해해 준다면 감사하겠다. 이 책이 보다 정의롭고 행복한 도시가 될 수 있는 길을 찾는 데 깨알 같은 도움이라도 되었으면 하는 바람이다. 추운 겨울이 지나면 어김없이 따뜻한 봄이 오듯이 의지와 힘을 합쳐 우리 앞에 길게 드리워진 불평등과 욕망의 그림자를 걷어 낸다면 언젠가는 희망이 넘치고 살고 싶은 행복한 도시가 우리 곁을 찾아오지 않을까?

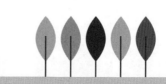

목차

서울시, 특별시를 지우자

우리는 특별시 보유국이다. 정말 기쁘고 자랑스럽다. 우리는 서울을 특별시라고 부른다. 대한민국의 수도이기 때문에, 아니면 무슨 특별한 것이 있기 때문에 서울을 특별시라고 부르는 걸까?

서울시를 특별시라고 부르게 된 유래를 보자. 손정목에 의하면 1946년 8월 14일 광복 1주년 기념일에 미 군정청은 미군정에 대한 불평불만이 높아지자 서울 시민이 국민 여론을 좌우한다고 생각해 서울 '자유독립시(Freedom Independent City)'라는 선물을 준다. 그때까지 경기도 지사의 지휘, 감독 아래에 있던 경기도의 지방관청인 서울시를 승격시켜 독립시킨다는 것이다. 그런데 자유독립시를 번역하는 군정청의 공무원은 독립시라는 이름을 도저히 생각할 수 없었다. 고민하고 또 고민하다가 불쑥 생각난 말이 있었다. '특별부제(特別府制)'라는 말이었다. 1930년대 말에 경성부가 점점 커져 가자 경성부 의회의 건의를 받은 일본인 부윤(府尹)이 경기도 관할에서 벗어나는 특별부제를 연구해 보겠다고 했고 그것이 당시의 신문에 크게 보도된 일이 있었던 기억이 되살아난 것이다. 그래서 특별시라는 명칭으로 번역을 했다. 특별시라는 이름을 영어로 번역하면 'Special City'이다. Special City라는 이름을 가진 도시는 세계 어디에도 없다고 한다.

우리 모두는 서울을 자랑스럽게 생각한다. 서울이 가진 자연의 아름다움, 웅장하고 아름다운 강과 산을 품고 있는 흔치 않은 도시, 600년의 역사를 간직하고 있는 도시, 다섯 곳이나 되는 궁궐과 수많은 문화재, 생동하는 거리와 고층 빌딩의 스카이라인, 깨끗하고 정돈된 거리, 거리 곳곳에서 만나는 값싸고 맛있는 음식과 예쁘고 아늑한 카페 등 서울은 내세울게 너무 많은 도시다. 이처럼 우리의 자랑스러운 도시, 서울은 대한민국의 특별시답게 특별한 대우를 받고 있다. 서울 시민의 의식 속에는 나는 특별시민이라는 자부심이 자리 잡고 있다. 지방으로 출장을 가거나 여행을 갔을 때 식당 주인이 묻는다. 어디서 오셨냐고, 서울 시민은 입가에 엷은 미소를 띠고 말한다. '서울'이라고.

서울은 산과 강을 함께 품고 있는 아름다운 도시이다.

대한민국에서 세상의 중심은 서울이다. 서울이 곧 대한민국이다. 서울 시민의 깨끗하고 안정적인 물 공급을 위해 팔당 상수원보호구역은 158.8㎢(여의도 면적의 55배)가 지정되어 있다. 서울 시민이 깨끗한 물을 마실 수 있도록 보호구역의 주민들은 집도 마음대로 고칠 수 없고 마을에 편의점 하나 들어설 수 없다. 재산상으로 많은 불이익을 받고 있고 상대적 박탈감은 더욱 크다. 서울 시민의 쓰레기 처리를 위해 세계 최대 규모인 수도권 쓰레기 매립지가 인천과 김포에 있다(경기도의 쓰레기도 함께 처리한다). 부지면적은 16.85㎢(축구장 2,360개 면적)나 된다. 인근주민들은 진입 차량의 먼지와 악취에 시달리고 있다. 서울외곽순환고속도로는 노선의 90% 이상이 경기도와 인천시를 통과하고 있지만 명칭은 서울의 변두리라는 이미지의 '서울외곽순환고속도로'이다. 경기도와 인천시는 명칭 개정을 국토교통부에 건의했고 2020년 9월 1일에 가서야 '수도권 제1순환고속도로'로 이름이 변경되었다. 지하철 2호선, 지하철 3호선은 서울이라

1991년 개통된 '서울외곽순환고속도로'는 29년 만에
'수도권 제1순환고속도로'로 이름이 바뀌었다.

는 이름을 붙이지 않아도 서울의 지하철 2호선이고 지하철 3호선이다. 서울대공원은 과천에 있음에도 명칭은 서울대공원이다. 서울특별시장은 지방자치단체의 장으로는 유일하게 국무회의에 참석한다.

총면적이 전국의 0.6%에 불과한 서울에 전국의 20%에 가까운 인구가 살고 있다. 일본 도쿄에는 전국 인구의 7%만이 살고 있다. 매출액 기준 100대 기업 중 71곳이 서울에 위치하고 있다. 삼성전자와 포스코, KT는 본사가 지방에 위치하지만 서울에도 본사 기능을 하는 사옥이 있다. 국내 상장기업의 41.7%가 본사를 서울에 두고 있고 시가총액은 전체의 절반에 달한다. 2017년 서울 지역 아파트 시가총액은 860조 원을 넘어서 전국 아파트 시세총액의 37.4%를 차지했다.

국립도서관의 경우 서울에 국립중앙도서관과 분관, 국립어린이중앙도서관, 국회도서관이 있지만 지방에는 세종시의 국립도서관분관이 유일하며 부산광역시에 국회도서관 분관(자료보관실)이 추진 중이다. 국립미술관도 서울에만 국립현대미술관 본관, 서울관, 덕수궁관 3개나 있지만 지방에는 2018년 12월 연초 제조창 건물을 리모델링해 개관한 국립현대미술관 청주관이 유일하다. 어린이에게 꿈과 용기를 심어 주는 테마파크도 서울에 어린이대공원, 롯데월드가 있고 서울에서 쉽게 갈 수 있는 서울랜드, 에버랜드가 있지만 지방에는 가족과 갈 만한 테마파크는 없다.

교통시설도 마찬가지이다. 지방 공항에는 단거리 노선 위주로 되어 있어 미주, 유럽 등 장거리노선은 인천까지 올라와야 하고 김해국제공항, 제주국제공항은 시설이 수요를 따라가지 못해 환경이 열악하다. 김해국제공항은 확장할지, 신설할지를 두고 아직도 논쟁이 뜨겁다. 교육에 있어서도 서울과 비서울 간의 격차가 심하게 벌어지고 있고 이러한 현상을 가장 뚜렷하게 보여 주는 것이 인서울 대학교 열풍이다. 이외에도 특별한 서울을 이야기한다면 끝이 없을 것이다.

15세기 철기문명을 가진 서구문명이 석기문명을 가진 아메리카, 아프리카, 오스트레일리아를 정복하고 수탈했듯이 서울은 거대한 자본과 정치권력, 우수한 교육환경과 수많은 인재 등을 무기로 블랙홀처럼 모든 자원을 빨아들여 지방과 주변부를 쇠락의 길로 이끄는 것은 아닐까? 정치, 경제, 문화, 교육, 일자리 모든 것이 서울로 집중되고 대한민국의 서울이 아닌 서울의 대한민국이 되려 하고 있다. 마치 18세기 프랑스에서 파리가 세계의 위대한 수도, 새로운 로마가 되는 것을 목표로 삼아 막대한 국가재정을 투입, 파리 이외의 지역들이 파리를 자신들을 희생시켜 가면서 성장하는 '피를 빨아먹는 향락과 악덕의 대도시'로 간주했듯이.

서울 또한 지방을 희생시켜 성장하는 한국의 특별한 도시는 아닐까? 아니면 특별시라는 이름으로 서울만이 너무 특별해지려고 하고 있는 것은 아닐까? 이는 불공정 경쟁이다. 모든 자원을 독점한 채 다른 도시들과 경쟁하는 것은 공정하지 못하다. 공정거래위원회에 제소라도 해야 할 것 같다. 세상 어디에도 특별하지 않은 도시는 없다. 모든 도시가 고유의 역사와 전통과 그 도시만의 이야기를 가지고 있으며, 그 도시가 품고 있는 다양한 삶 또한 특별하다. 애초 특별시의 명칭이 특별함이 아닌 번역상의 편의에 의해 생겨났으니 이제 서울시에서 특별시라는 이름을 지우자. 그래서 서울시에 빼앗긴 다른 도시의 자존심을 회복하자. 아니면 모든 도시에 특별시라는 이름을 붙이자! 이미 '세종특별자치시'와 '제주특별자치도'도 있지 않은가? 구리특별시, 군포특별시, 진주특별시, 강릉특별시, 순천특별시, 목포특별시…. 너무나 멋있고 특별한 이름들이다. 그동안 잘나가는 자식에게만 쏟았던 사랑을 이제 지방에 사는 그저 그런 자식에게도 베풀어 보자. 이왕 내친김에 보다 확실하게 도와주도록 서울에 우선해서 지방을 지원하는 지방특별법까지 만들자. 이제 우리는 특별시 보유국이 아니다.

서울특별시 강남특별자치구

"중앙정부에 강남구를 특별자치구로 지정하라고 요청해 달라." 1조 7000억 원에 달하는 삼성동 옛 한전부지의 공공기여금 사용처를 두고 서울시와 갈등을 빚으면서 강남구청장이 서울시장에게 한 말이다. 서울특별시 강남특별자치구, 특별의 제곱은 얼마나 특별할까?

공공기여금은 개발 과정에서 용적률 등 각종 규제를 완화해 주는 대신 사업자가 도서관 등 공공시설 건설이나 지역사회 발전 명목으로 내는 돈을 말한다. 삼성동의 구 한국전력 부지를 매입한 현대자동차가 1조 7000억 원을 서울시에 공공기여금으로 내기로 했는데, 서울시는 공공기여금을 다른 지역과 나눠야 한다는 입장인 반면 강남구는 강남구에만 투자해야 한다는 입장을 보여 서울시와 강남구 사이에 갈등이 많았다.

강남에 사람들이 모여드는 이유는 무엇일까? 강남의 부동산 가격이 천정부지로 치솟는데도 강남의 재건축아파트는 분양경쟁률이 수십 대 일을 넘는다. 강남에 아파트를 사 두면 가격이 올라 차익을 얻을 수 있다고 생각하는 투자자들 때문만은 아닐 것이다. 많은 사람이 수십억 원을 지불해서라도 강남에 살고 싶어 한다!

　미국의 도시경제학자 리처드 플로리다에 의하면 몇 가지 요인 때문에 부유한 고학력 백인들이 미국의 도심으로 돌아오고 있다고 한다. 먼저 지식, 전문성, 첨단기술, 창조성이 요구되는 고임금 일자리가 도심에 집중되어 있어 접근성이 좋기 때문이다. 또 다른 요인은 부자들이 긴 통근 시간을 줄이기 위해 직장 근처에 살려고 하는 경향이 증가하고 있기 때문이다. 그러나 부유한 고학력 백인들이 도시로 가는 가장 중요한 요인은 도서관에서 박물관, 레스토랑과 카페에 이르기까지 도시가 제공하는 쾌적한 편의시설에 대한 접근성이다. 부유한 백인은 도심으로 돌아옴으로써 통근 시간을 줄이는 동시에 고임금의 직장 주변에 살면서 도시 생활이 제공하는 더 나은 편의시설에 대한 특별한 접근성을 누릴 수 있다.

　강남은 위에서 이야기한 요인들을 모두 갖추고 있다. 테헤란로를 중심으로 고임금 일자리가 집중되어 있고 강남 3구에는 전철역이 82개나 있어 교통이 편리하다. 주변에 휘문고, 단대부고, 세화고, 서울고, 경기고, 숙명여고, 현대고 등 우수한 성적의 고등학교들이 모여 있어 교육 여건이 뛰어나다. 또한 고급 레스토랑과 카페, 전시장, 화랑, 도서관 등 편의시설이 집중되어 있다. 글로벌 커피브랜드 스타벅스도 강남을 좋아한다. 강남·서초구에 112개의 매장이 있지만 도봉구에는 단 한 개의 매장밖에 없다. 강북구에도 5개, 중랑구에도 6개뿐이다(2018. 6. 기준). 돈 있고 능력 있는 사람들이 강남으로 몰려오고 아파트는 항상 공급보다 수요가 넘쳐난다.

KB금융지주 경영연구소의 '2018 한국 부자보고서'에 따르면 부동산과 기타 실물자산을 제외한 금융자산 10억 원 이상 부자의 수는 2017년 기준으로 27만 8,000명이다. 이 중 지역별로는 서울이 12만 2,000명으로 전체의 43.9%를 차지했으며, 서울 내에서는 강남 3구(강남, 서초, 송파)가 약 4만 3,000명으로 비중은 35.2%에 달했다. 연합뉴스 보도에 의하면 2017년 7월 말 강남구·서초구·송파구 등 강남 3구의 10억 원 이상 고가 아파트는 총 16만 143가구로 서울 지역 10억 원 아파트의 78%가 강남권에 몰려 있다. 서울 강남구 아파트 시가총액은 139조 6000억 원으로 전국 아파트 가격 대비 6.1%를 차지한다. 참고로 강남구의 인구는 54만 명으로 우리나라 인구대비 약 1.04%를 차지한다. 서울 강남의 땅값은 2011년 기준으로 이미 부산시 전체를 사고도 남는다.

많은 사람이 강남에 살고 싶어 하고 모여드는 또 다른 이유는 없을까? 다음은 《강남 만들기, 강남 따라하기》에 나오는 강남에 오랫동안 살고 있는 주민의 인터뷰 내용이다.

"나는 강남구만 강남이라고 생각해. 송파는 오리지널 강남에 비해 많이 떨어지지. 차이가 나. 수준차이가. 학력도 그렇고, 재력도 그렇고, 뭐 지위도 그렇고, 수준이 달라. 아파트가 비슷하게 많이 지어져서 그렇지. 사실 난 은마나 대치도 강남이라고 생각 안 했어. 압구정, 청담, 삼성동 이렇게가 진짜 오리지널 강남이지. 이 동네도 옛날에 아주 본

위기 좋았어. 점잖고, 학력 있고, 돈 있고, 빽 있는 사람들만 있었어.
그런데 외부인들이 너무 많이 들어와서 그런 게 없어졌어…. 진짜 강
남은 학력 있고 재력도 있어야 해. 돈만 있어서는 안 돼. 근데 요샌 뭐
장사해서도 돈 벌어 오더만. 치킨 팔아서 돈 있다고 오고, 뭐. 예전에
는 학력이 돼야 되는 거였어."

　강남은 다른 지역과 차별화되는 특별한 장소가 되고 싶어 한다. 전국의
돈 있는 사람들은 모두 강남에 터를 잡기를 원한다. 자식들을 위해서 서
둘러 강남에 아파트를 마련한다. 강남에 집 한 채 없으면 부자 행세도 어
렵다. 내국인뿐만 아니라 국제적인 비즈니스 도시 서울에 근무하는 해외
글로벌 기업인들까지 강남에 살고 싶어 한다. 모든 도시 공간이 강남을
따라하고 강남이 되기를 꿈꾼다. 강남생활권, 제2의 강남, 강남까지 10분
거리, 강남까지 20분 내에 도착, 대구의 강남 수성구, 부산의 강남 해운대,
강남스타일에 대한 우리 사회의 욕망은 끝이 없고 현재 진행형이다.

　국토교통부와 한국감정원의 자료에 따르면 2017년 12월 서울 강남구와
서초구, 송파구, 강동구 등 강남 4구에서 성사된 아파트 거래는 2,339건
이며 거주자별 비중을 보면 강남 4구 59.6%, 강남 외 서울 18.9%, 수도권
14.4%, 지방 7.1%이다. 또한 조선일보에 따르면 서울 강남권의 반포구 아
크로리버파크, 강남구 래미안대치팰리스·도곡렉슬, 송파구 리센츠 등 4
개 단지 229가구 중 2016년 이후 매매가 이뤄진 아파트는 모두 24가구이
며 그중 79%는 대출 한 푼 없이 모두 현금으로 거래되었다. 평균 매매 가
격은 17억 원이었고 최대 24억 원을 현금으로 내고 아파트를 산 사람도

있었다.

오늘날 도시는 과시적 소비자들로 넘쳐난다. 누구나 몇백만 원 하는 명품가방을 들고 다니고, 수억 원 하는 고급 외제차들이 수없이 거리를 누비고 있다. 값비싼 명품으로 자신의 품위를 과시하고 돈이 많음을 증명하고 싶어 한다. 가격이 오를수록 품위의 상징으로 여겨 소비가 늘어나는 배블런재[1]처럼 강남에 산다는 것 또한 과시적 소비가 아닐까? 한 채에 수십억 원씩 하는 강남의 아파트는 그곳에 사는 것만으로도 부자임을 증명하고 아무나 살지 못하는 특권적 공간으로 인식하도록 하는 상품임이 틀림없다.

과시적 소비자들로 넘쳐나고 누구나 살기를 꿈꾸는 매혹의 도시 강남, 하지만 강남 주민 모두가 행복하지는 않은 것 같다. 부동산 가치의 폭발적 상승, 미친 집값이라며 이를 바라보는 국민들의 곱지 않은 시선은 마음의 부담으로 다가온다. 또한 강남의 부모들은 자식들이 강남에 살아야만 성공할 확률이 높다는 것을 너무나 잘 알고 있다. 강남에 산다면 우수

---

1) 배블런재(Veblen goods): 사람들의 선호가 가격형성에 직결되고, 가격이 오르면 오히려 선호도가 높아지는 재화를 일컫는다. 초고가 제품은 이를 살 수 있는 수요가 제한된다. 반대로 돈이 많은 사람들은 이런 재화의 구입으로 스스로 부(富)를 과시하고 싶어 한다. 따라서 보통 사람들이 접근하기 어려운 일부 재화의 경우 슈퍼부자들의 타깃이 될 수 있다. 높은 지위가 연상되는 상품들, 즉 아주 비싼 와인이나 향수와 같은 사치재는 일종의 베블런재라고 볼 수 있다. 이런 제품들의 경우 가격이 하락하면 이들이 더 이상 높은 지위를 연상시키거나 특별하다고 느껴지지 않기 때문에 부를 과시하고 싶은 일부 소비자들은 오히려 구매를 꺼린다. 출처: 네이버 지식백과.

한 초등학교와 중고등학교를 나와 일류 대학에 입학하고 좋은 일자리와 배우자를 구할 가능성이 높다.

부모의 재력이 우수한 교육을 받는 데 결정적 요인이 되고 있다. 하지만 아무리 좋은 직장에 들어가더라도 부모의 재력이 뒷받침되지 않으면 주거지의 선택은 제한될 것이다. 부모의 도움 없이 어떻게 수십억 원이나 하는 집에서 살 수 있겠는가? '아이가 잘되려면 아버지의 재력이 아닌 할아버지의 재력이 필요하다.'라는 말은 농담이 아닌 사실이 되고 있다. 자식들이 강남에 살려면 부모가 주거비의 대부분을 부담해야 하는데 이러한 부담 때문에 노후 준비에 많은 어려움을 겪게 된다. 자식과 함께 더는 강남에 살 수 없다는 불안감이 밀려온다. 결혼하는 자식에게 전세라도 얻어 주기 위해 직장에서 은퇴할 수도 없다. 언젠가 은퇴하고 나면 보유세 폭탄으로 정든 곳을 떠나야 한다. 물론 강남 주민 모두에게 해당되지는 않겠지만….

값비싼 아파트 단지는 경계에 담을 쌓고 사람들의 접근을 차단한다. 외부와 단절된 입주자만의 배타적 공간이다. 그리고 같은 계층의 사람들끼리만 어울려 산다. 아파트 단지처럼 우리가 사는 장소도 점점 경제적으로 계층화되고 외부로부터 고립되어 가고 있다. 머지않은 미래에 과거 성벽과 해자로 둘러싸인 성(城)처럼 강남특별자치구도 부유하고 능력 있는 사람만이 살 수 있는 이웃과 격리된 특별한 곳이 될지도 모르겠다. 분리된 도시에서 우리는 사라지고 그들만의 세상이라는 냉소적 인식만이 퍼져 나갈지도 모르겠다.

서울 강남 집값, 맨해튼을 뛰어넘다

건설경제신문 보도에 의하면 서울 반포동의 아크로리버파크의 시세가 9000만 원을 돌파했다(2018. 5. 기준). 이대로라면 2019년 상반기를 넘기기 전에 국내 최초 3.3㎡(1평)당 시세 1억 원짜리 아파트가 나올 전망이었다. 실제로 뉴욕 중심부 미드타운 아파트 전용 150㎡의 분양가는 476억 원에 책정되었으며, 홍콩 키크지역의 마운트 니컬슨 단지 역시 전용 394㎡ 아파트가 최근 790억 원에 거래됐다. 국내 기준으로 환산하면 3.3㎡(1평)당 6억 6000만 원~10억 3000만 원에 달하는 셈이니 뉴욕이나 런던, 홍콩에 비해 서울 강남의 아파트 가격은 아직 낮다는 시장의 반응이다.

서울시 지도를 보면 한강변은 강의 남쪽과 북쪽 모두 고층 아파트로 채워져 숨쉬기도 어려울 정도이다. 반포 아크로리버파크 아파트는 한강변에 위치하고 있어 한강을 바라볼 수 있다. 한강을 바라볼 수 있느냐에 따라 조망권의 프리미엄으로 가격 차이가 엄청나다. 이는 공공재라 할 수 있는 한강의 조망권을 독점함으로써 얻는 이익이라 할 수 있으니 한강의 조망권에 대해 세금이라도 매겨야 할 것 같다. 2018년 8월에는 반포 아크로리버파크 아파트가 3.3㎡(1평)당 1억 원에 거래됐다는 소문이 나돌았다. 소문의 진위를 둘러싸고 많은 공방이 있었고 국토교통부는 "실체가 없는 허위 정보."라고 잠정 결론을 내렸다. 하지만 서울의 집값 폭등으로 강남 집값 3.3㎡당 1억 원 시대는 시장의 예상보다 빠르게 다가왔다. 드디어 강남의 집값은 맨해튼과 홍콩의 집값을 넘어 세계 최고의 자리에 올랐다고 자랑할 날이 머지않았다.

서울의 대규모 아파트 단지 모습.

서초구 반포동의 아크로리버파크 아파트는 2019년 8월에 3.3㎡(1평)당 9992만 원에 거래되었다. 사실상 강남 아파트 평당 1억 원 시대가 현실이 되었다. 2021년 1월 네이버 부동산 매물정보에 따르면 아크로리버파크 전용 84㎡ 매매가는 36억 원에 나왔다. 3.3㎡(1평)당 가격이 1억 557만 원, 평당 1억 원이 넘는다. 이제 매매가 평당 1억 원 이상은 놀랍지도 않다. 당연한 것으로 여겨진다.

> "노무현 정부 때 한신 1차 아파트 가격이 2억 3000만 원이었어요, 그전에 처음 그 아파트를 살 때는 6000만 원이었고요. 그런데 2년 만에 15억 원이 돼 재산세가 10배 이상 올랐지요. 그런데 지금 아파트 한 채 값이 30억 원이 넘는다고 하면 다들 말도 안 된다는 반응을 보입니다. 여기 사는 사람들도 이상하다 싶어요."

동아일보 인터뷰 내용이다. 2018년 '9.13 부동산 대책'이 발표되고 정부에서 세무조사나 전수조사를 한다고 야단법석이다. 서민이나 지방에 사는 사람들의 민심은 분노를 넘어 폭동 수준으로 부글부글 끓고 있다고 한다. 정부는 부동산 투기는 반드시 잡겠다는 의지를 다시 밝힌다.

정부는 강남의 집값 폭등을 투기에 무게를 두고 있는 듯하며, 계속해서 투기와의 전쟁으로 여론을 만들어 가고 있다. 하지만 강남의 집값 폭등은 투기만의 문제가 아닌 것 같다. 리처드 플로리다에 의하면 천문학적인 부동산의 가격은 집중시키는 힘의 산물이라고 했다. 즉, 두 가지 종류의 집중화가 도시에서 일어나는데 첫 번째는 특정 기업과 산업의 집중화다. 두 번째 힘은 숙련되고 전도유망한 사람들이 도시에 집중되는 것이다. 강남에는 삼성전자, 현대자동차와 같은 대기업 본사 사옥이 들어서고 벤처기업들이 집중된다. 그리고 고임금 IT기업과 금융기업의 고위임원, 벤처창업가, 고위공무원 및 국회의원, 전국의 돈 있는 부동산 임대업자들이 강남으로 몰려든다. 강남의 집값 폭등은 강남으로 부와 사람이 집중되고 거기에 더해 아파트 공급의 부족, 우리 사회에서 강남이라는 장소의 상징성 등이 복합적으로 어우러져 발생하는 집중화의 현상이다.

강남에 대한 수요가 넘쳐나고 강남의 집값이 얼마든 지불할 의사가 있는 부유층이 갈수록 늘어나고 있다. 어떤 경우에도 강남의 집값은 떨어지지 않는 대마불사의 강남으로 진화하고 있다. 하지만 서울 강남의 아파트 가격이 천문학적으로 상승한다고 해서 국가경제에 무슨 이익이 있는 것일까? 국가경제의 부가 늘어나고 생산성이 향상되는가? 틀림없이 아닐 것이다. 오히려 도시의 불평등을 심화시키고 국민의 화합을 해치고 분열시키는 촉매 역할을 할 것이다. 이는 도시의 공공투자와 발전에 따른 모든 이윤을 사유화하고 사유화에 따른 모든 손실을 사회화하는 현상은 아닐까? 부동산정책의 공정성 확보와 실행이 더욱 중요하고 필요한 이유이다.

부동산 정책에 영향을 미칠 수 있는 핵심 주체로는 청와대와 기획재정부, 국토교통부, 국무조정실, 국회 등을 들 수 있다. 노컷뉴스에서 청와대 비서관 이상, 행정부 실장급 이상, 국회 국토교통위 소속 의원들 이렇게 모두 107명을 대상으로 조사를 했다. 지역구 의원들의 영향으로 비율 산정이 어려운 국토교통위원회를 제외하면 비서실·국토부·국토위·기재부·국조실 5곳의 강남 주택 보유자 비율은 43.3%이었다.

자녀가 다니는 학교의 교사들은 당해 학교의 시험문제 출제에서 제외되고 고위공직에 임명되면 직무 관련 주식을 매각해야 한다. 이 모두 지위와 권한이 사익과 충돌되기 때문일 것이다. 서울과 강남의 부동산 정책 수립을 위해서는 이해충돌방지를 위한 엄격한 잣대가 필요하다. 좀 더 극단으로 나아간다면 부동산정책을 다루는 고위공직에 강남 거주자는 배제하면 어떨까? 누구는 이야기할 것이다. 강남에 살아 본 적도 없는 사람이 어떻게 강남에 대한 부동산 정책을 수립할 수 있냐고! 물론 거주의 자유야 보장해야 한다. 하지만 정책의 공정성과 국민의 정책에 대한 믿음도 이에 못지않게 중요하지 않을까? 강남의 비이성적 집값 폭등에 대한 정책은 다를 수 있다. 고위 정책결정자들이 개인의 이익보다는 국가를 생각하는 사명감과 양심이 사라진다면 국민의 믿음도 연기처럼 사라질 것이다.

서울만, 특히 강남만 발전한다면 언젠가는 다른 지역의 불만이 폭발할 것이고 결국 서울과 강남의 발전은 지속 가능하지 않을 것이다. 모든 지역이 균형 있게 발전할 수 있도록 정책을 펴는 것이 정책입안자의 의무이다. 세상이 모두 평등할 수는 없다. 하지만 누구나 평등한 기회를 보장받고 노력에 정당한 대가를 받을 수 있고 최소한의 인간적인 삶을 누릴 수 있는 세상을 만들어 가는 것이 국가정책을 결정하는 사람들의 의무라고 생각한다.

2019년 홍콩 반정부 시위가 계속되는 근본 원인은 집값 폭등과 공공주택 부족이라는 분석은 우리에게 시사하는 바가 크다. 최근 불공정과 불평등, 기성세대의 이기심에 분노하는 한국의 2030 세대의 박탈감에는 주거문제가 취업 문제와 함께 가장 큰 원인으로 자리 잡고 있기 때문이다. 서울신문에 따르면 홍콩 아파트 가격은 3.3㎡당 1억 원을 훌쩍 넘어서고, 직장인이 아파트 한 채를 사기 위해서는 돈 한 푼 쓰지 않고 20.9년 동안 월급을 모아야 할 정도다. 집값 폭등은 열악한 주거 환경으로 이어져 홍콩인의 평균 주거 면적은 1인당 161f^2(약 4.5평)로 싱가포르의 절반에 지나지 않는다. 리처드 웡 홍콩대 교수는 "젊은이들이 더 나은 미래를 꿈꿀 수 없을 때 이들은 거리로 뛰쳐나온다."라며 "공공주택의 저소득층 분양 등 정부가 부동산 대책 마련을 서둘러야 한다."라고 촉구했다.

강남의 아파트 가격이 맨해튼이나 홍콩과 같이 한 채에 수십억 원에서 수백억 원까지 오르는 것은 누구에게도 좋은 일은 아닐 것이다. 평생 쉬지도 못하고 죽기 살기로 일해서 인생에서 큰 성공을 이루었다 하더라도 집을 사는 데에 수십억 원, 수백억 원을 지불하거나 재산의 대부분을 투자해야 한다면 과연 의미 있는 삶일까? 수백억 원의 고층아파트에 갇혀 살면서 이웃이 누구인지도 모른 채, 철통같은 첨단 보안시스템으로 무장하고 있지만 한 모금의 신선한 공기를 위해서 창문 하나도 마음대로 열지 못하고, 쳇바퀴 돌듯 집과 회사를 오가는 삶을 살고, 인생의 마지막은 모든 것을 투자한 아파트를 떠나 1평도 안 되는 요양원 침대에서 쓸쓸하게 보내야 한다면!

강남의 지하철역은 몇 개일까?

서울 강남에는 지하철 노선이 몇 개나 지나갈까? 강남의 지하철역은 서울의 다른 지역에 비해 얼마나 조밀하게 배치되어 있는 걸까? 강남에 지하철로 올 때면 너무나 편리하고 구석구석 지하철역이 위치하고 있어 항상 궁금했다.

강남 3구(강남, 서초, 송파)의 지하철역 개수를 조사해 보니 2019년 10월 기준으로 10개 노선에 82개 역사가 설치되어 있었다. 모든 역사와 선로는 지하로 건설되어 있고 다른 지역에 비해 역사(驛舍)와 플랫폼 등 내부 환경도 깨끗하고 우수하다. 강남구만 본다면 2호선, 3호선, 7호선, 9호선, 신분당선, 분당선 6개 노선에 33개 역사가 건설되어 있으며 수서역에 SRT노선까지 개통되어 전국 어디든지 쉽게 갈 수 있는 교통의 요지라 할 수 있다. 강남구는 서울시 인구 대비 5.4%를 차지하고 있지만 서울시 전철역사 개수의 9.1%가 위치하고 있으니 지하철 이용 시 무척 편리하고 거의 모든 아파트를 역세권 아파트라고 부를 수 있을 것 같다.

강남3구의 지하철 노선 및 역사

노선	역사
2호선(11개)	방배-서초-교대-**강남**-**역삼**-**선릉**-**삼성**-종합운동장-잠실새내-잠실-잠실나루
3호선(17개)	**압구정**-**신사**-잠원-고속터미널-교대-남부터미널-양재-**매봉**-**도곡**-**대치**-**학여울**-**대청**-**일원**-**수서**-가락시장-경찰병원-오금
4호선(1개)	남태령
5호선(6개)	마천-거여-개롱-오금-방이-올림픽공원
7호선(7개)	내방-고속터미널-반포-**논현**-**학동**-**강남구청**-**청담**
8호선(8개)	몽촌토성-잠실-석촌-송파-가락시장-문정-장지-복정
9호선(17개)	구반포-신반포=고속터미널-사평-**신논현**-**언주**-**선정릉**-**삼성중앙**-**봉은사**-종합운동장-삼전역-석촌고분역-석촌역-송파나루역-한성백제역-올림픽공원역-둔촌오륜역
신분당선(4개)	청계산입구-양재시민의 숲-양재-**강남**
분당선(10개)	**수서**-**대모산입구**-**개포동**-**구룡**-**도곡**-**한티**-**선릉**-**선정릉**-**강남구청**-**압구정로데오**
SRT(1개)	수서
합계	82개(**강남구 34개**)

* 환승역사는 중복계산. 굵은 글씨는 강남구 소재(2019년 10월 기준). 서울시 역사의 총수 373개(경전철 제외).

    지도상으로 보더라도 역사가 조밀하게 배치되어 있다는 것을 한눈에 알 수 있다. 반면 강남구와 비슷한 인구를 가진 관악구에는 신림역, 봉천역, 관악구청역, 낙성대역의 단지 4개의 전철역이, 인구가 조금 적은 양천구에는 5개의 전철역이 있을 뿐이다. 금천구에는 많은 중소기업이 있는 가산디지털단지가 있고 가산동은 동별 종사자 수가 서울에서 제일 많지

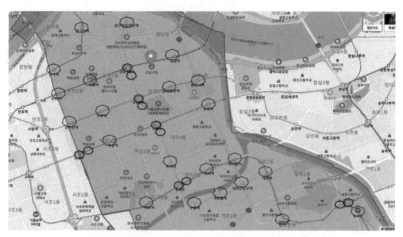

강남구에는 34개의 전철역이 있다(출처: 네이버지도).

만[2] 전철역사는 3개에 불과하다.

자치구별 인구와 전철역 개소

구분	강남구	관악구	양천구	금천구
인구	532,469	515,648	460,267	247,819
전철역 개소	34	4	5	3

* 인구는 2016년 통계(서울전체인구는 9,805,506).

하지만 강남은 아직도 배가 고프다. 전철역의 숫자만으로는 만족하기 어렵다. 2017년 6월 서울시가 발표한 기본계획에 따르면 서울시는 2023

---

2) 2017. 11. 기준. 가산동 총 종사자 수는 157,491명으로 서울의 동별 종사자 수로는 1위이다.
출처: 서울열린데이터 광장.

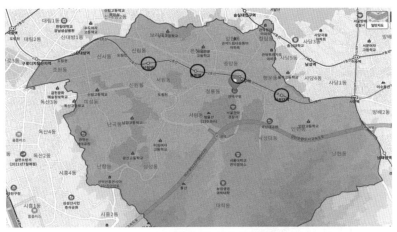
관악구에는 4개의 전철역이 있다(출처: 네이버지도).

년 2호선 삼성역에서 9호선 봉은사역 사이 영동대로 하부에 복합환승센터(지하 6층, 연면적 16만㎡ 규모)와 대규모 지하시설을 조성한다고 밝혔다. 삼성역에 들어설 수도권 광역급행철도(GTX)를 계기로 지하 6층의 다목적 공간을 조성한다. 지상에는 105층 규모의 초대형 현대차 글로벌비즈니스센터(GBC)와 옛 한전 부지부터 코엑스에 이르는 대형 광장이 조성된다. 2019년 5월경 기공식을 할 예정으로 1조 3000억 원이 넘게 들어가는 대규모 프로젝트다. 강남 주민들은 영동대로 지하 개발에 대해 대부분 환영 일색이다. 강남구 대로변에는 '경축 영동대로 천지개벽 수준 개발계획 확정. 지하에는 잠실야구장 30배 지하 도시. 지상에는 서울광장 2.5배 크기의 대형 광장.'이라는 플랜카드가 걸려 있다.

지역균형개발을 위해 한국전력 본사를 지방으로 옮겼지만 한국전력보다 몇 배나 더 덩치 큰 건물이 강남에 들어서게 되었다. 지역균형개발이라는 말이 정말 부끄러워진다. 이와 같은 강남에 대한 집중 투자는 이와 사부로 코소가 이야기하듯 '미운 오리새끼'에게 주어져야 할 지원이 별다른 도움을 필요로 하지 않는 '아름다운 백조'에게로 가는 것은 아닐까? 낙후된 지역은 더 낙후되고 부자동네는 더 부자가 되는 현실을 생생하게 보여 준다.

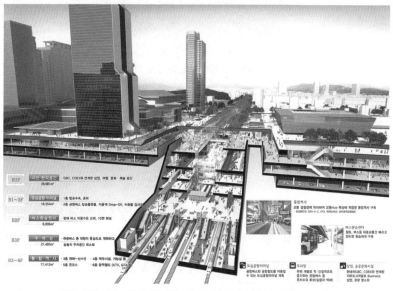

영동대로 지하 공간 통합개발 기분구상 조감도(출처: 국토교통부).

인프라 투자의 지역별 편차가 너무 심하다. 전철역 숫자뿐만 아니라 전철역 내부 환경 또한 너무 차이가 난다. 1호선 전철의 경우 지상으로 다니고 있어 지역사회를 단절할 뿐 아니라 역사도 오래되어 낡았고 칙칙하다. 또한 주변에 심각한 소음을 유발하고 주거 환경에도 부정적 요소로 작용한다. 여름에는 무덥고 겨울에는 역사 안으로 한겨울의 매서운 바람이 들이닥친다. 플랫폼은 비좁고 비라도 오는 날이면 빗물이 들이쳐 옷이 축축해지고 바닥은 미끄럽기까지 하다. 폭설이나 한파가 닥치면 곳곳에서 고장 나 추위 속에 한없이 열차를 기다려야 한다. 강남의 경우 전철이 모두 지하로 건설되어 있으니 눈이 오나 비가 오나 추우나 더우나 걱정이 없으며 역사의 환경도 쾌적하다. 내부 인테리어도 고급스럽고 세련되었다.

전철역사 내부의 모습, 지역에 따른 기반 시설의 수준 차이가 너무나 크다.
위 3호선, 아래 1호선.

지역별 인프라의 부익부 빈익빈 현상은 심해지고 있지만, 그 누구도 이러한 도시 공간의 불평등에 대한 대안을 제시하지 않는다. 오로지 자유경제의 시장원리에 따른 어쩔 수 없는 현상이라고 이야기한다. 서울 강남에 투자되는 돈의 1/10이라도 낙후된 지역을 위해 투자하면 안 될까? 지하철 1호선처럼 지상철(地上鐵)의 경우 철도를 지하로 하기 어렵다면 역사라도 리모델링해서 쾌적한 환경을 제공하면 얼마나 좋을까? 참으로 가슴이 답답하다.

콜롬비아 보고타 시장으로 시의 혁신을 이끌었던 엔리케 페날로사는 "행복의 전제조건 중 하나는 평등입니다. 어쩌면 소득의 평등보다는 삶의 질에 있어 평등이 더 중요합니다. 그보다 더 중요한 것은 주민들이 자신들이 열등하다고 느끼지 않는 환경, 자신이 따돌림 당했다고 느끼지 않는 환경입니다."라고 이야기했다. 공정한 도시는 모든 시민이 괜찮은 학교와 편의시설에 똑같이 접근할 수 있는 도시라고 했다. 우리의 도시는 과연 공정한가? 물론 공정하지 않다. 지하철 건설에 따른 편리함과 자산 가치의 상승 혜택은 오로지 지역 주민에게로 돌아가며 공짜 점심을 즐기고 있는 것이다.

강남의 지하철 건설로 주변의 부동산 가격은 엄청나게 상승했지만, 그 이익은 오로지 주변의 토지소유주와 건물주에게만 귀속되고 사회 전체적으로 혜택은 돌아가지 않는다. '세상에 공짜 점심은 없다.'라는 것이 경제학의 제1원칙이지만 국가의 기반시설 투자에 무임승차함으로 혜택을 보는 사람이 너무 많다. 국민이 납부하는 세금으로 서울 강남의 기반 시설에 집중 투자, 강남의 부동산 가격은 가파르게 오르고 각종 편의시설은 역 주변으로 집중된다. 우리도 모르는 사이 강남 거주자에게 출퇴근과 편의시설의 이용에 막대한 보조금을 지급하고 있는 셈이다.

국회 안호영 의원실의 분석에 따르면 2018년 상반기 매매가 상위 역세권 아파트는 모두 강남 3구(강남구, 서초구, 송파구)에 있다. 역세권은 지하철역으로부터 반경 500m 이하이고, 역세권의 3.3㎡당 매매가는 모두 5000만 원이 넘었다. 집을 구할 때 고려하는 중요한 사항 중 하나가 역세권 여부일 정도로 지하철은 부동산 가격을 좌우하는 중요한 요소다.

2018년 상반기 매매가 상위 10개 역세권 아파트

(단위: 만 원)

지하철역	3.3㎡당	지하철역	3.3㎡당
구반포역	7,356	대치역	6,573
신반포역	7,008	학여울역	6,567
대모산입구역	6,770	종합운동장역	6,199
압구정로데오역	6,665	신천역	6,149
개포동역	6,657	한티역	5,974

현행 서울지하철 요금체계는 통합거리비례제로 10㎞까지는 기본요금이며 추가 거리에 따라 요금을 더 내게 되어 있다. 현재에도 거리에 따라 요금이 비례해서 올라가는 것은 아니지만 거리와 환승 횟수에 따라 요금 할인을 더욱 확대하여야 한다. 대신 기본요금을 올려서 기반 시설의 투자

로 혜택을 입은 거주자에게 편익의 비용을 부담시키고 혜택을 받지 못하는 지역이나 환승을 몇 번이나 해야 하는 곳에 사는 거주자에게는 보조금을 지급해야 한다. 지하철과 같은 기반시설이 공평하게 건설되지 않은 책임과 부담을 고스란히 혜택을 받지 못한 지역에 거주하는 사람들에게 부담시키는 것은 사회정의에도 맞지 않다. 그리고 세금을 투입, 혼잡도가 심한 노선과 서울에 접근이 어려운 곳일수록 배차를 늘려 혜택을 받지 못한 거주자들이 쉽게 이용할 수 있도록 해야 한다. 그렇지 않으면 서울로의 집중은 계속될 것이고 서울의 집값은 계속 오를 것이다. 하지만 이런 일은 쉽게 일어날 것 같지 않다. 왜냐하면 수요가 없는 곳에 배차 간격을 늘리는 것은 경제 원리와 동떨어진 세금 낭비며, 단순히 장거리를 타는 사람을 수혜자라고 생각하면서 수혜자 원칙을 이야기하는 사람이 너무 많으니까….

지하철 등의 건설에 따른 자산 가치의 상승과 지하철 이용의 편익에 대해 비용을 부담토록 하는 것이 사회정의에 부합한다. 부담하는 방안은 여러 가지가 있을 수 있으며 단기적으로는 요금체계 개편과 종합부동산세, 양도소득세 등 실효세율의 조정을 통해서, 장기적으로는 토지공개념을 강화하여 개발이익을 최대한 거둬들이고 그 이익은 모두에게 돌아가게 하면 될 것이다.

스카이 캐슬(SKY Castle)

　대학입시는 학생부종합전형(이하 학종) 세상이다. 2020년 서울대, 연세대, 고려대 등 서울 지역 15개 대학의 수시 학종 평균 선발 비중은 43.7%에 이른다. 서울대는 아예 수시 모집인원 전원(2,495명. 정원 외 제외.)을 학종으로 뽑는다. 고려대(74.4%)와 성균관대(71.6%)도 수시모집 인원의 70% 이상을 학종으로 선발한다. 최근 수시모집에 대한 비판적 시각으로 수시선발비중은 감소세로 전환했다. 수시선발 비중은 2020학년도 77.3%, 2021학년도 77.0%, 2022년 75.7% 수준이다.

　대학입시는 크게 수시와 정시로 크게 나뉜다. 수시에는 학생부위주전형과 논술위주전형 그리고 실기(특기)위주전형이 있다. 학생부위주전형은 교과를 전형요소로 평가하는 학생부교과전형과 비교과·교과·면접 등을 전형요소로 평가하는 학생부종합전형으로 나눠진다. 비교과는 봉사활동, 수상경력, 소논문, 동아리활동, 자기소개서 등으로 이루어진다. 일반서민에게 학종은 깜깜이 모집이자 금수저 전형이다. 하지만 상위계층은 유명 입시 코디네이터의 도움을 받기 위해 경쟁을 벌이고 입시 관련 고급 정보와 자녀의 스펙을 쌓기 위해 모든 인맥을 동원한다. 부모가 얼마나 노력하느냐에 따라 아이들의 인생이 달라진다. 이제 대학에 가는 것도 자신의 능력이 아니라 부모의 능력이다.

대학입시 전형체계

구분	전형 유형	주요 전형 요소
수시	학생부 위주	학생부 교과: 교과 중심
		학생부 종합: 비교과, 교과, 면접 등(자기소개서, 추천서 활용 가능)
	논술 위주	논술 등
	실기 위주	실기 등(특기 등 증빙자료 활용가능)
정시	수능 위주	수능 등
	실기 위주	실기 등(특기 등 증빙자료 활용가능)

우리 사회는 점점 더 SKY 대학을 정점으로 하는 학력에 의한 신분사회로 변해 가고 있다. 대학의 서열에 따라 직업, 결혼, 사회적 지위가 결정되며 어느 대학에 들어가느냐가 인생의 성공을 좌우한다. 학생들은 자신이 가진 다양한 재능과 무한한 가능성이 발현하기도 전에 서열화된 입시제도에 매몰되어 몇몇 대학에 입학한 학생을 제외하고는 깊은 좌절감에 괴로워한다. 누가 보기에도 인생에 성공한 사람이 인터뷰에서 SKY 대학을 나오지 못한 것을 부끄러워하고, SKY 대학을 나온 사람은 능력과 관계없이 성공가도를 달린다. 부모들은 일류대학에 자녀들을 보내기 위해 천문학적인 사교육비를 지출하고, 입시관련 정보를 찾아 대치동 학원가를 이리저리 헤맨다. 아이들의 재능이나 행복은 설 자리가 없다. 오로지 부모

의 욕심과 경쟁에 뒤처질 수 없다는 불안감이 모든 것을 압도한다. 모두가 스카이(SKY) 캐슬에서의 삶을 꿈꾸고 스카이(SKY) 캐슬의 거주자들은 성(城)을 지키고 자자손손 살기 위해 견고한 성벽을 세우고 밤낮없이 노력한다.

치열한 대학입시 전쟁에서 경쟁이 가장 심한 곳은 의과대학 진학이다. 최근의 의과대학 열풍이 이를 잘 설명해 주고 있다. 의대 진학 학생 수는 지역 간 교육격차를 생생하게 보여 준다고 할 수 있다. 서울의대만 놓고 보면 2017년 전체 합격자 95명 중 44%인 42명이 서울 출신이다. 서울 출신 42명 중 55%에 가까운 23명이 강남구 소재 고등학교 출신이다. 외대부고, 상산고, 청심국제고 등 전국 단위의 고등학교를 포함하면 강남구 출신의 서울대 의대 입학생 비율은 더 높을 수도 있을 것이다. 교육환경에서 강남구가 가진 무한한 힘을 느낄 수 있다. 신문이나 매스컴에서 연일 떠들어 대는 '대치동 아빠의 교육 방법', '대치동 맘의 의대 보내기' 등 강남의 사교육과 부모들의 열성적 교육열이 허황되거나 과장된 것이 아님을 말해 준다.

대학입시를 위한 무한경쟁은 엄청난 사교육비로 학부모들의 삶의 질을 떨어뜨리고 미래를 불안하게 만든다. 2016년 사교육비는 18조 1000억 원으로 GDP의 1.2%에 달하나, 이것은 공식적 통계에 불과하고 현실은 더 심각하다고 한다. 한국교육개발원은 연간 사교육비 총액을 30조 원으로, 학원가는 40조 원으로 본다. 2016년 GDP 1,599조 원 대비 2.5%에 달한다. 대형입시학원의 매출액은 수백, 수천억 원을 넘고 일류강사 속칭 일

타강사의 연봉은 100억 원을 훌쩍 뛰어넘는다.

국공립대학은 교육혜택을 받지 못하는 지방이나 가난한 부모 밑에서 제대로 된 교육혜택을 받지 못하는 불행한 아이들의 잠재력을 발굴, 교육시켜야 할 의무가 있다. 서울대 합격자가 특정 지역에서만 배출되는 현상을 방지하기 위해 도입된 제도가 '지역균형선발 전형'이다. 서울대는 2005학년도부터 입학생의 지역·고교별 다양성을 구현하기 위해 이 제도를 도입했지만, 지역균형선발 합격자마저 10명 중 4명은 서울·경기 출신이다. 서울 지역 중에서도 강남구 출신 합격자 수는 7년 만에 4배로 늘었다. 2018학년도 지역균형선발 결과를 보면 △강남구 18명 △서초구 10명 △양천구 10명 △송파구에서 10명이 합격했다. 반면 △성북구 2명 △중구 2명 △도봉구 3명 △금천구 3명 등으로 서울 내에서도 지역별 편차가 컸다. 지역균형선발의 취지가 무색하다.

학부모로서 답답한 심정으로 대학입시 전형 관련 개선할 점을 제안해 본다. 수시의 비율을 줄이고 정시의 비율을 늘리며 수시는 학종으로 단일화한다. 학종에 의한 전형은 20% 이내로 제한하고 예체능이나 수학, 과학 등에 특별한 재능을 가진 학생들을 중심으로 선발한다. 정시는 수능과 함께 내신을 반영하고 내신은 전국의 학교에 차별 없이 적용해 지방의 불리한 환경에서 공부한 학생들에게 혜택이 돌아가도록 한다. 내신은 교과를 전형요소로 평가하되 교과내용은 다양성과 창의성을 담을 수 있는 방법을 개발한다. 내신비율은 30% 이상 반영하고 수능시험은 2회 실시하여 시험의 난이도 등에 따른 영향을 조금이나마 줄이도록 한다. 정시는 수능

시험만으로도 10~20%를 뽑아 내신에 불리하거나 고등학교 1, 2학년 때 공부하지 않은 학생에게도 기회를 준다. 물론 이러한 대학입시 전형의 개선은 전문가들의 충분한 검토와 논의를 거쳐 이루어져야 하고 학부모와 학생들의 공감을 얻어야 할 것이다.

우리는 교육을 통해 암울했던 일제 식민지와 6.25 한국전쟁의 폐허를 딛고 세계 11위의 경제 강국으로 성장했다. 어려웠지만 누구나 열심히 하면 더 많은 교육을 받을 수 있었고 교육을 통해 더 많은 돈을 벌고 더 높은 사회로 진출할 수 있었다. 우리 사회에서 교육은 사회이동을 위한 튼튼한 사다리의 역할을 한다고 믿었다. 하지만 오늘날 사회이동을 위한 기회의 차이는 시간이 지날수록 더 악화되고 있다. 사교육비의 차이는 갈수록 벌어지고 부유한 지역에 사는 아이들은 더 우수한 환경의 학교와 학원에 다니고 부모의 능력에 따라 기회의 불공정은 확대되고 재생산된다. 2016년 기준, 소득수준 최상위 가구와 최하위 가구의 사교육비 격차가 44만 3,000원과 5만 원으로 8.9배나 차이나며, 사교육 참여율도 81.9%와 30%로 현격한 차이가 있다. 또한 가난한 지역의 여건이 되는 학생들은 교육환경이 보다 우수한 지역으로 떠나감으로 교육환경이 열악한 지역의 학교들은 교육환경이 더 악화된다. 교육의 불평등이 불평등을 강화하는 것이다.

부자 아빠의 자식은 계속 부유하고 가난한 아빠의 자식은 계속 가난해지는 사회, 학벌이 신분이 되는 사회, 사회적 이동을 위한 교육의 사다리를 걷어차 버린 사회, 아이들의 개성과 꿈은 사라지고 경쟁만이 있는 사회, 결코 우리가 그리는 미래가 아니다. 사교육비를 줄이고 공교육에 대한 정부의 부담을 늘려 지역에 따라 차별받지 않는 교육환경을 만들어 가야 하는 이유이다. 현재의 교육제도를 바꾸지 않으면 사회는 분열되고 불평등은 고착화될 것이다. 또한 도시 공간도 분리되고 계층화될 것이다.

출퇴근 전쟁과 서울 진입금지

나는 수도권 신도시에 있는 집에서 매일 서울 송파구에 있는 회사까지 자동차로 출퇴근하고 있다. 아침 일찍 집을 나서기 때문에 출근에 걸리는 시간은 개략 45분 정도이다. 하지만 퇴근 시에는 1시간 10분에서 1시간 30분 정도 걸린다. 대중교통은 마을버스를 타고 전철역까지 가서 전철로 갈아타야 하고 전철도 2번이나 환승을 해야 하기 때문에 몹시 불편하다. 시간도 가는 데만 1시간 30분 이상 걸리기 때문에 특별한 경우가 아니면 대중교통을 이용하지 않는다.

내가 자동차로 출퇴근함으로써 내가 부담하는 비용은 얼마나 되고 다른 사람에게 미치는 부정적 영향은 어느 정도일까?

나는 매일 편도 30㎞, 왕복 60㎞를 달린다. 승용차의 평균 연비를 1ℓ당 9㎞라고 했을 때 한 달 출퇴근에 사용되는 휘발유는 133ℓ(60㎞×20일/9㎞)이다. 휘발유의 가격은 1,600원에 세금은 거의 900원에 가깝다. 따라서 매달 출퇴근 시 세금으로만 900원×133ℓ=11만 9,700원을 낸다. 그리고

고속도로 톨게이트를 2번 통과해야 하므로 통행료로 2,470원×20일=4만 9,400원(출근 시 950원, 퇴근 시 1,520원, 출퇴근시간 할인)을 낸다. 세금 및 고속도로 운영비로 매월 17만 원 정도를 지출하고 있다.

자동차 출퇴근은 교통체증과 소음 유발 외에 환경에도 부정적 영향을 미친다. 에드워드 글레이저 교수에 따르면 3.8ℓ의 연료를 사용하면 휘발유 정제와 유통에 사용되는 탄소까지 감안했을 때 10kg의 이산화탄소가 배출된다고 한다. 물론 미국과 한국의 여건이 달라 단순 적용하기에는 어렵겠지만 3.8ℓ당 10kg의 탄소가 배출된다고 가정하자. 내가 출퇴근으로 인한 거리는 왕복 60㎞에 한 달에 20일, 일 년 12개월 하면 1만 4,400㎞에 평균연비 9㎞를 적용하면 연간 1,600ℓ를 사용한다. 따라서 출퇴근에만 연간 4.2ton의 이산화탄소를 배출한다. 이는 에어컨을 298시간[3] 켰을 때 발

---

3) 에어컨 1시간 켰을 때 탄소배출량=14.1kg. 출처: 한국기후환경네트워크.

생하는 탄소배출량과 같은 양이다.

신도시에 살고 서울에 있는 직장에 다님으로 매달 세금 등으로 17만 원을 쓰고 있고 연간 4.2ton의 이산화탄소를 배출하고 있다. 직장이 멀어 발생하는 시간 낭비와 삶의 질 저하는 접어 두고 내가 출퇴근만으로 이렇게 많은 세금을 내고 환경에 부정적 영향을 끼치고 있다니 놀라운 일이다. 서울에 살면서 지하철로 출퇴근하는 사람들은 출퇴근 비용이 얼마나 들까? 서울 시내에서 지하철로 출퇴근한다면 편도 1,650원, 왕복 3,300원, 한 달에 6만 6,000원이다. 그 이외에 유류비나 자동차 감가상각도 없고 추가세금도 없이 지하철 운영을 위해 6만 6,000원만 내면 된다. 건강은 덤으로 정말 행복한 생활이다. 물론 몇몇 노선은 지옥철이긴 하지만!

나는 출퇴근으로만 하루에 꼬박 2시간을 운전함으로 건강에도 많은 손해를 보고 있다. 독일에서 진행된 한 연구는 "교통체증에 시달린 날일수록 심장마비를 일으킬 확률이 높아진다."라고 발표했다. 그 연구에 의하면 한 시간 운전할 때마다 심장마비 위험은 3배 높아졌다. 미국의 한 연구에 의하면 애틀랜타 지역 주민들을 대상으로 한 연구에서 운전하는 시간이 매일 5분씩 늘어날 때마다 비만이 될 가능성은 3% 증가한다는 사실이 밝혀졌다. 또 다른 연구에 따르면 자가용에서 대중교통으로 이동 방식을

연간 주행거리=출퇴근거리 60㎞×20일×12개월=14,400㎞
연료사용량=14,400㎞/평균연비 9㎞=1,600ℓ
이산화탄소배출량=1,600ℓ/3.8ℓ×10㎏=4,200㎏
에어컨 가동 시간=4,200㎏/14.1㎏=298시간

바꾼 운전자들은 평균 2.3kg 정도 몸무게가 줄었다. 전문가들은 이러한 원인을 부분적으로는 일상적인 여가시간이 부족하다는 것과 통근에 긴 시간을 씀으로써 일상 자체가 항상 시간에 쫓기게 되기 때문이라고 한다.

수도권 신도시와 공공택지에서 교통망 부족에 대한 주민 원성이 높아지고 있다. 교통망 신설을 약속하고 돈까지 걷어 갔지만 경제성 부족, 예산 부족 등을 이유로 차일피일 미루는 사례가 거의 모든 신도시와 공공택지에서 발생하고 있다. 동탄2신도시 주민은 GTX 개통 비용으로 8000억 원을 포함해서 광역교통개선대책을 위해 총 3조 3948억 원을 분담했다. 주민 1인당 부담액은 1000만 원이나 된다. 8000억 원의 비용이 들어간 GTX 노선은 수서발 SRT노선으로도 사용된다. 신도시 주민은 엄청난 부담금을 부담하고도 광역교통은 불편하다. 반면 서울 강남 주민은 돈 한 푼 안 들이고 건설한 고속철 SRT를 지하철을 통해 편리하게 이용한다. 그 혜택은 오롯이 서울로 돌아갔다.

서울시는 수도권 주민의 서울 통근을 위한 대중교통의 확장을 반대하는 입장이다. 하지만 과연 이러한 정책이 올바른 것인지에 대해서는 많은 논란이 있다. 서울시에서 출퇴근에 소요되는 통근 시간은 출근에 41.8분 퇴근에 54.6분, 전체 1시간 36분으로 전국 17개 광역 지자체 중 가장 긴 출퇴근 소요시간이다. 갈수록 늘어나는 출퇴근시간과 시민의 불편함, 교통정체에 따른 서울시의 고육지책이라 할 수 있겠지만 너무나 이기적인 발상이다.

서울은 서울 시민에 의해 만들어진 도시가 아니라 대한민국 국민에 의해 만들어진 도시이고, 주변의 희생에 의해 만들어진 도시이다. 따라서 누구나 서울로 편리하게 진입하고 주변부의 시민들에게 번영의 과실을 조금이라도 나누어 주기 위한 노력을 해야 할 것이다. 서울의 깨끗한 물을 위해 상수원보호구역 주민들은 재산권에 많은 제한을 받고 있으며, 서울 시민의 전력공급을 위해 일부 지역의 주민들은 환경오염, 대기오염에 노출되어 있다. 서울의 쓰레기 처리를 위해 인접지역 주민들은 악취에 시달리고 있다. 깨끗하고 쾌적한 서울을 위해 유해업소와 공장들은 모두 서울 밖으로 밀려나고, 그 피해는 고스란히 주변부로 흘러들어 가고 있다.

　자동차 출퇴근으로 인해 많은 사람이 시간과 건강 및 비용에서 많은 손해와 함께 환경적으로도 부정적 영향을 받고 있다. 직장 가까운 곳에서 걸어서 출퇴근하거나 전철로 출퇴근하고 싶지만 불가능하다. 일자리는 서울에 집중되어 있고 서울의 집값은 너무 비싸다. 서울에 집을 구할 수는 없어 수도권에 살다 보니 서울로의 출퇴근에 하루 2시간 이상 걸린다. 퇴근해 집에 오면 몸은 녹초가 되어 내일을 위한 준비는 꿈꾸기도 어렵다. 나는 20년 전에 경기도의 한 신도시로 이사 와서 지금까지 살고 있다. 집값은 서울의 몇 분의 1밖에 되지 않는 데다 출퇴근에 따른 세금으로만 매월 12만 원이나 내면서 대접은 못 받고 서울 들어갈 때 가끔 통행료까지 낸다.

　전철은 멀리 떨어져 있고 버스는 자주 오지 않는다. 제프 스펙은 《걸어다닐 수 있는 도시》에서 배차시간 10분을 지키는 것은 시민들의 편의를 위한 최소한의 기준이며 대중교통의 인기를 꾸준히 지속시키려면 짧은 운행 간격은 반드시 지켜져야 할 조건이라고 이야기했다. 가끔 오는 버스조차 앉아서 가는 것은 생각도 못하며 시가지 전체를 빙빙 돌아 목적지에 도착한다. 그것도 모자라 서울로의 통근을 위한 대중교통 확장까지 반대한다니 참으로 힘든 세상이다. 매일 아침 출근길에 두 시간씩 차에 갇혀 시간을 보내고 스트레스를 받는 것은 정말 피하고 싶은 일이며 국가적으로도 엄청난 낭비다. 많은 사람이 대중교통을 이용한다면 다들 서울 시내에 있는 목적지까지 훨씬 빠르게 도착할 것이다. 서울시의 수도권-서울 간 대중교통 서비스 확충에 대한 열린 생각이 필요하다. 이와 더불어 카풀 등 공유경제에 대한 논의도 더욱 활발히 이루어지면 좋겠다.

하지만 출퇴근 시간을 줄이기 위해서 무엇보다 중요한 것은 직주근접, 즉 직장 가까이 사는 것이다. 새로운 직장을 구하거나 기존 직장을 옮길 경우 직장이 위치한 지역에 살 수 있어야 한다. 이를 위해서는 지역별 집값의 차이를 줄이고 소득에 따라 들어가 살 수 있는 다양한 가격대의 집이 필요하다. 나는 오늘도 출퇴근하면서 직장 가까이 집이 있으면 얼마나 좋을까 하고 상상해 본다.

서울의 집값 상승과 주택공급

　다소 오래된 자료이긴 하지만 경실련에 따르면 2013년 2월부터 2017년 1월까지 4년간 집값은 781조 원 상승해 같은 기간 국내 총생산(GDP) 상승액 223조 원보다 3.5배 많다고 지적했다. 아파트 값 시가총액 상승액으로 본다면 전체상승분(696조 원) 가운데 서울이 27%(191조 원), 강남3구만 13%(90조 원)를 차지한 것으로 드러났다. 2017년 1월 기준으로 시가총액은 전국 아파트 가구수의 16%에 불과한 서울이 금액대비 31.7%를 차지하고 전국 아파트 가구수의 3%에 불과한 강남은 11.5%를 차지하고 있다.

아파트 시가총액 변화

(단위: 조 원, 호)

구분		시가총액		사가총액 상승액		호수	
		2013. 2.①	2017. 1.②	금액(②-①)	비율	수	전국대비비율
서울		698	889(31.7%)	191	27%	1,581,653	16%
	강남3구	231	321(11.5%)	90	13%	323,585	3%

| 전국 | 2,106 | 2,802
(100%) | 696 | | 10,107,653 | 100% |

* 호수는 2017. 1. 기준(국토부 2015 주거실태조사를 통해 추정), 시가총액=호수×호당 평균가격(강남 3구는 강남, 서초, 송파의 평균가격), 자료: 한국감정원 월간 주택 가격동향, 출처: 경제정의실천시민연합.

서울에서 주택을 보유하고 있는 가구는 49.3%[4]에 불과하다. 주택가격 상승의 혜택을 오로지 49.3%의 시민만이 누리고 나머지 50.7%의 시민은 집값 상승에 따른 임대료 상승으로 생활수준 하락과 상대적 박탈감에 삶의 질이 하락하고 있다. 서울의 집값은 끝없이 상승하고 물가는 비싸고 교통은 막힌다. 하지만 기업들도 사람들도 서울로 몰려든다.

주택가격은 수요와 공급의 원칙을 따른다. 누구나 알고 있는 경제학의 기본원칙이다. 수요는 많은데 공급은 부족하다. 주택공급은 부족하고 집값은 계속해서 오른다. 아파트 분양가격이 수십억 원인데도 청약에는 구름같이 사람이 몰린다. 하지만 실업자는 늘어나고 경기도 비관적이다. 게다가 서울의 인구는 꾸준히 줄고 있다. 수요가 늘어나는 이유를 정확히 아는 사람은 아무도 없다. 불가사의한 일이다.

주택수요를 정확히 알 수는 없지만 현재 서울의 주택현황을 살펴봄으로써 불가사의의 퍼즐 한 조각은 맞출 수 있을 것이다. 2016년 기준으로 서울의 주택보급률은 96.3%이고 총 주택수는 3,644,101호다. 주택의 구

---

4) 행정자료를 활용한 〈2016년 주택소유통계〉 결과. 출처: 통계청.

성을 보면 단독(영업겸용 포함) 135,936호, 다가구 1,022,577호, 아파트 1,641,383호, 연립 116,106호, 다세대 699,446호이다. 여기에서 고시원, 쪽방 등 주택 이외의 주거현황은 통계에 포함되지 않는다. 다가구주택과 다세대주택이 47.3%를 차지하고 있어 주거수준의 질적인 면에서는 부족한 실정이다. 양적인 면에서도 주택보급률은 96.3%이지만 글로벌 도시들에 비해 주택의 수는 아직 부족하다.

서울시 주택현황[5]

(단위: 호)

주택현황							
합계	단독주택			아파트	연립주택	다세대주택	비거주용 건물내 주택
	계	단독주택 (영업겸용 포함)	다가구 주택				
3,644,101	1,158,513	135,936	1,022,577	1,641,383	116,106	699,446	28,653
100%	31.8%	3.1%	28.1%	45.0%	3.2%	19.2%	0.8%

* 다가구 주택 구분거처를 반영하여 주택수 산정(1동→00호).
* 비거주용 건물 내 주택은 법률상 용도가 구분되지 않는 주택으로, 영업용 목적의 건물 내에 주택의 요건을 갖춘 주택을 말함(국토교통부 통계에는 다세대주택에 포함).

서울의 주거 여건 현주소를 파악하기 위해 서울의 도시현황을 글로벌 도시들과 비교해 보았다. 먼저 서울의 인구밀도는 파리를 제외하면 주요 도시들 보다 높다. 서울은 ㎢당 뉴욕보다는 1.5배, 싱가포르나 홍콩보다

---

5) 서울시 주택현황 및 보급률(새로운 산정방식) 통계. 출처: 서울열린데이터광장

는 2.3배 이상 많은 사람이 살고 있다. 서울은 우리가 생각하는 것보다 훨씬 더 많은 사람이 좁은 공간에 살고 있다.

주요도시 인구밀도(2010년 기준)

도시	서울	도쿄	베이징	싱가포르
면적(㎢)	605	622	1,368	712
인구(인)	9,794,304	8,945,695	11,716,620	5,076,732
인구밀도(인/㎢)	16,189	14,382	8,565	7,130
도시	홍콩	뉴욕	런던	파리
면적(㎢)	1,104	784	1,572	105
인구(인)	7,234,800	8,175,133	8,173,941	2,243,833
인구밀도(인/㎢)	6,553	10,427	5,200	21,370

* 홍콩은 2014년 인구(위키백과)

1,000명당 주택 수는 인구 수 대비 주택호수를 나타내는 지표로써 국가의 주택수급 상황을 양적 측면에서 보여 주는 지표이다. 도시마다 주택에 포함하는 기준이 서로 달라(예로 한국은 오피스텔을 주택 수에 포함.) 단순 비교는 어렵지만, 서울은 1,000명당 주택 수에 있어서도 글로벌 도시에 비해 부족하다. 참고로 2015년[6] 기준 수도권 1,000명당 주택 수는 356.8이며, 지방의 1,000명당 주택 수는 408.7이다. 서울은 지방의 주택 수에 비해서도 양적으로 부족하다.

---

6) 출처: e-나라지표.

세계대도시의 인구 1,000명당 주택 수(2010년 기준)

(단위: 호)

서울	도쿄	싱가포르	뉴욕	런던	파리
347.1	579.1	310.1	412.4	410.8	605.7

* 도쿄는 2013년, 런던 2011년, 파리는 2012년 기준.

시가화면적은 개발 가능한 토지가 얼마나 되는지를 보여 준다. 서울은 개발제한구역 25%와 공원, 녹지를 제외하면 시가화면적은 362.5㎢이다. 개발 가능한 땅의 면적이 도쿄의 62%밖에 안 된다. 시가화지역 인구밀도는 시가화지역에 대한 인구밀도로 서울이 27,018명/㎢로 도쿄보다 1.8배 가까이 높다. 서울 주거지의 40% 이상이 아파트임에도 항상 집 지을 땅이 부족한 것은 당연한 것처럼 보인다.

시가화 면적(2010년 기준)

구분	서울	도쿄	베이징	싱가포르	런던	파리
시가화 면적(km²)	362.5	581.9	883.3	374.5	821.3	103
시가화 비율(%)	59.9	93.6	64.6	52.6	52.2	97.8
시가화지역 인구밀도(명/km²)	27,018	15,373	13,265	13,556	9,952	21,784

서울의 주거현황을 보면 앞서 살펴본 것처럼 질적인 면에서 개선할 점이 많으며 양적인 면에서도 주택보급률은 96.3%이지만 글로벌 도시들에 비해 주택의 수는 아직 부족하다. 서울은 너무 비좁다. 사람은 많고 개발

가능한 땅은 없다. 양질의 충분한 주택이 부족한 실정이다. 서울에서 충분한 주택을 공급하는 것이 가능할지, 또한 주택공급이 서울이나 강남의 집값을 잡을 수 있을지는 확신할 수 없다. 왜냐하면 서울이나 강남의 집값은 주택수요(실수요와 투기수요)뿐만 아니라 교육여건, 좋은 직장과 문화시설의 집중, 우수한 인프라, 강남의 상징성 등 많은 요인에 의해 영향을 받기 때문이다.

서울의 집값은 끝을 알 수 없을 정도로 계속 오르고 있지만 집값 상승이 서울 사람에게 무조건 유익한 것은 아니다. 집값 상승으로 서울생활을 감당할 수 없는 젊은 세대들이 서울을 빠져나감으로 서울의 인구는 줄고 있다. 젊은 세대의 유출로 당연히 서울의 활력은 떨어질 것이다. 또한 부모 세대의 경우에도 자식들이 서울에 주거를 마련하기가 어려워지고 설령 마련한다고 해도 부모의 도움 없이는 불가능에 가깝다. 이로 인해 부모는 경제적 여력이 없어지고 더 오래 일해야 함에도 노후 준비는 불안하다. 통계청 '국내인구이동통계' 자료에 따르면 2018년 1~6월 서울 인구는 5만 2,254명 줄었다. 2017년 한 해 9만 8,486명 감소한 것과 비교하면, 반기 기준 감소폭이 더 커졌다. 2019년 3분기 서울의 합계 출산율은 0.69명이다.

서울시 장래인구추계[7]에 의하면 생산가능인구(15세~64세)는 2015년 754만 3,000명에서 20년 후인 2035년에는 579만 8,000명으로 거의 175만 명이나 줄어든다. 미국의 경제학자 해리 덴트는 묻는다. 현재 진행되고

---

7) 〈2015~2035 서울특별시 자치구별 장래인구추계〉, 서울특별시, 2017. 12.

있는 인구절벽과 충돌하고 있는 이 도시에서 앞으로 누가 이처럼 감당하기 어려운 값비싼 부동산을 살 수 있을 것인가? 정답은 아무도 없다는 것이다.

지하철요금 단일화

　나는 회사업무 때문에 경남 진주와 부산에 자주 다녀온다. 진주에 갈 때는 광명에서 KTX를, 부산에 갈 때는 수서에서 SRT를 주로 타고 가는데 진주까지 KTX 요금이 왜 부산까지 SRT 요금보다 비싼지 이해가 되지 않을 때가 많다. 광명역에서 진주역까지 직선거리는 275㎞, KTX 요금은 55,500원, 시간은 3시간 20분이 걸린다. 수서역에서 부산역까지 직선거리는 316㎞, SRT 요금은 51,900원, 소요시간은 2시간 30분이다. 광명에서 진주까지는 직선거리로는 짧지만 동대구, 밀양, 창원, 마산을 거쳐 돌아가기 때문에 3시간 20분이나 걸린다. 직선거리로 더 짧은데도 불구하고 서울에서 진주까지 1시간 이상 더 걸리니 요금을 할인해 주어야 하는 것이 합리적이지 않을까? 더욱이 KTX나 SRT가 사기업이 아닌 국민의 세금으로 운영하는 교통시설임을 고려한다면! 서울을 자주 오가는 진주 시민이라면 정부에서 기반시설 투자를 소홀히 한 데에 따른 불이익을 진주 시민이 오롯이 부담한다고 느낄 것이다.

KTX와 SRT 비교[8]

구분	광명역-진주역	수서역-부산역
노선명칭	KTX	SRT
직선거리	275km	316km
소요시간	3시간 20분	2시간 30분
요금	55,500원	51,900원

　　SRT 수서역은 지하철과 바로 연결되지만 광명역은 교통이 불편해 자동차 없이는 접근이 불편하다. 경남 진주시를 포함한 경남서부지역 주민들은 국가균형발전을 위해 서부경남 KTX(남부내륙철도)를 조기 착공해야 한다고 주장한다. 서부경남 KTX는 경북 김천에서 경남 진주, 통영을 거쳐 거제까지 191.1㎞ 노선으로 경남서부지역을 수도권과 2시간대로 연결하는 사업이다. 주민들의 주장에 충분히 공감하고 이해가 간다. 서부경남 KTX는 2019년 1월에 예비타당성조사 면제사업으로 선정되었다.

남북내륙철도 노선도.

---

8) 출처: KTX, SRT 홈페이지.

KTX 세종역 신설을 두고서도 지역 갈등이 고조되고 있다. 세종시가 KTX 신설을 재추진하고 이에 호남 쪽에서 적극 동조하고 나서자 기존 오송역이 위치한 충청북도는 결사반대를 외치고 있기 때문이다. 충북은 세종역이 생기면 불과 15㎞ 떨어진 청주 오송역에 악영향을 미칠 것을 우려해 신설을 반대하고 있다.

모두가 자기 지역에 전철역이나 고속철도역을 유치하기 위해 사활을 걸고 유치전을 펼치고 있다. 사는 지역에 전철역이 들어선다면 부동산 가격이 폭등할 뿐만 아니라 생활의 편리함도 한층 더해지기 때문이다. 자기 돈 한 푼 안 들이고 국가의 돈으로 모든 편익을 누리게 된다. 국민의 세금으로 전철이나 공원 같은 기반시설이 설치되고, 뒤이어 편리한 환경으로 인해 대기업과 공공기관이 옮겨 오게 되면 지역이 발전하고 그 혜택은 지역 주민들이 온전히 가져가게 된다. 이는 도시 공간의 불평등을 넘어 시민 개개인의 불평등으로 확장되는 것이다.

따라서 지하철이나 고속철도역이 들어섬으로써 많은 혜택을 누리게 되는 지역은 그에 상응하는 비용을 부담하는 것이 보다 합당하다. 부동산 가치의 상승에 따른 불로소득의 환수와 생활의 편익에 따른 비용을 공평하게 부담해야 하며 이를 재원으로 혜택을 받지 못하고 소외된 지역의 발전을 위한 재원으로 활용해야 한다. 이렇게 함으로써 기반시설의 유치를 위한 무분별한 소모전을 예방하고, 정치적인 이유와 지역이기심으로 사회적 기반시설이 제 기능을 하지 못하고 비효율적으로 운영되는 것을 막을 수 있다.

서울의 지하철 요금도 마찬가지이다. 강남에 전철역이 집중되고 일부 노선의 경우 이용객이 많지 않음에도 불구하고 정치적 이유 등으로 전철역과 노선이 불합리하게 결정되었다. 이로 인해 지하철 건설에 따른 혜택이 일부 지역에 집중되고 열차의 속도는 느려지는 부작용이 생기게 되었다. 서울 강남의 경우 아파트 단지와 직접 연결된 지하철 역사도 많으며 어느 날 갑자기 지하철이 건설되어 부동산 가격이 급등한 지역이 적지 않다. 이러한 혜택이나 편익을 해당 지역 주민이나 부동산 소유자가 모두 가져가고 비용을 지불하지 않는다면 이는 권리만 있고 책임은 없는 것과 마찬가지이다. 따라서 지하철 건설에 따른 불로소득의 환수는 논외로 하더라도 지하철 요금체계를 변경해서 혜택을 입은 사람이 더 부담하도록 하는 것이 보다 합리적일 것이다.

전철역이 없는 지역 주민들과의 형평을 위해서 가까운 거리에 대한 기본요금을 올리든지 수도권과의 동일한 요금체계로 변경해야 한다. 뉴욕과 같은 단일요금제가 보다 공평한 요금체계라고 판단된다. 뉴욕 지하철은 노선 수 25개, 472개의 역과 총 연장 380㎞, 24시간 운영하는 도시철도 체계이다. 뉴욕 지하철의 대중교통 분담률은 50% 이상으로, 10~20%인 미국의 다른 도시들은 물론이고 심지어 서울(36%)보다도 높다. 뉴욕지하철은 세계에서 도쿄, 모스크바, 베이징, 난징, 서울, 광저우 다음으로 7번째로 승객이 많은 도시철도로 노선은 25개나 되지만 전부 단일 요금제이다. 한 정거장을 가든 이쪽 끝에서 저쪽 끝으로 가든 요금이 무조건

2.75달러이다. 목적지와 상관없이 같은 금액만 지불하면 된다.[9]

　도심의 통행료 및 주차요금과 관련해서도 공공성과 형평성을 고려해야 한다. 도시외곽에 살면서 매일 도시로 통근하는 사람들과 도시 안에 살면서 통행료를 내지 않는 사람들이 있음을 고려한다면, 통행료 수입을 도시 안에 사는 주민에게만 되돌려 주는 방식이 올바른 것인지 고민이 필요할 때이다. 국가재원으로 건설된 기반시설에 의한 불로소득이 지역 주민에게만 돌아가는 셈이기 때문이다. 그리고 도심의 비싼 통행료나 엄청난 주차요금 등은 서민의 주차장 이용을 제한한다. 이는 도심도로와 주차장 같은 공공자원을 부자들에게 유리한 방식으로 분배하는 것이나 다름없다. 따라서 이러한 부담금은 소외된 지역의 버스나 지하철 같은 대중교통 개선을 위해 전액 투입되어야 할 것이다.

---

9)　뉴욕지하철 관련내용은 나무위키와 위키백과 내용 발췌.

그린벨트[개발제한구역] 해제

서울의 집값 폭등에 따른 공급대책 발표에 앞서 국토부와 서울시가 서울의 그린벨트(개발제한구역) 해제를 두고 팽팽하게 대립하고 있는 상황이다. 실제 2018년 9월 21일 주택시장 안정방안을 발표하면서 서울 강남권의 그린벨트 해제를 통한 신규택지공급방안은 포함되지 않았다. 대책으로 광명, 의왕, 성남, 시흥, 의정부 등 5곳이 신규 공공택지로 지정됐다.

연합뉴스에 의하면 "그린벨트와 관련해선 최후의 보루, 미래 세대에 남겨 줘야 할 유산으로서 지켜 내야 한다는 서울시장의 입장은 확고한 상황이다."라고 한다. 서울시의 주거 환경을 보전하기 위해 주변 지자체의 그린벨트를 해제하는 형평성 논란과 갈등이 표면화되고 있다. 과천시장은 "과천이 신규 주택 공급 대상지로 확정되면 성장 동력을 잃고 서울시의 베드타운으로 전락할 것."이라면서 "정부는 서울 지역의 집값 폭등 문제를 과천시의 희생으로 결코 해결할 수 없다는 점을 명확히 인식해야 한다."라고 밝혔다.

도시의 그린벨트와 같은 자연을 지켜 낸다는 것은 지속 가능한 환경을 위한 타협할 수 없는 가치이다. 서울시의 녹지와 그린벨트는 당연히 보호해야 하며 서울 시민과 미래세대가 쉽게 접근하고 즐길 수 있는 공간으로 남겨야 한다. 하지만 서울의 그린벨트 대신 개발하는 수도권 그린벨트 또한 우리가 미래세대에 남겨 주어야 할 유산이자 지역 주민이 이용하는 숲과 녹지공간이다. 특별한 도시 서울시를 지켜 내기 위해 지방의 그린벨트를 개발하라. 대신 서울의 그린벨트는 사수하라! 서울의 쾌적한 주거 환경을 확보하기 위해 다른 도시의 환경은 계속 파괴될 것이다. 왠지 공감이 가지 않는다.

강남에는 새로운 주택을 위한 토지가 부족하고 재건축을 통한 주택공급도 어려워 집값이 수직 상승하고 있다. 강남의 재건축규제와 그린벨트 보전은 강남 아파트를 더욱 희소성이 강한 대상으로 만들고 있다. 우리가 '그린벨트(green belt)'라 부르는 개발제한구역은 1971년 최초 지정된 이후 지금까지 구역 조정을 포함해 50회 가량의 크고 작은 제도변화가 있었다. 당초에는 총면적 5,397㎢로 국토면적의 5.4%를 차지했으나 2015년 12월말 기준으로 7개 도시권에 3,859㎢가 지정되어 있다.

개발제한구역 지정 현황(2015년 12월)

(단위: ㎢)

구분	계	수도권	부산권	대구권	대전권	광주권	울산권	창원권	중소 도시권
당초 지정	5,397	1,567	597	537	441	555	284	314	1,103
기해제	1,538	152	178	21	16	38	14	16	1,103
현재 관리	3,859	1,414	419	516	425	517	270	298	

　서울시에는 2018년 3월 기준으로 서울 전체 면적의 25% 가량(149.62㎢)이 그린벨트로 묶여 있다. 구별로는 서초구 23.88㎢, 강서구 18.92㎢, 노원구 15.90㎢, 은평구 15.21㎢ 등의 순이다. 서울에서 개발 가능한 시가화 면적은 개발제한구역과 공원, 녹지를 제외하면 362.5㎢이다. 이는 서울과 도시면적이 비슷한 도쿄 시가화면적 581.9㎢의 62% 수준이다. 개발을 위한 토지가 절대적으로 부족한 상황에서 서울의 그린벨트를 무조건 보존하는 것이 최선인지에 대해서는 많은 논의가 필요하다. 재건축, 재개발의 규제 완화와 기존 시가지의 용도와 층수제한 등에 대해서도 함께 논의가 이루어져야 할 것이다.

　서울의 주택공급을 늘리기 위해 추가적인 택지의 공급이 꼭 필요하다면 수도권 그린벨트가 아닌 서울의 개발 가능한 그린벨트를 먼저 해제하여야 하지 않을까? 서울시의 시가화 비율이나 시가화 면적은 세계 대도시

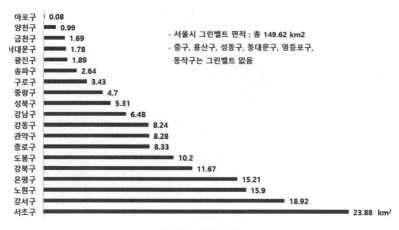

마포구	0.08
양천구	0.99
금천구	1.69
서대문구	1.78
광진구	1.89
송파구	2.64
구로구	3.43
중랑구	4.7
성북구	5.31
강남구	6.48
강동구	8.24
관악구	8.28
종로구	8.33
도봉구	10.2
강북구	11.67
은평구	15.21
노원구	15.9
강서구	18.92
서초구	23.88 km²

- 서울시 그린벨트 면적 : 총 149.62 km2
- 중구, 용산구, 성동구, 동대문구, 영등포구, 동작구는 그린벨트 없음

서울시 그린벨트 현황.

에 비해 적은 편이다. 물론 그린벨트를 해제하더라도 서울시의 주거 환경 보전에는 문제가 되지 않도록 하고 그린벨트를 해제하기 전에 기존 도심에서 주택공급을 늘릴 수 있는 방안을 찾는다면 더할 나위 없이 좋을 것이다. 하지만 앞서 이야기한 것처럼 개발을 위한 토지가 절대 부족한 상황에서 도심의 재건축과 재개발만으로는 주택 수요를 감당하기 어려울 것이다. 서울 강남을 예를 들어 보자. 서초구나 강남구 그린벨트 내에는 집단으로 취락이 형성되어 있는 내곡동이나 세곡동 등 이미 그린벨트의 기능을 하지 못하는 곳이 다수 분포하고 있다. 이런 곳을 중심으로 강남의 그린벨트를 일부 해제하더라도 강남의 외곽은 대부분 자연녹지지역과 그린벨트로 둘러싸여 있다. 서울시의 그린벨트를 보전하는 것이 아니라 인접 도시의 그린벨트를 보전하면 도시연담화의 방지와 서울시 주변의 자연환경 보전이 가능하다.

서울의 주택수요를 해결하기 위해 서울 교외의 그린벨트를 개발하는 것은 추가적으로 환경에 부담을 지운다. 교외의 택지개발로 인한 직접적 환경피해뿐만 아니라 인프라건설로 인한 추가적인 환경파괴가 예상되기 때문이다. 신규택지와 서울을 연결하기 위해 도로, 철도 등의 교통시설과 상수도 공급과 하수도 처리를 위한 별도의 환경시설을 건설해야 한다. 일부 지자체는 시의 인구유입과 시세(市勢) 확장을 위해 도시의 개발을 찬성할 수도 있다. 하지만 지속적인 서울 교외 지역의 개발은 서울로의 교통 혼잡과 교외 지역에 새로운 인프라의 개발 등 도시 확산에 따른 많은 경제적, 환경적 비용을 요구할 것이다.

　이제 서울의 집값을 잡기 위해 서울근교를 개발하기보다는 서울의 개발 가능지를 최대한 개발하고 그래도 주택공급이 부족할 시에는 서울의 기능을 지방으로 분산하는 방안을 고민해야 한다. 그렇지 않으면 서울로의 집중은 멈추지 않을 것이고 서울의 집값은 계속 올라갈 것이다. 그리고 서울의 집값 억제를 위한 지방의 희생은 계속될 것이다.

제3기 신도시 개발

신도시란[10] 330만㎡ 이상의 규모로 시행되는 개발사업으로 자족성, 쾌적성, 편리성, 안전성 등을 확보하기 위해 국가적인 차원의 계획에 의하여 국책사업으로 추진하거나 정부가 정책적인 목표를 달성하기 위하여 추진하는 도시를 말한다. 지금까지 2기 신도시까지 18개 지구 2억 1414만㎡가 개발되었다. 이 가운데 수도권에만 16개 지구 1억 8674만㎡가 개발되었으며 이는 여의도 면적의 64배에 해당하는 면적이다.

1, 2기 신도시 개요[11]

구분	1기	2기
건설기간	1989년~1995년	2001년~2016년
신도시	분당, 일산, 평촌, 산본, 중동(5개)	판교, 위례, 화성동탄1, 화성동탄2, 수원광교, 김포한강, 파주운정, 양주옥정, 평택고덕, 인천검단, 오산세교3, 충남아산, 대전도안(13개)

---

10) 〈지속가능한 신도시 계획기준〉, 국토해양부, 2010.

11) 〈신도시 개발 편람·매뉴얼〉, 국토해양부, 2010.

지구면적	5014만㎡	1억 6400만㎡
수용인구	117만 명(292천 호)	191만 명(712천 호)
사업비	10조 5천억 원	119조 9천억 원

　나는 1995년 이후로 25년 넘게 신도시에 살고 있다. 아이들은 신도시에서 태어나고 자라난 신도시 세대라고나 할까? 신도시 세대인 아이들을 포함한 우리 가족은 신도시 생활에 만족하고 있다. 깨끗한 주거 환경과 가까운 거리에 있는 초중등학교와 공원, 안전한 등하교길, 잘 갖추어진 쇼핑·문화·복지시설, 편리한 주차 등 신도시 내부에서의 생활은 대체로 흠잡을 데 없는 것 같다. 신도시가 만들어진 시기도 오래되어 지역사회의

신도시 중심상가는 항상 활력으로 넘쳐난다.

커뮤니티도 활성화되어 있다. 초등학교를 중심으로 한 마을 단위의 공동체 활동도 활발하게 이루어지고 있으며 주민들의 참여도도 높다. 주민 모두가 신도시에 대해 살기 좋은 곳이라고 이야기하며 애착도 많이 가지고 있다.

하지만 불편하고 마음에 들지 않는 점도 많다. 일단 신도시를 벗어나면 힘들고 고달프다. 직장이나 대학까지는 새벽부터 힘들게 가야 하고 대중교통으로 서울 나들이 한 번 하려면 큰맘 먹어야 한다. 아파트는 다소 오래되어 모두 새 아파트로 이사하고 싶어 한다. 또한 도시의 오래된 전통이 부족하고 단순히 베드타운(bed town)으로서의 역할 때문에 도시의 정체성에 대한 인식이 부족하다. 기존 도시와의 융합도 잘 이루어지지 않고 있다. 주민 모두가 성남 분당, 안양 평촌, 화성 동탄이 아닌 기존 도시와 분리된 분당신도시, 평촌신도시, 동탄신도시이기를 원한다. 신도시별 인프라와 환경의 격차와 집값의 차이도 불만족이다. 신도시 내의 임대주택단지와 분양주택단지와의 학군을 둘러싼 갈등도 늘 걱정거리이다.

서울 집값을 억제하기 위해 수도권 신도시 개발이 다시 추진되고 있다. 서울에는 더 이상 대규모의 주택을 건설할 땅이 없으니 서울 가까운 곳에 신규로 택지를 공급하고 교통망을 확대해 서울 특히 강남의 수요를 대체하겠다는 전략이다. 분당신도시, 일산신도시가 그랬고 판교신도시, 위례신도시, 동탄2신도시 등이 그랬다. 하지만 서울 주변의 계속된 주택 공급에도 불구하고 서울, 특히 강남의 집값은 내려갈 줄 모르고 오르기만 한다. 그 근본 원인은 무엇인지, 지금까지 개발한 강남 대체지역들이 강남의 수요를 얼마나 흡수했는지, 이러한 대응책이 앞으로도 지속적으로 효과를 발휘할 수 있을지 정말 궁금하기도 하고 걱정스럽기도 하다.

3기 신도시는 6개 지구에 면적은 3,429만㎡으로 여의도 12배 규모이며, 주택 수는 18만 호를 공급한다.

3기 신도시 현황[12]

구분	남양주 왕숙, 왕숙2	하남 교산	인천 계양	과천 과천	고양 창릉	부천 대장
면적	1134만㎡	649만㎡	335만㎡	155만㎡	813만㎡	343만㎡
주택수	6만 6천호	3만 2천호	1만 7천호	7천호	3만 8천호	2만호

* 과천과천지구는 330만㎡ 미만이지만 대규모택지로 신도시로 계산.

신도시의 개발은 그린벨트로 묶인 농지나 산지를 저렴한 가격으로 매입하여 주거지역이나 상업지역으로 개발하고 용도 변경에 따른 개발이익으로 도로, 철도 등의 기반시설을 설치하는 것이 기본 개념이자 방식이다. 정부와 공공기관은 신용을 바탕으로 토지보상금 등 초기 투자금을 조달하고 개발예정 택지의 선(先)분양을 통해 기반시설 등의 사업비를 충당한다. 좀 더 쉽게 말해 민간이 소유한 저렴한 땅에 개발사업을 일으키고 기업과 개인을 상대로 투자와 투기를 촉진해 택지와 상가, 아파트를 공급한다. 사업초기에 많은 자금이 투입되므로 사업이 지연되면 높은 이자를

---

12) 국토교통부 홈페이지.

신도시 개발은 보상을 둘러싸고 주민과 사업주체 간의 많은 갈등을 유발한다.

지급해야 한다. 가능한 한 빠른 시간에 사업을 완료하고 토지를 매각하여 자금을 회수해야 한다.

　이 과정에서 일부 토지소유자들은 엄청난 보상금을 받아 벼락부자가 되고 택지를 공급받은 건설사는 천문학적인 수익을 남기고 아파트를 분양받은 사람도 시세차익을 얻는다. 은행들은 담보대출에 따른 엄청난 이자이익[13]을 얻는다. 신도시에 포함되지 않는 주변의 토지소유자 또한 개발의 혜택을 마음껏 누린다. 거의 모두에게 이익이 되는 사업이다. 모두가 행복하다. 그러나 누군가가 행복해하는 사이 땅값은 계속 오른다. 행복한 잔치에 초대받지 못한 일부는 삶의 터전을 잃어버린 채 이곳저곳을

---

13)　2019년 상반기 시중은행 6곳이 기업대출, 주택담보대출 등을 통해 번 수익에서 자금조달 비용을 뺀 이자이익은 11조 8천억 원이었다.

배회하고 일부는 초대받지 못한 상실감과 박탈감에 잠을 설친다.

신도시를 개발하는 과정에서 토지보상금으로 엄청난 돈이 풀린다. 머니투데이에 따르면 2008년부터 2018년까지 토지보상금으로 풀린 돈은 무려 180조 원에 달한다. 2021년에는 3기 신도시 개발 등으로 최대 50조 원 규모의 토지보상금이 풀릴 전망이라고 한다. 정부와 공공기관이 대규모 택지를 개발할 경우 토지보상제도의 문제점 중 하나는 대규모 개발이 없을 경우 개인이 현금화할 수 없고 거의 영구적으로 논이나 산지 등으로 남아 있을 토지에 대해서도 막대한 보상이 현금으로 이루어진다는 점이다. 현금화한 자산은 당장은 아니더라도 언젠가는 부동산으로 유입될 가능성이 크다. 땅값 상승의 잠재적인 복병인 셈이다. 또한 도로, 철도, 상하수도 등 기반 시설의 건설에 토지보상금보다 더 많은 자금이 투입되며, 아파트와 상업용 빌딩 같은 건축물의 건설까지 포함하면 신도시를 개발하는 데 들어가는 비용은 상상하기 어렵다. 아무리 공공에서 신도시를 개

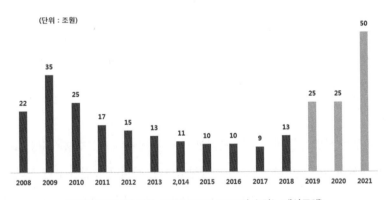

연도별 토지보상 현황. (2019, 2020, 2021년 수치는 예상금액)

발하지만 이렇게 천문학적인 토지보상비와 기반 시설 건설비를 투입하고도 투기를 일으키지 않으면서 과연 수익을 내고, 도시를 만들 수 있을까? 사업지구 내 토지의 보상 방법, 공공주택용지와 상업용지의 매각 방법, 신도시 주변 토지의 개발이익 환수방안 등에 대한 개선이 절실한 이유이다.

새로 건설하는 신도시로 서울의 주택수요를 분산하고 주거선택의 폭을 넓히기 위해서는 대중교통의 개선이 매우 중요하다. 통근 시간이 1시간 이내로 줄어들고 서서 가는 대신 앉아서 갈 수 있다면 복잡하고 비싼 서울 대신 신도시에 살고자 하는 사람도 많을 것이다. 하지만 괜찮은 직장이 서울에 집중되어 있고 서울로 가는 전철과 버스는 만원이고 직장까지 가는 시간도 1시간 30분, 2시간 걸린다면 어느 누구도 서울을 벗어나 신도시에 살려고 하지 않을 것이다.

그리고 우리 모두가 알고 있는 사실 하나는 아무리 서울과 강남을 대체하기 위한 신도시를 수도권에 개발하더라도 서울과 강남에 살고 싶어 하는 사람이 줄지 않는 한 서울과 강남의 주택은 부족할 것이고 가격은 올라갈 것이다. 1기와 2기 신도시의 건설 이후에도 서울과 강남의 아파트가격이 계속 오른다는 것은 서울 시내의 공급억제 정책에 대한 전면적 검토가 필요하다는 신호가 아닐까?

대부분 사람들은 쾌적하고 편리한 주거 환경에서 가능한 한 직장 가까이 생활하기를 원한다. 새집이면 금상첨화다. 하지만 그런 수요를 충족시켜 줄 만한 집들이 서울과 강남에는 부족하다. 서울 주변이 아닌 서울에 주택공급을 확대하기 위한 정책이 필요한 이유이다. 신도시 건설에 앞서 서울과 강남에서 개발이 가능한 곳을 찾고 재건축을 활성화할 필요가 있다.

주택산업연구원에 따르면 2012년부터 2017년까지 서울에서 매년 9,000가구의 주택이 부족하다. 6년간 누적 부족분은 5만 4,000가구에 달한다. 재개발·재건축 등 주택 정비사업이 잇따라 해제되면서 아파트 품귀 현상이 짙어졌다는 분석과 아파트보다 다세대 주택이 더 많아 인구밀도 대비 공급이 부족한 현상이 계속된다는 지적이 제기된다.

재건축에 대한 규제 완화와 함께 층수 규제의 완화를 위한 정책 변화도 검토되어야 한다. 모든 지역이 고층 아파트로 채워져서는 안 되지만 지역적 특성과 고층아파트에서 사는 것을 좋아하는 사람들이 많은 곳은 고층 개발을 허용한다. 최고 층수 35층의 아파트가 50층의 아파트보다 더욱 도시의 경관이나 도시의 성격에 적합한지는 더 많은 논의가 필요하다. 일률적인 층수 규제가 아닌 도시의 스카이라인, 도시경관, 바람길, 교통여건 등을 고려해서 차별적으로 적용하되 규제 완화에 따른 개발이익은 환수할 수 있는 제도적 장치를 마련한다.

캐나다 밴쿠버의 사례는 정책을 수립하는 데 많은 도움이 될 수 있을 것이다. 밴쿠버시는 용도지역 상향(upzoning)으로 추가 발생한 자산 가치의 80%를 돌려받는다. 공동체를 위한 공간을 기부하지 않고서는 건물을 더 올릴 수 없다. 그 결과 밴쿠버 도심의 인구밀도가 더 높아질수록 시민들은 더 많은 공공공간과 녹지를 누릴 수 있다. 규제완화와 신도시 개발의 목적은 행복한 보금자리를 제공하는 것이다. 주택공급 정책에 앞서 주택수요의 정확한 예측이 무엇보다 중요하며 개발이익의 사유화와 투기를 막을 수 있는 정책과 제도의 도입도 함께 이루어져야 할 것이다. 지금까지의 신도시 개발에 있어 공공성을 강화했더라면 투기와 불로소득의 폐해를 줄이고 소유 중심에서 이용 중심으로 주택시장의 흐름이 일부나마 바뀌었을지도 모르겠다.

신도시 건설은 어느 한순간에 갑자기 이루어지지 않는다. 그 속에는 수많은 사람의 피땀 어린 노력과 희생이 배어 있다. 하지만 신도시 건설이 단기간에 추진되어 여러 가지 부작용을 낳게 되었고 이는 많은 비판의 대상이 되어 왔다. 입주초기 기반시설부족과 생활의 불편, 자동차중심의 도시, 단순한 베드타운(bed town)의 기능, 기존 도심의 공동화, 대규모 건설로 인한 건설자재의 품귀 및 부실시공, 투기조장 및 개발이익의 사유화, 수도권 집중 심화 등이다. 이러한 부정적인 면에도 불구하고 최근 많은 개발도상국에서 한국의 신도시 개발 경험을 공유하기를 원하고 실제 자국에 적용하고 있다. 현재 쿠웨이트와 볼리비아 등에서 한국형 신도시를 개발하고 있으며 한국토지주택공사에서 참여하고 있다. 한국형 신도시 개발은 공동주택 위주의 도시개발을 통한 대량 주택공급, 10년이라는 짧은 건설기간, 비교적 쾌적한 도시환경, 아파트 위주의 고밀주거지임에도 중산층의 인기 등과 같은 특성이 있다. 이러한 한국형 신도시 개발방식은 도시화율의 급증, 만성적인 주택과 인프라 부족 등 심각한 도시문제에 직면한 개발도상국에게 매력적인 정책이 되고 있다. 3기 신도시 개발은 기

존의 신도시 개발에 따른 부정적 효과를 최소화하고 이를 통해 한국의 신
도시가 음악이나 드라마처럼 한류의 한 축으로서 세계로 뻗어 가기를 기
대해 본다.

쿠웨이트의 압둘라 신도시는 우리나라와 쿠웨이트가 협력해 추진 중으로, LH가 도시계획과
설계를 주도하고 있다. 2020년부터 2035년까지 총 15년간 64.4㎢(약 1950만 평)의
사막 위에 약 27만 명이 거주하는 쿠웨이트 최초의 스마트시티로 조성된다.[14]

---

14) 출처: LH공사 홈페이지.

우리 도시의
마지막
시간

우리 도시의 마지막 시간

    지금부터 약 120년 후 한반도 남쪽 대한민국에서 벌어지고 있는 일이다. 모든 도시는 사라지고 오직 서울만이 외롭게 남아 대한민국을 절체절명(絶體絶命)의 위기에서 구하기 위해 고군분투하고 있다. 코로나와 같은 치명적인 바이러스의 공격이나, 잠자고 있는 백두산의 폭발로 인한 위기가 아니다. 하지만 사람이 줄고 있다. 지방의 모든 사람이 서울에 모여들고 서울에는 지금과 같은 1000만 명이 살고 있다. 하지만 서울도 머지않아 지구상에서 사라지고 한민족은 멸종된다. 마치 어느 날 갑자기 공룡이 사라지듯이. 소설이나 영화에 나오는 이야기가 아니다. 2014년 국회 입법조사처의 인구 예측 결과에 따르면 우리나라 인구가 2016년 출산율(1.19명)이 지속되면 122년 뒤인 2136년에는 인구가 1000만 명으로 줄어들고, 2750년이면 대한민국 인구 자체가 소멸할 것으로 전망했다. 2018년은 우리나라의 출산율은 0.98명으로 1.0 이하를 기록했다. 현재 인구를 유지할 수 있는 수준의 출산율은 2.1명이다.

    우리 도시의 마지막 시간이 가까워지고 있다. 2020년 사망자 수가 출생자 수를 앞서면서 사상 처음 인구가 감소했다. 출생자는 역대 최저치인 27만 5,815명을 기록했으며, 사망자(말소자)는 30만 7,764명을 기록했다. 출생자 수가 사망자 수보다 적은 '인구 데드크로스(인구 자연감소)'를 보였다. 인구감소에 따라 국토, 산업, 고용, 사회복지 등 국가의 장기 정책들은 많은 변화가 예상된다. 도시의 변화도 예외가 아닐 것이다. 많은 지역에서는 아기들의 울음소리는 들을 수가 없고 젊은이들은 지방을 떠나고 고령자들은 계속 늘어나고 있다. 지방은 쇠퇴하고 심지어 도시가 사라지는 것이 놀라운 일이 아니다. 우리는 지금 인구절벽 앞에서 조금만 더 나아가면 아득한 낭떠러지로 떨어질 태세다. 하지만 우리 앞에 그 깊이도 모르는 낭떠러지가 있다는 것도 모르고 있는 것은 아닐까? 아니면 알고는 있지만 알고 싶어 하지 않는 것은 아닐까?

한국고용정보원의 〈한국의 지방소멸 2018〉 보고서에 따르면 전국 시군구 10곳 가운데 4곳이 저출산, 고령화로 인구가 급격히 줄면서 지역 자체가 사라질 위험에 처한 것으로 나타났다. 이 보고서에 따르면 2018년 6월 기준으로 전국 228개 시군구 중 '소멸위험 지역'은 89곳(39.0%)으로 조사됐다. 그리고 지방소멸의 바람이 농·어촌 낙후 지역을 넘어 지방 대도시 권역 및 공공기관 이전이 진행되는 거점 지역까지 확산하고 있는 것으로 나타났다.

지방소멸위험지수는 젊은 여성인구의 수도권 유출이 지방소멸을 가져올 수 있다는 마스다 히로야(2014)의 저서 《지방소멸》의 핵심 내용에 착안하여 개발한 지수로서 어떤 지역 혹은 공동체의 소멸위험지수는

'20~39세 여성인구 수/65세 이상 고령인구 수'로 정의한다. 소멸위험 지수가 낮을수록 소멸위험이 높으며, 0.5 미만이면 소멸위험 지역으로 분류했다. 가임기 여성 인구가 고령 인구의 절반에 못 미칠 경우 새로 태어나는 인구는 적고, 고령으로 사망하는 인구는 늘어나기 때문에 지역 자체가 '소멸'한다고 본 것이다. 전국 평균은 0.91이었다. 소멸위험 지수가 가장 낮은 곳은 경북 의성(0.151)이었다. 전남 고흥군(0.161), 경북 군위군(0.169), 경남 합천군(0.171), 경남 남해군(0.179) 등이 뒤를 이었다. 이들 지역은 전국 평균(0.91)에 크게 못 미쳤다. 시도별로는 전남(0.47)이 0.5에 미달했고 경북(0.55), 강원(0.58), 충남(0.67) 등도 낮은 수준이었다. 서울(1.09), 경기(1.18), 인천(1.15) 등 수도권과 세종(1.59), 울산(1.23), 대전(1.18), 광주(1.13) 등 주요 도시는 1을 넘었다.[15]

일본의 예를 보면 지방도시의 젊은 층 인구유출은 국가 전체의 인구 감소를 가속한다. 젊은 층의 유입으로 대도시권의 인구가 증가했지만, 대도시권은 결혼하고 아이를 낳아서 키우기에 이상적인 환경이 아니다. 집값은 비싸고 지방 출신자의 경우 부모가 지방에 있어서 가족의 지원을 받기도 어렵다. 결혼하기도 어려운 환경이지만 출퇴근에 걸리는 시간도 길어 일과 육아를 병행하기는 더욱 어렵다. 도쿄 등의 대도시는 지방에 비해 자녀를 키우기가 훨씬 어려운 환경이다.

우리나라도 마찬가지이다. 2017년 전체 출산율은 1.05이지만 서울은

---

15) 〈한국의 지방소멸 2018〉, 고용동향 브리프, 한국고용정보원, 이상호, 2018. 7.

0.84로 전국에서 꼴찌이다. 출산율이 0.84라는 것은 부부 두 사람이 평생에 자녀 1명 미만을 낳는다는 의미이다. 서울에 현재 출산 가능한 남녀 젊은이가 백만 명이 있고 3대 동안 계속 1명을 낳는다면 어떻게 될까? 다음 세대에는 500,000명이 되고 그다음 세대에는 250,000명이 되고 3대 째에는 125,000명으로 쪼그라든다. 믿기지 않는 수치이다. 2019년 3분기 서울의 합계 출산율은 0.69명으로 1명에도 한참 모자란다. 지방뿐만 아니라 서울이라는 도시가 없어질 날도 멀지 않았다. 국가 전체의 출산율을 끌어올려 인구 감소세에 제동을 걸기 위해서는 대도시권으로 인구가 집중되고 있는 현재의 거대한 흐름을 바꿔 나갈 필요가 있다.

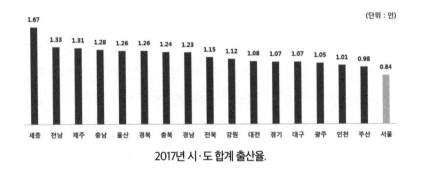

2017년 시·도 합계 출산율.

지방도시의 쇠퇴와 소멸을 막기 위해서는 지역의 젊은이들을 지켜야 한다. 그래야 지역이 살아나고 희망이 있다. 이를 위해서는 공공시설이나 인프라와 같은 장소가 아닌 사람에 더 많은 투자가 필요하다. 그 지역에 젊은 인재들이 있느냐 없느냐가 지역의 발전과 미래를 좌우한다. 지역의 젊은이들이 지역의 발전을 위해 역량을 발휘할 수 있도록 충분한 일자리를 제공하고 지방과 수도권의 소득 격차를 줄이고 결혼, 출산, 육아 등에 대해서도 지속적으로 투자를 늘려 지역에 뿌리내릴 수 있는 환경을 제공한다. 지방정부의 힘만으로는 불가능하다. 중앙정부의 지원이 절대적이다.

〈한국의 지방소멸 2018〉 보고서에 의하면 2013~2017년 5년간 인구 이동을 분석한 결과, 소멸위험이 있는 것으로 나타난 읍·면·동에서 실제 42만 2,000명의 인구 순유출입이 발생한 것으로 조사됐다. 순유출 인구는 20대가 17만 명으로 가장 많았고 30대(10만 9,000명)와 10대 이하(6만 3,000명)가 뒤를 이었다. 인구 유출이 30대 이하 젊은 층에 집중된 것이다. 20대 순유출 인구 중 수도권으로의 이동은 37.4%를 차지했다.

지방에서 수도권으로 인구만 빠져나가는 게 아니라 자본의 유출도 급속도로 진행되고 있다. 산업연구원(KIET)의 〈전국 16개 시·도 지역소득 역외 유출의 결정요인〉 보고서에 따르면 2016년 기준 충남에서 24조 9711억 원의 근로소득 및 기업소득이 다른 지역으로 유출됐다. 전국 16개 시·도(세종시 제외) 가운데 충남을 포함해 9개 지역에서 소득이 유출됐다. 유출액은 충남이 가장 많았고 그다음이 경북(16조 1003억 원), 울산(13조 6305억 원), 경남(12조 205억 원), 전남(11조 5236억 원), 충북(9조 7698억 원), 강원(6조 1842억 원), 전북(4조 8921억 원), 제주(727억 원) 등의 차례였다. 유출소득의 유입액은 서울(40조 3807억 원)과 경기(21조 9464억 원)가 압도적으로 많았다. 충남·경북·울산 등지에서 유출된 지역소득이 수도권으로 대거 유입되고 있는 것이다.

산업연구원은 "역외 유출은 지역경제 선순환을 저해하는 요인."이라고 지적했다. 또 "소득이 역외로 유출되는 지역은 성장에 따른 과실은 제대로 향유하지 못한 채 지역 내 총생산을 위한 역내 혼잡 비용이나 환경 문제 같은 비용을 지불하는 반면, 수도권 등 소득유입 지역은 이런 비용을 지불하지 않은 채 경제적 혜택을 받는 것이므로 지역 간 분배의 형평성 문제를 낳고 있다."라고 덧붙였다.

소득의 역외 유출은 본사는 수도권에 두고 생산 시설은 지방에 두는 구조로 인해 영업이익이 본사가 위치한 지역(주로 수도권)으로 집중되고 지방의 열악한 정주 여건으로 지역 내 근로자들이 주거지를 다른 지역(주로 수도권)에 두고 있기 때문이라는 분석이다. 따라서 영업이익의 일정비율을 공장이 위치한 지방에 귀속될 수 있도록 제도를 개선하고 법인세도 본사와 공장이 위치한 지역에 배분될 수 있도록 제도를 바꿔 나갈 필요가 있다. 그리고 근로자가 직장이 위치하는 지역이나 가까운 지역에서 살 수 있도록 교육, 문화, 주거 환경을 지속적으로 개선하기 위해 투자를 늘려 나가야 한다. 또한 고령사회의 도래와 함께 고령자의 금융 자산이나 부동산 자산이 상속을 통해 대도시에 살고 있는 자녀들에게 이전될 것으로 예상되므로 이에 대한 대책도 필요할 것으로 생각된다.

우리와 마찬가지로 지방소멸의 위험에 처한 일본은 어떤 정책을 펴 나가고 있을까? 일본은 인구감소라는 현실을 직시하고 선택과 집중의 개념에 입각해 지방의 쇠퇴와 소멸을 막기 위한 방안을 찾고 있다. 방안의 핵심은 젊은이에게 매력적인 지방 중핵도시를 거점으로 인접한 지역의 생활 경제권을 유기적으로 연결하는 것이다. 지방 중핵도시에 지원과 정책을 집중 투입해 생산 능력을 높여 일자리를 창출하고 규모의 집적에 의해 광역적인 비즈니스를 만들어 내게 하는 것이다. 도쿄권에 비해 양호한 중핵도시의 주거 환경과 육아환경을 활용, 젊은이들이 정착하고 출산율이 올라가도록 유도한다. 중핵도시 주변의 쇠퇴하는 지역은 콤팩트 타운(Compact town)으로 변화시켜 고령자를 위한 의료 등 최소한의 생활기반을 유지한다.

도쿄권을 중심으로 한 대도시권으로 사람들이 빠져나가는 흐름을 막기 위한 다양한 제안들은 우리에게도 유용한 정책의 길잡이가 될 것이다. 다음은 우리가 눈여겨볼 제안들이다. 지방도시의 경우 압축도시(Compact City)[16]를 형성, 시가지의 기능을 집약한다. 지방대학에서 도쿄권의 대학과 동등한 학위를 받을 수 있는 시스템을 만든다. 지방기업에 취직한 젊은이에게 고용보험에서 5년 동안 100만 엔의 소득을 지원한다. 직주근접형 보육서비스가 가능한 주택을 공급한다. 중노년층의 귀농과 이주를 지원한다. 고향납세 정책을 강력하게 전개한다. 주소지특례를 통해 고령자를 받아들이는 지자체의 부담을 줄여 준다. 고향납세란 응원하고 싶은 지방자치단체에 돈을 기부하면 그 기부금을 전액 또는 일부 세액공제해 주

---

16) 압축도시(Compact City): 도시 내부 고밀개발을 통해 현대도시의 여러 가지 문제 해결을 도모함과 동시에 경제적 효율성 및 자연환경의 보전까지 추구하는 도시개발 형태로 도시 내부의 복합적인 토지이용, 대중교통의 효율적 구축을 통한 대중교통수단의 이용촉진, 도시외곽 및 녹지지역의 개발억제, 도시정체성을 유지하기 위한 역사적인 문화재의 보전 등을 포함하는 개념이다. 출처: 알기 쉬운 도시계획 용어집.

는 제도로 일본에서는 2008년 4월부터 시행하고 있다. 주소지특례란 일본의 노인요양보험의 피보험자가 주소지 이외의 지역에 위치한 노인요양 시설 등에 입소할 경우 입소 전에 살았던 기존의 지자체가 요양서비스 비용을 부담하게 하는 제도이다.

《지방소멸》의 저자 마스다 히로야는 말한다.

> "인구 감소를 피할 수 없다면 이것을 전화위복의 기회로 삼아 희망찬 미래를 만드는 것이 현세대인 우리에게 주어진 사명이다. 지금 해야 할 일은 인구의 '급감', 나아가 모든 것이 대도시권으로 집중되는 '극점 사회'[17]의 출현을 막고 인구 감소 속도를 억제하는 것. 그리고 풍요로운 생활을 영위할 수 있는 사회로 가기 위한 길을 닦는 것이다. 이것은 오로지 우리의 선택에 달려 있다."

많은 전문가들은 지방의 쇠퇴는 저출산, 고령화, 저성장이라는 거대한 흐름에 따른 불가피한 현상임을 인정하고 이에 따른 정책을 수립해야 한다고 지적한다. 도시를 압축도시로 만들어 교통과 인구를 밀집시키고 선택과 집중을 통해 성장 가능성이 있는 도시를 집중 지원해야 한다고 말한다. 또한 지역 중심도시는 대도시와 차별화된 지역만의 특색을 살려서 개

---

17) 극점 사회: 지방은 쇠락하고 대도시권이라는 한정된 지역에 사람들이 밀집해 고밀도의 환경에서 생활하는 사회를 일본에서 이름 붙인 용어. 일본 전체의 인구가 도쿄권을 비롯한 대도시권에 빨려 들어가는 동시에 출산율이 극도로 낮은 대도시권에서는 좁은 지역에 많은 인구가 밀집해 살아가다가 한꺼번에 고령화를 맞이하게 된다.

발하고 쇠퇴하는 도시는 스마트 축소(Smart Decline)로 나아가야 한다고 이야기 한다. 스마트 축소란 인구가 줄어드는 도시에 맞게 도시의 규모를 조정하는 정책을 의미한다. 대표적인 정책이 독일의 사례에서 볼 수 있는 빈집을 헐어 공원, 녹지 등의 용도로 변경하는 것이다. 충분히 공감하고 천 번 만 번 맞는 말이다. 하지만 이러한 정책에 앞서 우리가 명심해야 하는 것은 서울과 수도권으로의 집중을 막지 못한다면 아무리 좋은 정책도 우리 도시의 마지막 시간을 앞당길 뿐이라는 것이다.

지방의 돈 있는 사람은 지역에 투자하지 않고 서울에 투자한다. 지역 기업들은 이익을 지역에 투자하지 않고 서울에 투자하고 언제든지 서울과 수도권으로의 진출할 기회만을 엿보고 있다. 젊은이들은 어떻게든 서울이나 수도권으로 나가려고 한다. 수도권에 가야만 더 나은 직장에 더 좋은 교육에, 배우자를 만날 확률이 많아진다. 옛사람 말이 틀린 말이 하나도 없다는 것을 온 몸으로 느낀다. '말은 나면 제주도로 보내고 사람은 나면 서울로 보내라.' 우리는 모두 서울만을 애타게 쳐다보는 서울바라기가 되어 가고 있다.

집값 상승과 저출산

정부의 스물다섯 번째 부동산 대책으로도 집값의 상승세가 꺾이지 않고 있다. 정부는 기존의 수도권 127만 가구에 서울 32만 가구 등 추가로 83만 가구를 공급해 총 200만 가구를 공급한다는 계획이다. 이는 개인이 소유한 총 주택 수 1569만 가구[18]의 12.7%나 되는 물량이다. 인구는 줄어들고 있고 코로나로 경제는 뒷걸음치고 있는데 집값은 그 끝을 알 수 없을 만큼 계속 오르는 현상을 어떻게 설명해야 할까? 모두가 비트코인이나 주식투자로 대박을 터뜨린 것도 아니고, 집값이 1억, 2억 원도 아니고 서울은 평균 집값이 10억 원을 넘어가는데도 말이다. 몇 년 전 정부가 각종 세제 혜택에 빚내서 집을 사라고 그렇게 독촉해도 사지 않았는데 왜 모든 게 바뀌었을까? 공급이 갑자기 부족해서? 아니면 양적완화로 돈이 시중에 너무 많이 풀려서? 도대체 부동산 시장에 무슨 일이 일어난 것일까?

한국의 연도별 출생아 수를 보면 1950년대 말 베이비붐 현상으로 1959

---

18) 〈2019년 주택소유통계 결과〉, 통계청.

년부터 연간 100만 명 출생이 1971년까지 지속되었다. 그리고 2000년을 기점으로 출생아 수가 급격하게 줄어들며 2019년 출산율은 0.92로 2050년에는 출생아 수가 10만 명 이하로 떨어질 것으로 추계하고 있다.

연도별 출생아 수.[19]

한국은 세계에서 가장 고령화가 빠른 국가로 2017년부터 생산가능인구가 감소하기 시작했다. 생산가능인구란 15세에서 64세까지를 말한다. 생산인구에 편입되는 사람들보다 퇴직해서 생산인구에서 벗어나는 사람들이 더 많으면 어떤 일이 벌어질까? 집을 구매할 청장년층보다 사망자가 더 많아 시장에 매물로 나오는 집이 늘어나면 어떻게 되는 걸까? 미국의 경제학자 해리 덴트는 2018년 이후에는 한국의 핵심소비계층이 급감하는 것으로 추산했다. 2018년은 출생아 수가 가장 많은 1971년생의 소비가 정

---

19) 출처: 통계청.

점에 이르는 48세가 되는 해이다. 베이비붐 세대들이 은퇴하고 핵심소비 계층이 줄어드는데도 한국의 경제는 계속 성장하고 주택 수요도 계속 늘어날까? 아니면 주택 수요의 감소와 부동산 버블의 붕괴, 과도한 주택담보대출로 인해 2008년 미국의 서브프라임모기지 같은 위기가 오는 것은 아닐까? 위기가 닥치면 그 피해는 고스란히 어렵게 평생을 일해 집 한 채 장만한 서민들에게 돌아오는 것은 아닐까?

집값 폭등의 정확한 이유를 알기는 어려우며, 미래를 예측하기는 더욱 어렵다. 하지만 최근의 집값 폭등과 미래의 불확실성에 대한 젊은 세대의 절망감의 크기를 짐작하는 것은 어렵지 않다. 신혼부부 결혼 비용의 70% 이상이 주택 마련에 사용되는데 집값 상승으로 가정을 꾸리는 것이 불가능하다. 연애, 결혼, 출산은 엄두도 내지 못해 젊은이들이 결혼·출산을 포기한다. 결혼·출산의 포기가 집값만의 문제는 아닐 것이다. 직장을 구하기는 하늘의 별따기이고, 직장을 구한다 하더라도 회사에서의 경쟁은 더욱 치열해지고, 아이들의 보육 환경은 나아지는 게 없고 교육비는 감당하기 어려운 수준이다, 이런저런 삶을 살다 보면 준비도 없이 노후를 맞이하게 된다. 한국의 노인 빈곤율은 OECD국가 중 최고이고 부모세대들 또한 노후준비가 되어 있지 않으니 부모세대에 손을 벌릴 수도 없는 처지이고 보니 청춘이란 정말 고달프다.

2019년 한국의 출산율은 0.92로 OECD 국가 중 꼴찌이고 사실상 지구상에서 유일한 출산율 0명대 국가이다. 최근 들어 성차별적 단어들에 대한 시민들의 개선 요구가 많다. 예를 들어 '저출산(低出産)'은 아기가 적게 태어난다는 의미인 '저출생(低出生)'으로 쓰는 게 적절하다고 지적한다. '저출산(低出産)'에 쓰이는 '낳을 산(産)'자는 여성이 아기를 적게 낳은 것을 뜻해 인구문제의 책임이 여성에게 있는 것으로 오인될 소지가 있다는 거다. 마찬가지로 유모차는 유아차, 학부형은 학부모로 바꿔야 한다고 한다. 이 책에서는 저출산으로 쓰기로 한다. 독자들의 양해를 구한다.

2016년 36개 OECD 회원국의 합계 출산율 평균은 1.68명이다. 유엔인구기금(UNFPA) 자료에 따르면 조사 대상 200여 나라 가운데 2017년 출산율이 1.0명 이하인 곳은 한 곳도 없다. 과거 출산율 1명 미만을 경험한 국가로는 대만·싱가포르·홍콩 등이 있지만, 상대적으로 인구가 적은 국가이고, 이들도 지금은 출산율이 1.2~1.3명 수준을 유지하고 있다.

정부는 출산율을 높이기 위해 천문학적인 돈을 쏟아붓고 있지만, 대책은 아무런 효과를 내지 못하고 있다. 정부는 지난 10년간 130조 원이 넘는 돈을 투입했음에도 저출산 문제는 해결의 실마리를 찾지 못하고 있다. 2019년 32조 3000억 원, 2020년 37조 6000억 원의 막대한 예산이 투입되었다. 하지만 2019년 출산율은 0.92이며, 2020년에는 0.8명대로 떨어질 것으로 예측된다. 현재의 인구를 유지하려면 출산율은 2.1명이 되어야 한다.

보건복지부와 보건사회연구원 조사에 의하면 우리나라에서 자녀 1명을 대학졸업 때까지 키우는 데에 22년간 총 3억 890만 원의 양육비가 들고 평균결혼비용 2억 2900만 원(주택 1억 6700만 원, 결혼비용 6200만 원)

이 든다. 한국감정원이 공표한 〈2018년 8월 전국 주택가격 동향조사〉에 따르면 서울의 아파트 평균 가격은 7억 238만 원으로 조사됐다.

서울에 아파트를 마련하고 자녀 2명을 대학까지 졸업시키고, 자녀 결혼에 노후대비까지 준비한다면 과연 돈이 얼마나 들까? 서울의 평균 아파트 가격 7억 238만 원, 자녀 2명의 대학까지 양육비 6억 1780만 원, 평균 결혼 비용 2억 2900만 원, 자녀를 결혼시킬 때까지 생활비와 노후대비를 위한 금액을 제외하고도 15억 4900만 원이 든다. 이 땅의 모든 아버지, 어머니에게 존경과 감사를 드린다. 결혼하고 자녀 2명을 키워 사회에 내보내는 것은 거의 기적이다. 정말 서울에서 집 사고 결혼하고 자녀를 키운다는 것은 점점 경제적으로 불가능에 가까워지고 있다. 대졸초임 평균연봉(3334만 원)으로 계산하면 이는 46년 동안 한 푼도 쓰지 않고 모았을 때 금액이고 2016년 4인 가구 중위소득(4,391,434원/월)[20]으로 계산하면 29년 동안 한 푼도 쓰지 않고 모았을 때 가능한 금액이다.

글로벌 도시통계 정보제공 사이트 넘베오(NUMBEO)에 따르면 2013년 이후 서울의 주택구입 부담은 점차 급증하는 것으로 나타났다. 실제로 서울 집값이 가파르게 오르기 시작한 것도 2013년부터다. 서울의 소득대비 주택가격의 비율 PIR(Price to Income Ratio) 지수는 2013년 초 10.43으로 세계 137위에 불과했다. 그러나 2014년 13.45(110위), 2015년 14.17(96위), 2016년에는 16.64로 44위, 2017년 6월에는 19.17(23위) 등으로 지

---

20) 출처: 통계청.

속적으로 상승했다. 서울에서 내 집을 마련하려면 약 20년 동안 소득을 한 푼도 쓰지 않고 모아야 가능하다는 의미이다. 도쿄(17.49), 타이베이 (16.64), 파리(16.44), 스톡홀름(16.29), 벤쿠버(14.29), 뮌헨(13.55) 등의 도시도 PIR 지수가 서울보다 낮았다.

우리는 집값과 양육비, 결혼비용 등 고정비에 너무 많은 지출을 하고 있다. 고정비 외에도 식대, 의류비, 통신비, 아파트 관리비, 경조사비 등의 직접비용이 추가되어 도저히 이익을 낼 수가 없다. 집 하나 장만하려 갖은 고생을 하고 평생을 일과 돈에 쪼들려 진정한 삶을 위한 여유도 없이 앞만 보고 달리다가 결국에는 인생이라는 사업을 접고 요양원에서 쓸쓸하게 생을 마감한다. 더욱이 수많은 젊은이는 집 하나 장만할 수도 없고 결혼도 할 수 없는, 달려 보고 싶어도 달릴 수 없는 절망적인 삶이다. 정말 서글프고 가슴 아픈 일이다.

부동산 가격의 폭등은 생활비와 사업비용을 끌어올리기 때문에 경제에 나쁜 영향을 미친다. 지금까지 부동산 가격 상승의 혜택은 대부분 기성세대에 돌아갔다. 젊은 세대가 미래를 위한 투자가 가능하게 하려면 부동산의 가격이 합리적인 수준으로 내려가야 한다. 집을 사기 위해 과도한 빚을 낸다면 소득의 많은 부분을 부채를 갚는 데 쓰게 되고 미래를 위한 투자는 어려워지고 삶은 점점 빡빡해질 것이다.

전문가들은 집값 상승과 결혼 감소, 출산율 하락은 서로 간에 관련성을 가지며, 저성장·고령화 기조에서의 집과 같은 자산 가치 상승은 자원의 비효율적인 배분과 세대 간 갈등으로 이어져 사회 통합마저 저해할 수 있다고 경고한다. 최배근 건국대 경제학과 교수는 "실증 분석을 해 보면 결혼율에 영향을 미치는 두 번째 요인이 주거비용."이라며 "결혼율 저하는 출산율 저하로 직결된다."라고 말했다. 육아정책연구소가 발표한 〈경기 변동에 따른 주택가격변동이 출산율에 미치는 영향〉 논문에도 주택 가격 상승이 출산율 저하에 직접적 영향을 준다고 나와 있다. 논문은 1985년부터 2014년까지 경제협력개발기구(OECD) 19개국을 대상으로 주택가격지수와 출산율을 분석했는데 분석 결과 주택가격지수가 1% 포인트 오를 때 출산율은 평균적으로 0.072명 감소한 것으로 나타났다. 집값이 많이 오르는 부동산 활황기에는 주택가격지수가 1% 포인트 오를 때마다 출산율이 0.087명 감소했고, 불황기에도 주택가격지수가 1% 포인트 오를 때 0.062명이 줄었다. 집값 상승률이 높을 때일수록 집값 상승이 출산율 감소에 더 큰 영향을 미친 것이다.

출산율을 끌어올리기 위해서는 출산과 육아는 개인이 아닌 국가가 책임져야 한다는 인식이 필요하다. 육아는 각 개인의 책임이기도 하지만 국가의 책임이기도 하다. 초기 아동교육은 아이들의 사회적, 정서적 개발은 물론 육체적 개발을 촉진한다고 한다. 아이들의 장래에 너무나 중요한 역할을 하며 아이들 삶의 장기적인 방향을 결정할 수 있다는 것이다. 따라서 아이들을 돌보는 보육교사들의 처우를 개선하고 자질을 높이고 우수한 환경의 국공립 어린이집과 유치원을 만들어 국가의 책임과 지원을 확대해야 한다. 모든 초등학교에 병설 유치원을 설치하고 어린이집을 설치하는 단설유치원에 대해서는 혜택을 부여한다. 어린이집의 보육환경을 유치원 수준으로 높여 부모들이 맘 편히 아이들을 맡길 수 있도록 한다. 도시에서 학교만큼 넓은 공간을 차지하고 지역의 중심에 있는 장소는 없다. 특히 초등학교는 보통 주택단지 중심에 있어 지역 커뮤니티의 중심역할을 할 수 있다. 따라서 초등학교의 증설이나 복합화를 통해서 어린이집과 유치원으로 활용할 공간을 확보하고 보육환경의 중심지 역할을 할 수 있는 방안을 찾는다.

갈수록 늘어나는 주택비용과 생활비로 혼자 벌어서는 이를 감당하기 어렵다. 여성들이 일할 수 있는 환경을 만들고 일하는 여성들에게 더 많은 휴가와 지원이 필요하다. 우리 사회가 육아의 무거운 짐을 여성에게만 지운다면 저출산은 멈추지 않을 것이다. 육아휴직이나 근로시간 단축 같은 유연한 근무방식을 적극적으로 도입하고 실질적으로 현장에서 사용에 부담이 없도록 유도한다. 육아휴직 급여도 현재 대폭적으로 인상하고 육아휴직기간도 어린이집에 갈 수 있을 때까지 집에서 키울 수 있도록 2년 이상으로 늘린다. 육아휴직 급여에 대해서는 정부 지원금을 늘려 기업의 부담을 줄여 준다.

주택단지 중심에 위치하는 초등학교는 커뮤니티 공간으로 중요한 역할을 한다.

미국 콜롬비아 대학의 〈아동·청소년·가족정책 국제개발정보센터〉에서 조사한 북유럽 국가의 유급 육아 휴직 기간을 보면 우리와 비교가 되지 않는다. 스웨덴은 아이가 18개월이 될 때까지 부부가 휴가일을 나누어 쓸 수 있고, 휴가 중에는 80%의 임금을 받는다. 또 국가에서 지정한 단일 임금을 받는 데 만족한다면 3개월을 더 쉴 수 있고, 여기에 더해 3개월을 무임금으로 또 쉴 수 있다. 노르웨이는 부부 모두 임금의 80%를 받으며 1년 동안 쉬거나 임금의 100%를 받으며 42주를 쉴 수 있다. 한국의 유급 육아휴직[21]은 1년이지만 첫 3개월 동안 통상임금의 80%(상한액 150만 원, 하한액 70만 원), 4~12개월 동안 통상임금의 40%(상한액 100만 원, 하한액 50만 원)를 받는다. 남성들은 3개월 유급 육아휴직에 통상임금의 80%(상한액 150만 원, 하한액 70만 원)를 받는다. 민간회사에서 1년간 육아휴직은 말을 꺼내기도 쉽지 않으며, 아이를 키우면서 회사에 다니기는 더 어렵다. 아이를 마음 놓고 맡길 어린이집을 구하기도 어렵고 설령 찾는다 하더라도 빈자리가 없다. 아이라도 아파서 회사에 반차나 연차라도 내려면 상사의 눈치를 보느라 발만 동동 구른다.

직장과 주거지가 분리된 현대의 도시구조도 여성의 삶의 질을 떨어뜨린다. 여성의 경우 직장과 가사를 함께 하는 경우가 많아 출퇴근에 2~3시간씩 걸린다면 직장에 다니면서 육아를 병행하기 어렵다. 도시 공간의 복합화가 필요한 이유이기도 하다. 업무지역에 주거 기능의 혼합을 통해 직장과 거주지의 거리를 줄이고 직장 근처에 임대주택 공급을 확대하여 신

---

21) 출처: 고용보험. http://www.ei.go.kr

혼부부 등 젊은 층이 쉽고 저렴하게 주택을 구입할 수 있도록 한다.

아울러 가사노동에 대한 남성의 인식변화와 함께 적극적인 참여가 필요하다. 중앙일보에 의하면 한국 남성의 1일 평균 가사 노동 시간은 45분으로 OECD 평균(138분)의 3분의 1이 채 안 됐으며, 남성의 가사노동 참여가 가장 활발한 덴마크(186분)의 4분의 1 수준에 불과했다. 해당 통계를 낸 26개국 가운데 1시간도 가사노동에 참여하지 않는 국가는 한국이 유일했다. 이런 상황에서 한국 여성은 남성의 5배가 넘는 227분을 하루 동안 가사노동에 할애했다.

또한 여성의 가사노동을 생산활동으로 인정하는 의식의 변화가 절실하다. 주부의 가사노동은 가족의 후생 수준을 높이지만 화폐가치로 알 수 없기 때문에 국내총생산(GDP)에 잡히지 않는다. GDP는 시장에서 화폐가치로 거래되는 후생 수준과 생산적 활동만 계산하기 때문이다. 한국 경제매거진[22]에 따르면 한국 가사노동의 경제적 가치는 GDP의 21~33%에 해당하는 규모다. 가사노동의 경제적 가치를 성별로 구분하면 남성은 GDP의 4~6%, 여성은 17~27%다. 즉, 무급 가사노동의 경제적 가치를 평가하면 가계 생산에서 여성의 경제적 기여는 남성의 4배 이상이다.

매슬로(Abraham H. Maslow)의 욕구 5단계 설에서 '주위로부터 좀 더

---

22) [페미니즘 경제학] 주부의 가사노동은 왜 '무급'으로 따져야 하나, 한경비즈니스 제 1183 호(2018. 7. 30.~2018. 8. 5.)

나은 평가를 받고 싶다.'라는 욕구는 '자기존중의 욕구'라는 계층에 해당하는 높은 수준의 욕구이다. 누구나 타인으로부터 존중받고 싶어 하며 이를 통해 스스로 자신감을 갖는 자기신뢰가 확고하게 된다. 하지만 여성들의 가사활동은 가정이나 사회적으로 아주 커다란 비중을 차지함에도 중요한 가치로 인정을 받지 못하고 있다. 이에 따라 사회적으로 주부들은 안정감과 자신감을 잃어버리게 되고 우리는 가정의 소중한 가치를 점점 소홀히 여기게 되는 것은 아닐까?

매슬로의 욕구계층설.

또한 한부모 가구의 복지에도 적정한 재정을 지원해 한부모 가정이 가난에서 벗어나도록 해야 한다. 한부모 가구의 수는 이혼이나 미혼 가구 증가 추세에 따라 2012년 179만 6,000가구, 2017년 216만 7,000가구로 증가하였으며 전체 가구에서 한부모 가구가 차지하는 비율은 2012년 9.9%에서 2017년 10.9%로 증가했다.[23] 특히 한부모가 일을 할 수 있도록 지원을 함으로써 한부모 가정이 빈곤에서 벗어나고 아이들에게 미치는 부정

---

23) e-나라지표, 출처: 통계청.

적인 영향과 편견들을 방지할 수 있도록 한다. OECD 자료에 따르면 스웨덴에서 직장을 가진 한부모의 경우 6% 정도가, 직장이 없는 한부모의 경우 18% 정도가 상대적 빈곤에 처해 있다. 미국의 경우는 각각 36%와 92%로 대비되는 결과를 보였다. 영국에서는 직장이 있는 한부모의 7%가, 직장이 없는 한부모의 39%가 상대적 빈곤에 시달렸다. 일을 할 수 있도록 도움을 주는 것이 가난을 벗어나고 한부모 가정 아이들의 미래를 위해서 매우 중요하다는 것을 알 수 있다.

출산율을 높이고 아이들을 건강하고 행복하게 키우는 일, 이는 국가가 미래를 위해 할 수 있는 최선의 투자다. 그렇지 않으면 국가의 미래를 책임질 인적 자원은 감소하고 국가도 도시도 쇠퇴할 것이다. 이슬처럼 영롱한 눈동자와 활짝 핀 꽃처럼 예쁜 모습으로 우리를 미소 짓게 하고 행복하게 하는 아이들을 볼 수 없다니 생각만 해도 정말 끔찍하고 비극적인 일이다.

학령인구의 감소와 지방대 폐교(廢校)

새로운 학기가 시작되는 3월 초 한중대학교, 주인을 잃은 운동장만이 을씨년스럽게 자리를 지키고 있다. 신입생들의 풋풋함으로 가득 차 있어야 할 운동장에는 언제 그랬냐는 듯이 지역 주민 한 사람만이 쓸쓸히 조깅하고 있다. 새 학기를 맞아 활짝 열려 있어야 할 학과 건물의 문은 '관계자 외 건물 출입금지'라는 팻말과 함께 굳게 잠겨 있다. 학과사무실 책상 위에는 아직 다 가져가지 않은 서류 더미가 그대로 놓여 있고 바닥에는 쓰레기와 컴퓨터 모니터 등이 아무렇게나 내팽개쳐져 있다.

서남대 정문 앞. 겨울을 겪고 봄을 맞은 나뭇가지에는 꽃망울이 솟아 있지만, 캠퍼스와 인근 대학로 풍경은 을씨년스럽기만 하다. 학생도 교직원도, 방문객 역시 단 한 명도 찾아볼 수 없다. 사실상 폐업한 상가 및 원룸 건물은 굳게 문을 걸어 잠근 채 '아무도 살지 않는 텅 빈 도시'의 모습이다. 서남대 인근 대학로에는 58곳의 원룸과 하숙, 자취방과 식당과 편의점, 술집, 당구장 등의 상가 40여 곳이 있었지만 대부분 문을 닫았다.

2018년 2월 폐교된 한중대학교와 서남대학교의 풍경이다. 지방대 폐교는 학생과 교직원 등 대학에 몸담은 구성원의 삶을 피폐하게 한다. 그뿐만 아니라 지역경제 위기와 도시 공간의 쇠퇴로도 이어진다. 기업이 떠난 도시와 마찬가지로 지방대가 문을 닫은 지역은 불황의 늪에서 허우적거리게 된다. 학생들로 가득 찼던 원룸 건물들은 텅 비어 있고 학생들과 교직원들로 붐비던 주변 상점들도 거의 문을 닫거나 매출이 반 토막 이하로 줄어들었다.

서남대와 한중대처럼 폐교된 대학은 지난 2000년부터 전남 나주 광주예술대를 시작으로 2019년 현재까지 총 16개에 달한다. 저출산의 영향으로 대학의 위기도 이어지고 있다. 학령인구 감소로 인한 정원미달은 지방대에 더욱 치명적이다. 지방의 4년제 대학의 2018년 입학 정원은 2013년에 견줘 10.3% 줄어든 반면, 수도권 대학은 3.2% 감소하는 데 그쳤다. 특히 서울에 있는 대규모 대학들의 정원 감축률은 1.1%에 불과했다.

지방대의 몰락은 단순히 대학의 폐교에 그치지 않는다. 대학의 역할은 지역의 인재를 육성하고 그 인재들이 지역을 떠나지 않고 지역 발전에 기여하도록 하는 데 있다. 지방대가 사라진다면 지방의 쇠퇴와 소멸은 더 빠르게 진행될 것이다. 지방대를 살릴 방안이 마련되어야 하는 이유이다. 물론 교비 횡령과 같이 대학을 돈벌이 수단으로 삼는 이름뿐인 대학의 퇴출을 위한 출구 전략도 필요하다.

강준만 교수에 의하면 수도권 대학의 경쟁력은 지리적 위치에서 나온다. 물론 그것만으로 환원할 수 없는 경쟁력이 있는 건 분명하지만, 어느 순간 지리적 위치가 달라지면 곧 잃어버릴 수밖에 없는 것이라는 점에서 지리적 위치의 중요성은 절대적이다. 서울대가 전남으로, 연고대가 강원으로 이전한다면 지금의 경쟁력을 유지할 수 있을까? 그는 또 이야기한다. 세계 어느 나라의 명문 대학도 한국의 대학들처럼 지리적 위치로 거저먹고 들어가는 경우는 없다. 교수들도 마찬가지로 지리적 위치로 평가받는다. 매년 수백 명의 지방대 교수가 서울 소재 대학으로 이전하고 있다. 무엇이 맞질 않아 뒤늦게 서울로 갈 결심을 한 게 아니다. 처음부터 지방대는 거쳐 가는 것으로 생각한 결과다.

교수들만 지방을 떠나려고 하는 게 아니다. 지방대 학생들은 편입으로 또 한 번 지방탈출을 시도한다. 서울 유명대학의 편입시험 경쟁률은 수십 대 일을 넘는다. 한국사회에서 학력은 곧 신분이다. 대학의 간판은 평생을 따라다닌다. 무슨 일을 하더라도 그 사람은 학력에 의해 평가된다. 신분상승을 위한 끝없는 도전은 대학에 입학하고도, 졸업하고도 계속된다.

지방대를 살릴 방법은 없을까? 지방대를 나온 것을 자랑스럽게 여기고 지방대학이나 서울소재 대학이나 차별 없이 개인의 능력에 의해 평가받는 교육환경은 어떻게 만들 수 있을까? 지방에 있는 한국과학기술원(KAIST)과 포항공과대학교(POSTECH)가 그 해답이 될 수 있을까? 영국의 고등교육평가기관 QS(Quacquarelli symonds)가 2018년 공개한 세계대학순위(QS World universities rankings)에 따르면 서울대 36위, KAIST는 40위, POSTECH은 83위로 국내 1위에서 3위까지를 차지하고 있다.

학생 1인당 교육비는 총 교육비를 재학생 수로 나눈 금액으로, 학교가 학생 한 명에 투자하는 교육비를 뜻한다. 2017년 기준 학생 1인당 교육비가 가장 많은 학교는 대구경북과학기술원(DGIST)으로 9903만 6,000원을 나타냈다. 이어 POSTECH이 8917만 5,000원, 광주과학기술원(GIST) 8685만 7,000원, KAIST 6668만 5,000원, 울산과학기술원(UNIST) 5085만 6,000원 순이다. 이공계 특성화 대학을 제외하고 상위 17개 대학의 1인당 교육비는 아래와 같다. 상위대학에 지방대의 이름은 없다.

2017 상위 17개대 학생 1인당 교육비

순위	학교	학생 1인당 교육비(천 원)
1	서울대	43,348
2	연세대	30,242
3	성균관대	28,081
4	고려대	22,860
5	한양대	21,388
6	이화여대	19,517
7	서강대	18,677
8	경희대	17,232
9	인하대	16,898
10	건국대	16,691
11	중앙대	15,041
12	숙명여대	14,756
13	동국대	14,484

14	서울시립대	13,628
15	단국대	13,426
16	한국외대	12,092
17	홍익대	12,025
평균		19,434

교육과 사람에 대한 투자가 대학의 질에 엄청난 영향을 미친다는 것은 분명하다. 지방대학에 대한 투자를 획기적으로 늘리지 않는다면 지역인재의 유출을 막을 수 없다. 국내외 석학을 초빙하고 서울대와 같은 수준의 투자를 할 때 지역의 인재들이 서울에 있는 대학으로 빠져나가지 않을 것이다. 지방국립대의 학비는 독일처럼 무상으로 하여 어려운 환경에 있는 지역학생들에게 교육의 기회와 지역을 위해 일할 기회를 제공하는 등 공공성을 강화한다. 이를 통해 창의적이고 혁신적인 기업들이 지방에서도 나오고 수도권이나 외국의 기업들이 더 저렴한 부동산 가격과 낮은 생활비에 우수한 인재들이 넘쳐나는 지방으로 몰려올 것이다.

좀 더 나아가 지역을 위해 일하는 선출직 공무원이나 선출직 정치인들은 광역적 지역(도와 도에 위치하는 광역시를 포함)내에 5년 이상 거주하고 지역 내 대학 출신들로 제한하는 방안은 어떨까? 이러한 제한은 개인의 자유를 침해하는 위헌적 발상이라고 이야기할 수도 있다. 하지만 대통령 후보의 자격도 선거일 현재 5년 이상 국내에 거주하고 있는 40세 이상의 국민으로 제한하고 있지 않은가? 서울에 있는 대학을 졸업하고 서울에서 활동하면서 집과 가족은 모두 서울에 두고 선거철에만 지역으로 내려와 지역을 위해 일하겠노라 하다가 임기가 끝나면 다시 지역을 떠나는 철새와 같은 정치인이나 고위 공무원은 지역 주민과 공감하고 소통하기 어렵다. 제도 도입을 위해서는 힘센 정치인이나 중앙정부 출신 관료의 인맥이나 힘으로 중앙정부의 재정이 분배되는 불합리를 개선해야 할 것이다.

재해에 불안한 도시

2018년 여름 태풍 '솔릭(Soulik)'은 6년 만에 우리나라에 상륙한 태풍이다. 하지만 한 해에 3개 정도의 태풍이 우리나라에 영향을 미친다. 1904년부터 2009년까지 106년간 태풍에 의한 총 피해는 사망 또는 실종이 6,005명, 재산피해액 14조 232억 원으로 연평균 사망 실종이 57명, 재산 피해 약 1336억 원이다. 2002년 태풍 '루사(Rusa)'때는 사망·실종자 246명, 재산피해액은 5조 1479억 원이었다. 강릉지방에선 하루 강수량이 870.5㎜를 기록하여 연평균 강우량 1401.9㎜의 62%를 보여 기상 관측 이래 가장 많은 양의 강수량을 기록했다. 2008년 매미(Maemi) 때는 사망·실종자가 132명에 이르고 재산피해액은 4조 2225억 원에 달했다.[24]

2017년 11월 15일에 경상북도 포항시 북구 북쪽 9㎞ 지역에서 규모 5.8의 지진이 발생했다. 2016년 경주 지진에 이어 기상청 관측 사상 역대 두 번째로 강한 규모로 기록되었다. 포항 지진은 진원지가 3~7㎞ 정도로 얕

---

24) 〈태풍백서〉, 기상청, 국가태풍센터, 2011.

아 피해 규모로는 2016년 경주 지진을 뛰어넘었으며, 다음날로 예정되어 있던 대학수학능력시험을 연기시켜 여러모로 역사에 남은 지진이다. 62명이 다치고 1,537명의 이재민이 발생했으며 피해 규모에 비해 사망자가 없는 것은 정말 기적 같은 일이라고 한다.[25] 2017년 국내 지진(규모 2.0 이상) 발생 횟수는 총 223회로 가장 많은 지진이 발생했던 2016년 이후 두 번째로 많은 지진이 발생하였다.[26]

2020년에는 역대 가장 길었던 54일간의 장마가 이어졌고, 8월 전북 남원에는 500년에 한 번 올 만한 집중호우가 쏟아졌다. 2011년 여름 중부지방의 집중호우로 우면산에 산사태가 발생, 18명이 사망하고 춘천에서는 산사태로 펜션이 매몰되어 13명이 사망하는 등 총 68명이 사망하고 8명이 실종되었다. 2018년 9월에는 서울상도유치원이 붕괴 위험에 놓여 하마터면 엄청난 참사로 이어질 뻔했다. 전국적으로 절개지·옹벽·석축 등은 100만 개로 추산된다.

2017년 12월 제천 스포츠센터 화재로 29명이 사망하고, 37명이 다쳤다. 2018년 11월에는 종로 고시원에서 불이 나 7명이 사망하고 11명이 다쳤다. 고시원 객실에 대부분 생계형 일용직 노동자들이 중심이 된 40~60대들이 월세 27만~38만 원 정도를 내고 거주하고 있었다. 좁은 복도에 출입구는 하나뿐이고 그나마 불길에 막혀 탈출이 어려웠고 35년 된 건물에 스

---

25) 출처: 나무위키, 2017년 포항지진.
26) 출처: e-나라지표.

프링클러는 없었고 화재 감지기도 작동하지 않아 피해를 키웠다.

최근 2년간 화재발생 현황을 보면 2016년도 43,413건, 2017년도 44,178 건이 발생하였다. 인명피해는 2016년 사망 345명, 부상 1,852명, 2017 년 사망 306명, 부상 1,718명이다. 재산피해는 2016년 4968억 원, 2017년 4206억 원이다.

연도별 화재발생 현황[27]

(단위: 명/억 원)

년도	2010	2011	2012	2013	2014	2015	2016	2017
사망자수	304	263	267	307	325	253	345	306
부상자수	1,588	1,599	1,956	1,877	1,856	1,837	1,852	1,718
재산피해	2,668	2,565	2,895	4,344	4,053	4,331	4,968	4,206

이처럼 우리 주변에는 태풍이나 지진 외에도 산사태, 화재와 같은 재해 가 빈번하게 발생하고 있다. 피해는 매년 반복되고 있고 안타까운 생명들 이 스러져 가고 있는데 대책은 항상 제자리걸음이다. 우리나라에서 일본 과 같은 자연재해가 발생한다면 어떻게 될까? 우리의 재해 예방을 위한 시설과 사회시스템은 도시와 시민들을 과연 보호해 줄 수 있을까?

1970~80년대 건설된 교량, 철도, 도로와 댐, 항만 등 주요 사회기반시설 의 노후화가 급속히 진행되고 있다. 2014년 기준으로 준공 후 30년이 지

---

27) 출처: e-나라지표.

난 노후시설물은 전체의 10.1% 수준이며, 향후 10년간 2배 이상인 21.5%로 급증할 전망이다.[28] 우리가 느끼지 못하지만 사회기반시설은 도로의 지하에도 있다. 하지만 지하시설물들은 눈에 보이지 않기 때문에 안전에 소홀할 수밖에 없다. 2018년에만 서울 아현동의 지하 통신구 화재, 서울 강남구 봉은사 교차로에서 온수관 파열로 인한 싱크홀 발생, 성남시 분당구와 고양시 일산에서 일어난 온수관 파열사고 등 지하시설물의 안전사고가 연이어 발생하고 있다. 분당과 일산의 온수관은 1991년 신도시를 조성할 때 설치된 것이다. 사회기반시설의 노후화는 우리 생활의 안전을 위협하고 각종 사고와 이용불편 등 사회적 비용을 유발한다.

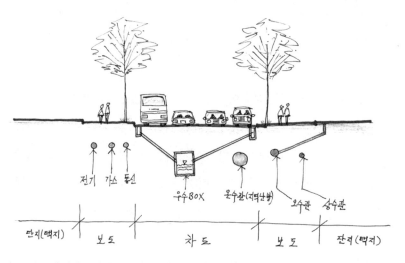

도로의 지하는 전기, 가스, 통신관, 우수관, 온수관, 오수관, 상수관 등으로 복잡하다.

---

28) 〈사회기반시설 유지 관리 제도화 연구용역 최종보고서〉, 국토교통부, 2015. 11.

기반시설의 노후화로 교량 파손, 도로 함몰, 상수도 및 온수관 누수 등 안전사고로 이어질 가능성이 높아 시민의 안전 확보를 위해서도 개량 및 유지보수의 필요성이 크다. 주요시설물의 유지 관리에는 큰 비용이 들어간다. 하지만 정부는 향후 예산 편성에 있어 투자효율성 제고에 중점을 두고 기반시설 관련 예산을 지속적으로 축소할 계획이다. 국가재정 운용 계획에서 SOC 예산은 2016년 23조 7000억 원에서 2020년 18조 5000억 원으로 연평균 6.0% 줄이는 것으로 계획하고 있다. 서울시의 경우 주요시설물 유지 관리 및 성능 개선에 약 8조 원의 예산이 필요한 것으로 추정되나 2015~2019 서울시 중기 지방재정계획에 따르면 시설물 안전예산은 총 2조 3000억 원 수준이다.[29]

한정된 재원으로 교육, 사회복지 등 쓸 곳이 많아 재정운용에 큰 어려움이 있을 것으로 예상된다. 기반시설의 안전을 위해 충분한 예산을 확보하기는 어렵겠지만 부족한 예산이라도 꼭 필요한 곳에 먼저 사용할 수 있도록 꼼꼼히 따져 볼 필요가 있다. 예산의 우선순위는 주민들이 항상 불안한 마음으로 살아가는 재해 취약 지역의 환경 개선에 두어야 하지 않을까? 서울 광화문광장에 대규모 시민광장과 역사광장이 만들어져 크기가 4배 가까이 대폭 커진다고 한다. 2021년 준공이 목표이며 약 955억 원의 예산이 투입 예정이다. 현재 광화문광장은 2009년에 722억 원을 들여 조성했다. 10년도 안 돼 1000억 원에 가까운 돈을 들여 다시 리모델링하는 것이 정말 시민을 위해 시급한 일일까? 지금의 도로와 광장 구조를 그대

---

29) 〈민간자본을 활용한 노후기반시설 관리 방안〉, 국토연구원, 2017.

광화문 광장은 조성된 지 10년도 안 돼 1000억 원에 가까운 돈을 들여 리모델링할 계획이다.

로 두고 뉴욕의 타임스퀘어처럼 차 없는 거리 등의 운영을 통해 좀 더 예산을 아껴서 광장을 활용할 수 있는 방법을 찾을 수 있다면 좋겠다.

재해 예방을 위해서는 사회기반시설에 대한 적정한 투자와 유지 관리가 매우 중요하다. 하지만 더욱 중요한 것은 재해 발생 시 자신을 희생하면서 많은 위험에 노출되는 현장의 안전 지킴이들에 대한 정당한 대우일지 모른다. 목숨을 걸고 불길 속으로 뛰어들어 생명을 구하는 소방관, 그러나 목숨에 대한 처우는 너무나 열악하다. 위험수당은 월 4만 5,000원에 불과하고 장비는 생명을 지키지 못한다. 소방관의 생명과 직결된 방화복은 내구연한을 넘기는 경우가 많고 2016년 말 기준 소방공무원은 기준 인력보다 거의 2만 여 명이 부족한 상태라고 한다. 10만 명 당 자살률을 비교하면 OECD 평균은 12.1명인 데 비해 대한민국 평균은 25.6명, 소방공무원은 31.2명에 이른다. 2008년부터 2017년까지 순직한 소방공무원 수(51명)보다 자살한 소방공무원(78명)이 더 많을 정도로 상황은 심각하다. 이처럼 우리 사회의 안전을 위해 많은 희생을 하고 있는 소방관에 대한 보상은 너무나 보잘것없다.

처우가 열악한 분야는 소방관뿐만은 아닐 것이다. 도시의 안전과 생명을 책임지고 있는 경찰관, 국방의 소중한 업무를 수행하기 위해 전후방에서 땀 흘리고 있는 군인, 국가의 안전을 위해 피해 현장에서 위험을 무릅쓰고 피해 복구를 위해 일하는 현장의 수많은 공무원과 노동자. 쓰레기를 치우고, 노인을 돌보고, 산업현장에서 위험을 무릅쓰고 일하는 모든 사람. 우리 사회가 꼭 필요로 하지만 모두가 기피하는 일을 하는 사람, 이 모두가 눈물을 흘리지 않을 때 그리고 노력에 대한 합당한 보상을 받을 때 안전하고 행복한 나라와 도시가 될 것이다.

코로나 이후의 도시

세계보건기구는 미래 인류의 생존을 위협하는 3대 요소로 식량부족, 기후변화, 그리고 전염병 유행을 지목하고 있다고 한다. 오늘같이 의학이 발달하고 전염병에 대한 백신이나 치료제가 개발되고 있는 시기에 전염병이 인류의 생존을 위협하다니 정말 믿기 어려운 현실이다. 하지만 지금부터는 이러한 생각을 접고 코로나19와 같은 전염성이 강한 바이러스와 함께 살아가야 하는 세상에 빠르게 적응해야 할지도 모르겠다.

20세기 이후에 에볼라 출혈열, 에이즈, 조류 인플루엔자, 사스, 신종플루, 코로나19 등 지구촌 어디에선가 새로운 바이러스가 출현하여 전염병을 퍼뜨리고 끊임없이 우리를 위협하고 있다. 100여 년 전 20세기 처음으로 인류를 공포로 몰아넣은 바이러스는 스페인독감이다. 미국에서 발병했지만 스페인독감으로 부르는데, 이는 당시 1차 세계 대전의 전쟁 당사국들은 전염병 관련 언론 보도를 통제하고 있었지만 중립국인 스페인은 질병에 대한 보도가 자유로웠고 언론에서 가장 먼저 이슈가 되었기 때문이라고 한다. 당시 1차 세계대전이 대유행을 부추겨 최대 5천만 명이 목숨을 잃었다고 전해진다. 그렇게 많은 희생자를 냈음에도 불구하고 아직도 스페인독감은 바이러스의 흔적조차 찾지 못하고 있으며, 스페인독감 바이러스는 어디에서 왔는지, 그 답은 아직도 해결해야 할 미스터리로 남아 있다고 한다.

전 세계에 걸쳐 1968년 홍콩독감으로 100만 명이 사망하고 2009년 신종플루로 1만 7,000여 명[30]이 사망했다. 우리나라에서는 신종플루로 75만여 명이 감염되고 270명이 사망했다. 코로나 바이러스는 2019년 12월 중국 우한에서 시작되어 아직도 진행 중이며, 2021년 2월 10일 기준 확진자는 전 세계에서 1억 명을 넘었고 사망자도 235만여 명에 이른다. 홍콩독감, 신종플루, 코로나 19는 세계보건기구가 팬데믹을 선언했다.

20세기 이후 주요 바이러스 전염병

발생	전염병	개요
1918	스페인 독감	세계인구 1/3이 감염, 2000만~5000만 명 사망
1957	아시아 독감	중국 남부에서 출현, 홍콩을 거쳐 세계로 확산 처음으로 인플루엔자 백신 사용, 200만 명 사망
1968	홍콩 독감	중국 남부에서 출현, 백신접종이 본격 시작
1976	에볼라	민주콩고공화국과 수단 남부에서 출현, 602명 감염, 431명 사망
1981	미국 에이즈	1981년 미국 캘리포니아 동성애자와 마약 중독자 사이에서 처음 보고, 1959년 콩고에서도 검출, 3600만 명 사망

---

30) 출처: 나무위키.

2002	중국 사스	중국 광동 재래시장에서 출현, 8,272명 감염, 775명 사망(치사율 9.4%)
2009	신종플루	멕시코에서 출현, 팬데믹 선언한 21세기 최초 전염병, 17,583명 사망
2012	중동 메르스	사우디아라비아에서 첫 보고, 1,475명 감염, 515명 사망 2015년 6월 우리나라에서 발생, 186명 감염, 36명 사망
2019	코로나 19	중국 우한에서 발생, 빠른 속도로 전 세계 감염, 팬데믹 선언

전염병 확산의 위험 요소들은 계속 늘어가고 가능성도 세계 곳곳에서 확대되고 있다고 한다. 신종바이러스는 대다수가 야생동물에게서 유래하는데, 자연환경의 파괴로 야생동물과의 접촉이 늘어나고 야생동물에게 노출되는 빈도가 높아지고 있기 때문이다. 특히 아마존과 같은 열대밀림의 파괴는 신종 바이러스의 위험에 노출될 수 있는데, 열대지역의 울창한 밀림은 미지의 바이러스들이 숨어 있는 거대한 창고이기 때문이다. 과학자들은 지구상에는 아직 발견되지 않은 바이러스가 100만 종 이상 존재한다고 추정한다. 육류 소비의 증가에 따른 대규모 축산농장의 확대와 그에 따른 오염, 밀집사육 또한 새로운 바이러스의 출현 가능성과 바이러스의 전파에 이상적 환경을 제공한다. 조류와 돼지 같은 동물 간의 바이러스 재조합으로 새로운 바이러스가 출현하고 바이러스의 창고 철새들의 이동과 가축과의 접촉으로 조류독감 등 전혀 새로운 전염병이 증가하게 될 가능성이 커지고 있다.

그리고 인도나 방글라데시 같은 저개발국의 도시화가 빠르게 진행되고 있는데 이러한 도시화와 이에 따르는 열악한 위생환경은 전염병의 유행을 초래하게 된다. 대도시는 인구밀집으로 직간접적 접촉의 기회를 제공하여 호흡기 질병이나 전염성이 강한 전염병의 유행을 촉발할 가능성이 크다. 국제교류가 활발한 대도시의 경우에는 순식간에 전 세계로 전염병을 확산시킬 위험성을 가지고 있는데, 2002년 발생한 전염병 사스는 광둥성에서 온 한 명의 감염자가 홍콩을 방문하면서 세계적으로 확산 되었다. 이처럼 세계화는 바이러스의 확산에 이상적인 환경을 제공하게 되는데 항공여행으로 단 하루 만에 지구촌 반대편까지 바이러스가 옮겨 갈 수도 있기 때문이다.

2016년 시베리아에서 영구 동토층이 녹으면서 75년여 전에 탄저병으로 사망했던 순록 사체가 노출되는 일이 발생, 소년 한 명이 사망하고 스무 명이 탄저균에 감염됐으며 2,000마리 이상의 순록이 떼죽음을 당했다. 이는 지구온난화로 시베리아에서 매년 여름에 탄저병이 발생할 수 있음을 의미하며, 시베리아의 동토층은 지구상에서 완전히 박멸된 천연두와 같은 바이러스가 갇혀 있는 판도라의 상자일 수도 있다. 천연두는 15~16세기, 유럽인들이 남아메리카 식민지를 개척하는 과정에서 선박으로 옮겨와 아즈텍, 마야, 잉카문명에 살던 사람들의 90%가 사망했다고 추정하기도 한다. 오늘날 천연두는 자연상태에서는 박멸되었는데 샘플이 러시아와 미국 두 군데 보관되어 있으며, 만약에 천연두바이러스가 실험실에서 사고로 살포된다면 인류에게는 엄청난 재앙이 될 거라고 한다. 천연두가 박멸되었기 때문에 천연두를 예방할 백신이 존재하지 않기 때문이다. 전염병 학자들이 먼 옛날의 질병이 깨어나는 것보다 더 염려하는 상황은 지구온난화 때문에 현존하는 질병이 장소를 옮기고 심지어 진화를 거듭하는 것이다.

세계화와 기후변화로 전염병 확산의 가능성은 그 어느 때보다 높아지고 있고 이로 인해 팬데믹이 일상화될지도 모른다. 코로나 이후의 세계는 어떻게 변화할까? 미래학자들은 그 변화는 대체로 원격근무와 재택근무의 확대, 온라인 교육의 가속화, 대면 서비스 산업의 쇠퇴에 따른 일자리 감소와 빈부격차의 확대, 잦은 경기침체와 보편적 기본소득의 지급, 세계화와 여행에 대한 인식의 변화 등이 있을 것으로 예측한다. 자본과 지식을 가진 자에게는 또 다른 기회이지만 하루하루 노동으로 살아가는 사람에게는 커다란 위기이다. 코로나19는 경제와 교육, 여행, 삶의 방식 등에 엄청난 충격을 주고 있으며, 그 충격은 언제 끝날지 아무도 모르고 있다.

그러면 코로나19 이후 도시는 어떻게 변화할까? 향후 코로나19 아니면 또 다른 바이러스 전염병이 언제까지 도시 공간에 그 어두운 그림자를 드리울지 예측하기는 어렵고 불확실하지만, 전문가들의 예측을 통해 어렴풋이나마 그 모습을 그려 볼 수 있을 것이다.

재택근무, 온라인 쇼핑과 온라인 교육 등 비대면 활동의 증가에 따른 공간의 변화가 예상된다. 이에 따라 도심의 사무공간이 축소되고 다른 용도로 바뀌며 교통수요도 감소하고 대중교통 대신 승용차와 자전거 등 개인교통 수단의 이용이 증가한다. 온라인 교육의 확대에 따라 초·중·고등학교의 교육 격차가 커지게 되지만, 대학은 공개강좌를 확대하고 교육비를 낮춤으로써 성인이나 직장인들의 배움의 기회도 늘어날 것이다. 대규모

캠퍼스는 교통수요를 줄이는 도심 속 분산형 캠퍼스로 바뀌게 된다. 거주 패턴도 변화, 대규모 아파트 단지의 퇴조와 수영장, 헬스장, 식당 등 커뮤니티시설의 축소와 분산형 소규모 아파트 단지의 유행 및 베란다 등의 확장을 통한 개인공간의 확대가 예상되며 도시 외곽의 단독주택의 수요도 확대된다.

그리고 온라인 소비의 확대 및 공급망의 중요성 증대로 물류유통시설이 확대된다. 마스크, 의료기기 등 필수의료용품과 원자재 등의 확보를 위한 제조업의 확산과 국가 간 이동제한과 공급망 약화에 따른 농업의 중요성이 확대되고 이에 따른 토지이용의 변화가 불가피할 것으로 예측된다. 또한 바이러스의 발생 위험을 줄이고 확산 방지를 위해 무분별한 산림훼손과 농지전용을 통한 대규모 개발이 점점 어려워질 것이다. 해외관광의 축소 및 국내 관광객의 증가에 따른 국내 관광이 활성화되고 비행기 여행보다는 자동차 여행이 인기를 끌게 된다. 재택근무의 증가와 사회적 거리두기에 따른 이동의 제한으로 많은 사람이 모이는 대규모 공원보다는 주거지 근처의 소규모 공원에 대한 수요가 확대된다. 레스토랑, 카페, 도서관 등 생활편의시설의 옥외 활동 증가가 예상되며, 밀폐된 실내 공간보다 안전한 옥외 공간이 선호되고 레스토랑이나 카페 등도 옥외 식사가 대중화되고 인기를 끌 것이다.

이처럼 코로나19가 가져온 도시 공간의 많은 변화 중에서 우리가 마주한 가장 큰 도전은 다음의 두 가지 질문이 아닐까? 과연 서울, 뉴욕, 도쿄와 같은 대도시의 생존이 지속가능할까? 또한 소득의 양극화로 인한 빈부

격차를 극복하고 공동체를 지킬 수 있을 것인가? 앞에서도 이야기했지만, 대중교통 중심의 대도시는 인구밀집으로 직간접적 접촉의 기회를 제공하여 전염병의 유행을 촉발할 가능성이 크며, 신자유주의의 물결과 함께 세계적으로 심해지고 있는 불평등의 문제는 코로나로 인해 더욱 심각해져 몇몇 국가의 문제가 아닌 전 지구적 문제로 부상하고 있기 때문이다. 18세기 산업혁명 이후 전염병의 유행, 열악한 주거 환경과 위생상태, 대기 및 수질오염 등 산업혁명으로 인한 도시문제를 해결하고 건강하고 위생적인 도시를 만들어 오늘날의 대도시로 발전한 것처럼 팬데믹 이후 대도시는 어떤 변화를 통해 새로운 환경에 적응해 나갈지 궁금하다.

수천 년간 인류를 괴롭혀 온 천연두, 중세 유럽을 강타한 흑사병에서 19세기 콜레라, 20세기 초 5000만 명 이상의 목숨을 앗아간 스페인독감에 이르기까지 인류는 역사적으로 수많은 전염병과의 투쟁과 이러한 전염병을 극복하기 위한 여정을 계속해 왔다. 백신 개발을 통해 천연두를 지구상에서 완전히 박멸했으며, 소아마비도 거의 박멸 단계에 와 있다. 최근에는 GIS, 빅데이터 등 정보통신기술과 생물공학이 결합해 팬데믹을 탐지할 수 있는 시스템의 개발이 미국을 중심으로 진행되고 있으며, 전염병 전문가들은 일기예보처럼 전염병 발생 위험을 예보하는 것이 먼 미래의 일이 아닐 수도 있다고 이야기한다. 우리에게 재앙처럼 닥친 코로나19를 퇴치하기 위한 노력도 전 세계적으로 이루어지고 있어 머지않아 종식될 것이다. 코로나19 바이러스뿐만 아니라 언젠가는 어떠한 바이러스에도 적용할 수 있는 꿈의 백신, 범용 백신(universal vaccine)이 개발될 것이다. 그때는 우리의 모습도 바이러스의 공포를 벗어나 만남과 어울림, 일과 여행 등 평온한 일상이 계속되고, 우리 도시의 모습도 이전의 모습으로 되돌아갈 것이다.

차이나 포비아(China Phobia)

미국지질조사국(The United States Geological Survey)의 보고에 따르면, 중국은 2011년부터 2013년까지 4년 동안 시멘트 66.51억ton을 사용했다. 이는 1900년부터 1999년까지 100년 동안 미국에서 사용한 44.05억 ton을 훨씬 초과한다. 정말 놀라운 수치이다. 중국은 미국의 서브프라임 모기지 사태(subprime mortgage crisis)로 촉발된 2008년 세계금융위기를 극복하기 위해 주택건설과 도로, 철도, 댐, 공항 같은 물리적 기반시설에 엄청난 투자를 했다. 2008년 이후 중국 GDP의 절반가량과 GDP 증가분의 절반가량은 이러한 투자에서 나왔다. 그래서 그 많은 콘크리트를 사용한 것이다. 중국은 2008년 이후 세계 구리의 약 60%, 철광석과 시멘트의 절반 이상을 사용했다.

중국은 '일대일로(一帶一路)'의 경제구상으로 중국 내부의 노동과 자본의 잉여분을 국외로 쏟아 내려 안간힘을 쏟고 있다. 일대일로 구상[31]은 육

---

31) 출처: 위키백과.

지 기반의 실크로드 경제벨트 계획과 해상 기반의 21세기 해상실크로드 계획으로 이루어진다. 이 계획을 통해 중국은 국제 사회에서 더 큰 역할을 도모하고 철강 산업과 같이 과잉 투자된 중국 내 산업 문제를 해소하려 하고 있다.

중국 전자상거래 업체 알리바바의 2018년 광군제 하루 매출은 36조 1000억 원을 넘을 것으로 전망했다. 2017년 우리나라 전체 전자상거래 시장 규모는 91조 3000억 원[32]이다. 단 하루 만에 우리나라 연간 전자상거래 금액의 40% 가까이 팔아 치웠다.

2017년 세계 AI 투자자금 152억 달러 가운데 48%가 중국 기업에 몰렸으며, 중국의 AI 관련 특허 수는 1,293건으로 미국(231건)의 다섯 배를 넘었다. AI를 활용한 중국의 얼굴인식 기술은 이미 세계 최고 수준으로 평가받는다. 드론, 빅데이터, 블록체인, 5G 통신기술, 핀테크(금융기술), 공유경제 등 4차 산업혁명 기술경쟁력은 우리와 비교도 안 될 정도로 앞서나간다.

중국은 20세기 극심한 가난과 굴욕의 역사에서 벗어나 21세기 세계 최강국을 향해 용트림하고 있다. 중국은 어디까지 발전하고 얼마나 강한 국가로 변신할까? 사드(고고도미사일방어체계, Terminal High Altitude Area Defense; THAAD)배치에 따른 전방위 보복, 동북공정(東北工程)에

---

32) 출처: 통계청.

의한 역사왜곡, 미세먼지 유입, 첨단산업의 거센 추격, 미중무역전쟁에 따른 한국경제의 불안 등 중국의 부상에 따른 우리의 갈등과 고민은 커져만 가고 있다. 중국이 강해지면 강해질수록 우리에게는 더 큰 불안감과 공포감이 몰려온다. 중국과의 수없이 많은 대립과 충돌 속에 아픔의 역사를 간직한 오래된 과거 때문일까? 아니면 서구에 대한 질곡의 근현대사를 벗어나려는 중국의 몸부림을 이해하지 못한 우리의 과잉반응일까?

중국의 서구에 대한 치욕적 만남은 제1차 아편전쟁(1840~1842)에서 시작된다. 유발 하라리의 《사피엔스》에 나오는 제1차 아편전쟁 이야기이다. 19세기 전반 영국 동인도회사와 잡다한 영국 사업가들은 마약 수출로 돈을 벌었는데, 특히 중국에 아편을 수출하는 것이 주종이었다. 수백만 명의 중국인이 중독자가 되었고, 나라는 경제적으로나 사회적으로나 쇠약해졌다. 1830년대 말 중국 정부는 마약 거래를 금지하는 포고령을 내렸으나 영국 마약 상인들은 법을 완전히 무시했고, 중국 당국은 배에 실려 있던 마약을 압류해 파괴하기 시작했다. 마약 카르텔들은 웨스트민스터와 다우닝가와 긴밀한 관계를 유지하고 있었다. 실제로 많은 의원과 각료들이 마약 회사의 주식을 보유하고 있었다. 그래서 이들은 정부에게 행동에 나서라는 압력을 넣었다.

1840년 영국은 '자유무역'이라는 명목으로 중국에 정식으로 전쟁을 선포했다. 전쟁은 식은 죽 먹기였다. 자신감 과잉이던 중국은 증기선, 대구경 대포, 로켓, 신속발사 소총 같은 영국의 신무기에 상대가 되지 않았다. 이어진 평화조약에서, 중국은 영국 마약 상인의 활동을 제약하지 않겠다고 약속했고 중국 경찰이 마약 상인에게 끼친 피해도 보상하기로 했다. 더구나 영국은 홍콩의 조차를 요구해 통치함으로써 그곳을 안전한 마약 거래 기지로 계속 사용했다(홍콩은 1997년까지 영국의 통치를 받았다). 19세기 말 중국 인구의 10분의 1에 이르는 약 4천만 명이 마약 중독자였다.

제2차 아편전쟁(1856~1860)에서 영국군은 프랑스군과 공동으로 베이징까지 진격하여 황제의 궁궐을 약탈하고 불을 질렀다. 두 차례에 걸친 아편전쟁 이후 중국은 종이호랑이로 전락하고 서구 열강들은 앞다퉈 자기 몫을 챙기기 시작했다. 중국은 홍콩 맞은편 주룽을 영국에 추가로 할양하고 러시아는 아무르강 유역, 연해주와 투르키스탄의 일리계곡을 차지했다. 중국 주변의 조공 관계에 있던 버마는 영국, 인도차이나반도는 프랑스가 차지하고 대만과 조선을 일본이 합병했다.

많은 경제 전문가들은 과잉투자로 인한 중국 경제의 버블과 붕괴의 후폭풍을 경고하고 있다. 중국의 버블이 터지거나 심각한 불황에 빠진다면 한국경제는 심각한 타격을 입을 것이다. 미국의 경제예측 권위자 해리 덴트의 중국 경제 버블에 대한 진단이다. 중국은 세계에서 가장 큰 버블에 올라탄 상태이기 때문에 거기서 내려오는 순간 정부의 어떤 부양책도 중국을 다시 제대로 일으켜 세울 수 없다고 이야기한다.

전 세계 주요 도시에서 부동산의 가치, 즉 소득 대비 부동산 가격의 비율이 가장 높은 4개 도시가 모두 중국에 있다. 선전의 부동산가격은 소득의 35배이고, 베이징은 32배, 광저우는 30배, 상하이는 28배이다. 영국 런던 15배, 캐나다 밴쿠버 11배, 호주 시드니 9배, 미국 샌프란시스코와 LA는 8배이다. 중국의 소득대비 부동산 가격은 집값이 높지 않은 소도시와 농촌까지도 평균 15.7배에 달해 영국 런던보다도 더 비싸다. 현재 중국 주요 도시의 아파트와 주택은 24%가량 비어 있는 상태다. 중국 곳곳에 새로 건설된 신도시들이 수없이 많다. 이 신도시들은 100만 명의 인구가 살 수 있는 주택을 갖추고 있으나 사실상 거의 비어 있다.

버블은 주택에 그치지 않는다. 다리, 철도, 도로, 쇼핑센터, 오피스빌딩, 산업생산능력 등이 모두 버블이다. 홍콩대학 래리 랭 교수는 중국의 과잉 생산능력이 시멘트에서 40%, 태양전지에서 40%, 철강에서 35%, 평면 패널에서 30%, 구리에서 17%, 특히 알루미늄은 50%를 넘는 것으로 추산했다.

하지만 중국의 가장 큰 문제는 버블이 아니라 인구구조가 이미 경제에 유리한 정점을 지났다는 점이다. 중국은 10여 년 남짓 뒤에 생산인구 규모와 인구 구조적 소비 증가세가 정점을 칠 유일한 신흥국이다. 중국의 소비흐름은 2025년에 정점에 도달해 수년간 정체 상태를 이어간다. 그 뒤에는 미국을 포함한 대부분의 선진국보다도 더 빠르게 인구가 늙어 간다.

세계 경제위기가 다시 찾아와 중국의 버블이 붕괴된다면 어떻게 될까? 중국에 수출을 가장 많이 하는 국가는 한국이다. 한국이 가장 큰 충격을 받을 것이다. 전체 수출량 가운데 50%를 중국으로 수출하는 한국이 중국

의존도가 가장 높다. 이어 독일 41%, 칠레 39%, 유럽연합(EU) 36%, 캐나다 29%, 인도네시아 25%, 호주 20%, 일본 12%, 미국 11%이다. 특히 한국은 GDP에서 중국에 직접 수출하는 비중이 12%로 다른 어떤 국가보다도 높다. 일본의 경우 2%밖에 안 된다. 중국 수출이 50% 줄면 한국의 GDP의 6%가 사라진다.

한국의 사드(THAAD)배치에 대한 중국의 보복정책으로 롯데마트가 중국에서 철수를 결정하고 현대자동차, 아모레퍼시픽과 오리온 등 한국기업들의 영업이익이 급감했다. 뿐만 아니라 한국 가수들의 공연이나 한국 TV 드라마의 방영을 금지하고 단체 관광객의 한국방문 금지조치까지 내렸다. 이처럼 중국의 사드 보복은 중국 의존도가 높은 한국경제에 큰 타격과 함께 한국 국민의 가슴에 반중 감정을 불러왔다.

중국 관광객의 감소로 면세점의 매출은 반 토막났고 명동의 상권은 위축되어 한산하기까지 하다. 전체 제주 면적의 약 1%(2165만㎡)가 외국인 소유고 이 중 43.6%인 944만 5,000㎡를 중국이 보유했다. 또한 제주를 찾는 외국인 관광객의 85%가 중국인 관광객이다. 관광산업은 제주지역 총생산의 23.9%를 차지하고 있다. 중국의 투자와 여행객 감소의 피해는 어느 곳보다도 제주의 경제에 악영향을 미칠 것이다. 하지만 중국자본의 유입으로 인한 부동산 가격의 지나친 상승과 중국관광객과 제주 주민 사이의 잦은 갈등과 같은 부작용도 만만치 않다. 제주뿐만 아니다. 중국정부의 한국행 전세기 운항 불허 결정으로 2017년 청주국제공항에서 중국 전세기는 단 한 편도 취항하지 못했다. 중국 정부가 한국행 단체 여행 판매를 전면 중단하면서 청주공항의 중국 정기노선 8개 중 6개 노선의 운항이 중단됐다. 공항 내 대합실과 국제터미널은 중국관광객의 발길이 뚝 끊겨 한산한 모습이며 면세점은 문을 닫았다.

중국의 부정적 영향은 경제와 관광분야뿐만 아니다. 최근 우리에게 엄청난 스트레스로 다가오는 미세먼지는 심할 경우 60%가 중국으로부터 날아오는 것으로 추정된다. 중국은 2000년부터 전 세계 이산화탄소 배출 증가량의 3분의 2를 차지해 왔다. 미국과 유럽은 매년 6000만ton씩 이산화탄소 배출량을 줄이고 있지만, 중국은 매년 5억ton씩 이산화탄소 배출량을 늘리고 있다. 2014년 기준으로 중국은 전 세계 이산화탄소 배출량 중 28.1%를 배출, 2위 미국(15.55%)의 두 배에 가까운 이산화탄소를 배출했다. 2013년 1월 중국 베이징의 초미세먼지 농도는 세계보건기구(WHO)가 안전하다고 권고한 기준치를 40배가량 웃돌았다. 인구 1100만 명이 사는 하얼빈은 초미세먼지 농도가 권고 기준의 50배를 넘어서 도시를 폐쇄해야 했다.[33]

우리 경제와 삶은 중국과 너무나 밀접하게 연결되어 있어 중국의 영향을 피해 갈 수 없다. 그 영향력에 맞서 대응책을 마련하고 장기적으로 영향을 긍정적으로 바꿀 수 있는 대안의 마련이 시급하다. 중국이 너무 강대해져 세계의 중심이 되어도 불안하다. 또한 중국 경제가 갑자기 무너져

---

33) 〈온실가스 감축을 위한 세계 주요국의 2016년 에너지정책 변화〉, 에너지경제연구원, 2016. 12. 19.

내려도 우리에게 미치는 충격이 너무나 크다. 우리경제는 중국에 너무나 의존적이고 중국은 지리적으로 우리와 너무 가까이 있다. 중국을 벗어날 수도, 멀리할 수도 없다.

우리 도시의 모습도 마찬가지이다. 서울과 제주의 도심에는 유커가 사라지고 번잡했던 거리는 한산해졌다. 호텔이나 모텔과 같은 숙박업소와 음식점들은 중국 관광객의 감소로 문을 닫고 주변 풍경은 을씨년스럽기까지 하다. 중국 경제가 위축된다면 중국에 중간재를 수출하는 공장들이 있는 제조업 도시들도 많은 타격을 입을 것이다. 중국 경제가 계속 성장하고 우리의 주력 산업을 추월한다면 많은 도시가 미국 디트로이트와 같은 쇠퇴의 길을 갈 것이다. 지금도 중국 조선업 성장에 따른 국내 조선업 붕괴로 거제나 통영 같은 도시들은 많은 어려움을 겪고 있다. 자동차, 휴대폰은 바로 턱밑까지 쫓아 왔고 철강과 5G 통신, 인공지능(AI), 드론산업 등은 우리를 앞서 나간 지 오래다. 우리의 다음 세대들은 저임금 일자리를 찾아 중국의 도시들을 헤매고 다니면서 과거 부모들의 화려했던 시절을 그리워하고 있을지 모르겠다.

우리가 가야 할 길은 과연 어디일까? 진퇴양난의 험난한 길이자 먼 미래의 이야기가 아닌 오늘 우리에게 닥친 절박한 물음이다. 중국의 부상이 우리 경제와 삶에 미치는 영향을 정확하게 분석하고 그에 대응한 정책을 수립하는 것은 오래된 과거를 극복하고 미래를 위해 정부가 해야 할 시급한 과제이다. 국민 모두의 지혜를 모아 올바르고 현명한 방안을 찾았으면 좋겠다.

4차 산업혁명과 도시 공간

10년 또는 20년 후 처음으로 자동차를 사려고 할 때 또는 기존의 자동차를 바꾸고 싶을 때 누구에게 물어보고 사야 할까? 자동차를 잘 아는 친구 혹은 친구의 소개를 받은 자동차 판매사원? 아니다. 구글이나 네이버에 물어보면 된다. 구글이나 네이버가 나이와 기호, 가족관계, 경제적 여건, 습관, 차량에 대한 선호도 등 개인에 대해 수집한 데이터를 분석하고 인공지능을 통해 최적의 추천을 하게 될 것이다. 가상현실과 인공지능 기술이 온라인 쇼핑에 적극적으로 도입되어 자기 신체 치수와 취향을 입력하면 백화점이나 대형 쇼핑몰의 의류매장에서 옷을 입어 보고 쇼핑하듯이 나를 꼭 빼닮은 아바타가 옷을 입어 보고 어울리는 옷을 추천한다. 유발 하라리(Yuval Noah Harari)는 《21세기를 위한 21가지 제언》에서 만약 구글이 자동차 관련 질문에 최선의 답을 제시할 수 있다면, 그리고 우리가 경험을 통해 우리의 쉽게 조종당하는 감정보다 구글의 지혜를 더 신뢰하게 된다면 자동차 등의 판매를 위한 광고는 소용이 없을 거라고 이야기한다.

KBS 1TV의 〈명견만리〉에 나오는 이야기이다. 몇 년 전 미국 뉴욕타임즈에 흥미로운 기사가 실렸다. 미국의 한 대형마트가 어떤 가정에 '아기 옷과 유아용품 할인 쿠폰을' 발송했다. 이 집엔 '고등학생' 딸이 있는데 말이다. 아버지는 흥분했다. "내 딸에게 임신을 부추기는 거냐." 하지만 부모는 며칠 뒤 딸이 임신했다는 소식을 듣게 된다. 부모도 모르는 딸아이의 임신 소식을 대형마트는 어떻게 알았을까? 딸은 갑자기 로션을 무향로션으로 바꾸고, 안 먹던 '미네랄 영양제'를 샀다고 한다. 대형마트는 고객 데이터베이스를 활용해 '임신 가능성'이 있는 고객들에게 앞으로 필요해질 임신 용품을 추천했던 것이다.[34]

　　이처럼 데이터는 나보다 나를 더 잘 알고 나의 가족에 대해 더 많은 것을 알고 있다. 우리가 신용카드로 결제하고, 웹을 서핑하고, 온라인으로 쇼핑하고, 페이스북을 통해 친구들과 소통할 때 누군가가 나에 대한 데이터를 수집하고 분석한다. 빅데이터와 인공지능이 지금까지의 세상과는 다른 세계를 만들어 가고 있다. 산업화사회에서 지식사회로 다시 4차 산업혁명, 데이터의 사회로 급격하게 이동하고 있다. 데이터 사회에서는 데이터를 소유하는 자, 데이터를 확보하기 위한 플랫폼을 장악하는 자가 모든 것을 차지한다. 구글과 페이스북, 네이버와 카카오, 아마존과 알리바바, 안드로이드와 iOS 모두 개인정보를 수집하고 인공지능을 통해 분석하고 모니터링하고 상업적으로 이용한다.

---

34)　출처: 명견만리 웹티비 4회(2016. 2. 26.) 〈4차 산업혁명'이란 무엇인가? 개념부터 예시, 보충설명까지!!〉

플랫폼을 확보한 자와 그 위력에 맞서 저항하는 집단 간의 생존을 위한 투쟁은 이제 시작에 불과하다. 전국택시노동조합연맹 등 택시 4단체는 2018년 12월에 여의도 국회 앞에서 약 10만 명이 모여 카풀 반대 집회를 열었다. 카카오의 카풀 추진에 택시 업계가 필사적으로 반발하고 있다. 택시 업계는 카카오 카풀이 택시기사들의 생존권을 말살하는 정책이라며 철회를 요구하고 있다. 카카오 또한 차량 공유 서비스의 등장은 세계적인 흐름이며 미래 생존을 위한 필연적 서비스라고 주장하고 있다. 최근에는 플랫폼 노동자라는 새로운 이름표를 달고 배달이나 택배, 대리운전 노동자들이 근로자가 아닌 자영업자로 분류, 임금이나 근로조건 등 노동법의 보호를 받지도 못하고 장시간 노동에 종사하고 있다. 하지만 배달 시장은 매년 성장하고 있고 그 과실은 대부분 배달 앱을 운영하는 플랫폼 기업들에 돌아간다. 2019년 배달앱 서비스 '배달의 민족'을 운영하는 '우아한 형제들'이 독일 '딜리버리 히어로'에 4조 6000억 원에 팔렸다.

중국에서도 차량 공유 서비스 기업인 '디디추싱'으로 손님이 몰리면서 택시회사가 투자할 엄두를 내지 못한다. 중국에서 가장 깨끗한 도시 중 하나로 꼽히는 닝보시에는 대부분의 택시가 심하게 노후화되어 있다. IT 플랫폼을 기반으로 공유 경제를 이끌어 낸 디디추싱으로 수요와 돈이 몰리면서 기존 산업이 무너지는 양극화 현상이다.

2019년 세계기업 시가총액순위[35]를 보면 애플, 마이크로소프트(MS),

---

35) 참고 사이트: https://rankro.tistory.com/181

아마존, 구글, 페이스북 등 미국 IT(정보기술) 기업들이 세계 1~5위를 휩쓸었다. 1위 애플 1,259조 원, 2위 마이크로소프트 1,246조 원, 3위 아마존 1,024조 원, 4위 구글 1,017조 원, 5위 페이스북 625조 원이다. IT 기업의 가치가 그동안 세계 산업을 이끌어 온 석유·자동차·금융 기업을 압도하고 있다. 2020년 8월 기준 애플의 시가총액은 2조 달러를 돌파해 코스피 시가총액을 추월했다. 한 기업의 시가총액이 우리나라 전체를 넘어선 것이다. 이 기업들의 공통점은 플랫폼 기업으로서 엄청난 수준의 빅데이터를 확보하고 있다는 것이다. 전기자동차 테슬라의 시가총액은 일본 도요타 자동차를 제친 지 오래고 최근 일론 머스크 테슬라 최고경영자(CEO)의 말 한마디에 자본시장이 출렁이고 기존 경제학을 수정해야 한다는 말도 나온다.

세계화와 4차 산업혁명의 데이터 혁명은 도시의 미래에도 엄청난 변화를 가져올 것이다. 인공지능과 로봇이 운전기사, 은행원, 건축사, 의사, 변호사의 업무까지 대신한다. 일자리는 감소하고 새로운 일자리에 대한 전망은 불투명하다. 도시는 실업자들로 넘쳐나고 거리에는 사람이 보이지 않고 도시는 활력을 잃어 간다. 자율 주행차와 공유차량의 증가로 자동차 대수의 감소와 함께 자동차의 주행이나 주차를 위한 공간은 줄어들고 기존 도로나 주차장은 다른 용도로 바뀐다. 또한 아마존, 알리바바 등과 같은 인터넷 기업의 발달로 쇼핑은 온라인으로 이루어지고 월마트와 같은 기존의 대형 상업시설은 사라진다. 병원도 직접 방문할 필요 없이 인공지능 의사에게 스마트폰으로 원격 진료를 받고 약은 드론으로 바로 즉석에서 배달받는다. 각 가정집에는 3D프린트를 소유하고 있어 필요한 물품들은 언제든지 3D프린트로 제조할 수 있어, 대규모 공장이나 제조시설은 맞춤형 자재공급시설로 바뀐다. 먼 미래 인공지능이나 데이터 혁명이 새로운 일자리를 창출하고 사라진 일자리를 충분히 메워 줄지, 대형쇼핑몰이나 병원, 약국 같은 오프라인 시설의 쇠퇴가 도시의 활력을 없애고 황폐하게 만들지, 아니면 온라인이나 인공지능(AI) 의사에게서 경험하지 못하는 소규모의 전문화되고 특성 있는 상가와 의술뿐만 아니라 사람 냄새가 나고 심리 치료까지 할 수 있는 병원들로 채워져 도심이 더 활발하게 기능할지를 예측하기는 지극히 어렵다.

하지만 시간이 지날수록 빈부의 격차는 벌어지고 도시 공간의 계층 간 불평등은 더욱 심화될 것으로 예상된다. 오늘날 도시 공간이 부유층과 가난한 계층의 공간으로 분리되듯 미래에는 데이터를 가진 자와 가지지 못한 자의 공간으로 계층화가 이루어질 것이다. 정보의 격차가 공간의 계층화로 이어지며 그 차이는 지금보다 훨씬 심해질 것이다. 이미 세계에서 가장 부유한 85명의 재산 합계는 총 1조 7000억 달러(약 1,800조 원)로 전 세계 인구 중 소득 하위 50%인 35억 명이 가진 재산과 맞먹는다. 또 전 세계 소득 상위 1%(7000만 명)의 재산은 총 110조 달러(약 11경 7,000조 원)로 전 세계 소득 하위 50%가 지닌 재산의 65배나 된다. 이처럼 자원과 부가 극소수 부자들의 손에 들어가면 진정한 민주주의를 실현하기 어려워지고 금권에 의한 사회의 지배가 이루어질 수 있다고 전문가들은 경고한다. 부와 자원의 독점을 막고 정보격차와 부의 불평등을 줄여 나가기 위해 무엇을 해야 하는지를 고민하고 방안을 마련하는 것, 4차 산업혁명시대의 우리에게 주어진 심대한 도전이자 과제라고 하겠다.

유발 하라리는 이야기한다. 미래에 만약 모든 부와 권력이 소수 엘리트의 수중에 집중되는 것을 막고 싶다면, 그 열쇠는 데이터 소유를 규제하는 것이라고. 점점 더 많은 데이터가 우리의 신체와 뇌로부터 생체측정 센서를 통해 스마트 기계로 흘러 들어감에 따라, 기업과 정부는 우리 대신 결정을 내리기가 쉬워진다. 소수 엘리트가 신과 같은 힘을 독점하는 것을 막고 싶다면 '누가 데이터를 소유하는가.'가 문제의 핵심이다. 나의 DNA와 뇌, 생명에 관한 정보는 누구의 소유인가? 데이터 소유를 어떻게 규제할 것인가? 이것이야말로 우리 시대의 가장 중요한 정치적 질문일 수 있다.

우울증에
걸린
도시

우울증에 걸린 도시

　직장인 정모(45) 씨는 2015년 봄 송파구 잠실 리센츠 84㎡를 9억 3000만 원에 샀다. 지금이 아니면 못 살 것 같아 과감히 질렀다. 3년 사이 18억 원까지 올랐다. 정 씨는 "집값이 떨어질까 걱정도 했지만 조금 무리했던 게 이 정도 대박이 될 줄은 생각도 못했다."라고 말했다. 정 씨의 거래처 지인인 손모(45) 씨는 반대의 경우다. 2년 전인 2017년 1월 20년 가까이 살던 반포 주공1단지 107㎡를 21억 원에 팔았다. 오를 만큼 올랐다고 판단했었다. 손 씨는 반포에 10억 원짜리 전세를 살면서 남은 돈은 판교 상가에 투자했다. 지금 그때 판 아파트는 45억 원을 호가한다. 손 씨는 "순간의 선택으로 20억 원을 날렸다는 생각이 들어 우울증에 걸릴 정도."라고 말했다. 헤럴드경제 2019년 1월 2일자 기사이다.

　누구나 모이면 집값 이야기다. 누군가는 집값이 올라서 흐뭇해하고 누군가는 상대적 박탈감에 우울해한다. '집값이 오른 지역에 대출을 받아 갭(Gap)투자라도 했어야 했는데.' 하고 후회하고, 몇 년 전에는 집값이 5억 원이었는데 지금은 10억 원이 넘어간다더니, 지금이라도 늦지 않았으니

빨리 집값이 오르는 지역으로 이사를 해야 한다느니, 누구는 애들을 위해 재개발 지역에 집 2채를 사 두었다느니, 누구는 절세를 위해서는 증여가 최고라고 이야기한다. 정말 시간 가는 줄 모른다. 하지만 이야기의 끝은 허망하기만 하다. 우리는 끊임없이 비교하고 타인의 잣대로 나의 행복을 재단한다. 우리 사회가 정말 올바른 길로 가고 있는지 회의감이 밀려온다.

가진 자의 우울함 너머에는 실직과 이혼 등으로 인한 가족 해체와 이어지는 지독한 가난, 홀로 외롭게 생을 마감하고 몇 달이 지나서야 발견되는 고독사(孤獨死), 경제적 빈곤과 질병, 외로움으로 삶의 의욕을 잃어 가는 노인들, 성적만이 최고의 가치라는 부모와 학교, 이 안에서 몸부림치는 청소년들의 학업 스트레스와 극단적 선택, 아동 학대와 방치…. 너무나 우리를 우울하게 만드는 슬픈 일들로 가득 차 있다.

여성가족부와 통계청의 〈2018 청소년 통계〉에 따르면 2016년 9~24세 청소년의 사망원인 1위는 자살이었다. 우리나라 청소년의 사망원인 1위가 10년째 '자살'인 것으로 조사됐다. 청소년 4명 중 1명은 일상생활을 제대로 하지 못할 정도로 슬프거나 절망적인 우울감을 경험했다. 자살률(인구 10만 명당 자살자 수)은 7.8명으로 나타났다. 학원가 1층 엘리베이터 앞에 붙어 있는 표어는 무한경쟁의 입시에 내몰린 우리 청소년들의 불안하고 우울한 자화상이다. '죽어라 공부해도 죽지 않는다!' 청소년의 우울함과 불행은 그들의 책임이 아닌 부모와 학교, 국가, 우리 사회 모두의 책임이다.

노인의 우울도 예외가 아니다. 2014년 통계청이 65세 이상 노인 1,121명을 대상으로 조사한 결과 10.9%가 자살을 생각했고 이중 12.5%가 실제로 자살을 시도했다. 2014년 한국의 65세 이상 노인 자살률은 인구 10만 명당 55.5명으로 세계 최고 수준이다. 2015년 한국의 인구 10만 명당 자살 사망률은 25.8명으로 OECD 회원국 중 가장 높았다. OECD 평균(11.6명)의 2배가 넘는 수치로, 자살률이 가장 낮은 터키(2.1명)와 비교해서는 12배나 많다.

이렇게 자살률이 높은 데는 우리 주변의 도시와 건축 환경이 영향을 미치는 것은 아닐까? 우리는 가정이나 회사에서 해결하기 쉽지 않은 어려움에 부딪히면 우울한 감정을 느낄 때가 많다. 개인화되고 파편화된 사회에서 진정으로 마음을 터놓고 이야기할 사람도 없다. 외로움과 우울감은 깊어만 간다. 기분전환을 위해 집과 사무실을 나와 주변을 둘러본다. 하지만 획일화된 회색빛 고층아파트와 빌딩으로 둘러싸인 거리의 을씨년스러운 풍경은 우리의 감정을 더욱 우울하게 만들고 쉽게 아파트 옥상으로 올

주변에 계속해서 카페가 늘어나고 있다.
삭막한 도시에서 서로의 온기를 느낄 수 있는 공간에 대한 갈망의 표출이 아닐까?

라가 몸을 던진다. 건물이 높지 않고 주변에 아름다운 꽃과 조그마한 숲이 있고 신선한 공기가 얼굴을 스쳐 지나가고 따뜻한 햇살이 내리는 거리에서 재잘거리는 아이들의 웃음소리를 들을 수 있었다면 아파트 옥상으로 올라가는 대신 벤치에 앉아 얼굴에 미소를 띠고 있었을지도 모르겠다.

도시에서 우리의 삶은 내면의 아름다움과 자유로움을 잃어버리고 돈과 허망한 꿈을 좇아 끝도 모를 광야를 내달리고 있다. 잿빛 하늘 아래 온통 회색빛 콘크리트로 덧씌워진 도시의 사막에서 무한 경쟁과 욕망에 내몰린 채 잡을 수 없는 신기루에 목말라 하고 있다. 슬픔과 분노, 욕망과 좌절, 고통과 절망이 파도처럼 밀려오고 거센 파도에 밀려 어찌할 줄 모르는 연약한 생명은 우울증이라는 덫에 갇혀 스스로 희망의 끈을 놓아 버린다. 세계 11위의 경제대국, 1인당 GDP 세계 29위[36], 선진국의 대열에 합류한 부유한 나라에서 부자도 가난한 자도 우울하고 불행하다.

사람들은 더 많이 가질수록 더 많은 것을 원하고 가진 것이 많음에도 남들과 비교하고 괴로워한다. 더 좋은 아파트, 더 값비싼 자동차, 더 멋진 휴가를 위해 엄청난 시간을 투자하고 삶을 희생하면서 죽기 살기로 돈을 번다. 돈이 많아도 불행하다면 아무리 돈을 많이 벌어도 무슨 소용이 있겠는가? "행복은 너무 많이 가지거나 너무 적게 가지는 것의 중간에 있다 (Happiness is a place between too much and too little)." 세계에서 가장 행복한 국가 1위 핀란드의 속담이다. 욕심을 조금만 버리고 타인의 어려

---

36) 출처: 나무위키. 2018년 10월 기준.

움에 공감한다면 더 행복한 도시를 만들 수 있을 텐데, 이는 무척이나 어려운 일인 것 같다.

먹구름 사이로 비치는 한줄기 태양빛처럼 고통과 절망이라는 황량한 들판에서 꿈과 희망의 꽃송이가 필 수 있도록 도시를 바꿔 나갈 수는 없을까? 소득 불평등에 따른 양극화, 낮은 사회보장여건, 경쟁과 대학입시에 매몰된 교육, 최소주거기준에도 못 미치는 곳에 살고 있는 수많은 사람… 우리 앞에 주어진 문제들을 해결하기에 시간은 너무나 촉박하고 부족하다. 정말 시간이 없다면 먼저 무채색의 회색빛 도시를 아름다운 색상으로 칠해 보자. 화려하고 알록달록한 색채로 가득한 도시, 상상만 해도 기분이 상쾌해진다. 인간은 환경의 영향을 많이 받는 존재이고 색상이 심리와 감정에 영향을 미친다고 하지 않는가!

고층 아파트

《경제학 콘서트》의 저자 팀 하포드(Tim Harford)는 대단지 고층아파트는 길거리 범죄에 취약하다고 이야기한다. 고층 아파트는 사람들의 시선을 거리로부터 떼어 냄으로써 거리를 더 위험하게 만든다. 아파트 20층에 살고 있다면 거리에서 강도 사건이 나도 피해자를 구하기 위해 당장 뛰쳐나가기는 힘들 것이다. 건물 높이가 한 층 높아질 때마다 사람들이 거리에서 강도를 당하거나 자동차 절도를 당할 위험은 2.5% 올라간다. 다시 말해 2층 건물이 아닌 12층 건물에 산다면 거리에서 강도를 당하거나 자동차 절도를 당할 위험은 25% 올라간다. 건물이 높아질수록 거리로부터 멀리 떨어져 살기 때문이다.

고층아파트는 시가지나 산과 강을 조망할 수 있어 모두에게 인기다. 하지만 고층아파트에서는 이웃을 만날 기회가 거의 없다. 아파트 현관문을 열고 바로 엘리베이터를 탄다. 간혹 엘리베이터에서 이웃을 만나지만 어색한 만남이 이어질 뿐이다. 모두가 어떻게든 이웃을 만나지 않고 빨리 집으로 들어가거나 차를 타고 외출하기를 원한다. 집으로 들어가면 고층인 탓에 외부에서 무슨 일이 일어나는지 알 수도 없고 관심도 없다. 고층아파트에서는 이웃들과 사회적 관계를 맺을 수 있는 공간이 너무나 없다. 주차장까지의 거리도 너무 가까워 차량에서 내리자마자 바로 엘리베이터로 연결된다. 일부러 이웃 사람들을 만나려고 노력하지 않는다면 아무도 만날 수가 없다. 우연히 이웃을 만나고 이야기를 나눌 기회와 공간이 없다.

뉴욕(위)과 우리 도시(아래)의 교차로 풍경. 도시에서 우연히 사람들을 만나고
이야기할 수 있는 공간이 많아질수록 우리의 삶은 풍성해지지 않을까?

네덜란드의 건축가 얀겔은 3층과 4층 사이에서 지상층과 접촉할 수 있는 능력은 눈에 띄게 감소하며 5층 이상에서는 지상층의 이벤트와는 완전히 단절된다고 말한다. 높은 곳에 살수록 정서불안증, 우울증, 공격성이 증가하고 유산이나 이상분만 비율도 높아진다. 특히 자신의 환경을 적극적으로 형성하기 어려운 영유아에게는 그 영향이 치명적이라고 한다. 1970년대 한 연구에 따르면 초고층 아파트에 사는 많은 유아와 아동들이 신경질, 피로감, 자연에 대한 무감각, 성급함, 감정의 빈곤, 공격성, 우울증 등과 같은 환경적 장애를 일으킨다는 것이 입증되었다. 층간소음, 상하수도관의 소음, 밀폐된 공간인 엘리베이터와 지하주차장에서의 범죄우려, 엘리베이터의 잦은 고장 등 여러 장애요소로 인한 스트레스가 정서적 신체적 건강을 심각하게 위협하고 있다.

고층아파트는 거리의 범죄에 취약하고 정서적으로도 부정적 영향을 미칠 뿐만 아니라 유지 관리가 지속적으로 이루어져야 하는 주거 형태이다. 장기적으로는 건물노후화로 관리비용이 증가하고 유지 관리가 어려워진다. 아파트 주민들의 관리비 부담은 늘어나지만 주거 환경은 악화된다. 따라서 30년, 40년 후에는 재건축이나 리모델링을 통해 환경을 개선해야 하지만 경제적으로 여의치 않다.

최근에 지어지는 아파트는 용적률이 300% 가까운 고층·고밀로 지어지고 있어 과거 저층·저밀 아파트 단지처럼 재건축이 어렵다. 지금까지는 전체 세대수를 늘려서 재건축하고 늘어난 세대를 분양, 그 돈으로 재건축 사업비를 조달했다. 하지만 이제 재건축을 하더라도 더 세대수를 늘릴 수도 없다. 아파트 주민들이 자기 돈을 들여 리모델링을 해야 하지만 세대별 비용부담이 너무 크고 모든 세대가 동의하지도 않아 추진하기가 어렵다. 더 이상의 대안은 없고 주거 환경은 악화되어 집값은 떨어진다. 집값이 떨어지니 가능한 빨리 매각하고 떠나는 사람이 늘어나고 새로 입주하는 세대는 늘어나는 관리비를 부담할 수 없어 최소한의 유지 관리만 이루어진다. 아파트 단지는 점차 슬럼화의 길을 가게 된다.

빈집이 늘어나는 것도 노후 아파트의 문제를 더욱 악화시킨다. 아파트 단지에 빈집이 늘어나면 아파트 관리비가 덜 걷히기 때문에 관리도 어려워지고 이웃과의 결속력도 약해져 공동체가 와해될 수도 있다. 일본 총무성에 따르면 일본 내 빈집은 2013년 전체의 13.5%(820만 가구)이지만, 2023년 21%, 2033년 30%로 급격히 증가할 것으로 전망된다. 빈집이 늘어나는 가장 큰 이유는 상속의 증가이다. 상속 물건 중에는 건물이 오래되고 거래가 잘 안 돼 세금·수리비가 더 드는 부동산이 많은데, 이에 따라 상속을 포기하는 사례도 지난 2014년 약 18만 건으로 20년 새 4배로 늘었다. 니혼게이자이신문은 빈집 문제 전문가의 말을 인용해 "아파트 관리가 소유자 책임이라는 생각의 전환이 필요하며, 분양하는 방식으로 아파트를 공급하는 게 맞는지를 진지하게 검토할 때."라고 근본적인 문제를 제기했다. 일본보다 더 고령화가 급속하게 진행되고 있는 우리 사회가 눈여겨보아야 할 부분이다.

우리 도시의 대표적 주거 형태인 고층·고밀아파트 단지는 과연 지속 가능할까? 서구의 아파트 단지처럼 도시의 소외되고 슬럼화된 장소로서

프루이트 이이고 단지전경(왼쪽)과 폭파해체(오른쪽) 모습.[37]

점점 쇠락해지다가 미국의 프루이트 아이고(Pruitt-Igoe)와 파리의 그랑앙상블(Grand Ensemble)처럼 실패한 주거 단지의 상징적인 장소가 되는 것은 아닐까?

프루이트 아이고(Pruitt-Igoe)는 1954년 착수된 미국 미주리주 세인트루이스의 대규모 공공 주택단지 프로젝트이다. 33개 동의 11층 공공아파트에 2,762세대, 12,000여 명의 주민이 이주하기로 계획되었다. 뉴욕 세계 무역 센터를 디자인한 건축가 미노루 야마사키가 야심차게 기획한 모더니즘 도시 재건축 프로젝트였다. 하지만 완공 후 빈곤층이 유입되고 단지 공간은 우범지대가 되고 중산층 백인들은 떠나는 등의 문제가 발생해 급격한 슬럼화가 진행되었다. 결국 이 같은 문제를 견디다 못해, 세인트루이스 시 당국은 1972년에 프루이트 아이고 단지를 폭파해 해체하였다. 프루이트 아이고는 공공정책에 의한 도시 재건축 실패의 상징으로 여겨진다.

37) 사진 출처: 위키백과, 나무위키.

그랑앙상블은 1950년대 중반부터 1970년대 초까지 프랑스 전역에 약 220만 호 규모로 공급된 공공주택단지이다. 서민을 위해 보급된 그랑앙상블은 1980년대와 1990년대를 거치면서 빈민계층의 이민자들이 사는 게토로 전락한다. 1990년대 이후 그랑앙상블은 매년 4,000호 정도가 재개발되어 사라지고 있지만, 여전히 소외의 상징으로 남아 있다.

반면 일본 오사카 프라자 우타지마 맨션의 관리 실태는 우리에게 많은 시사점을 준다. 이 아파트는 7~8층 크기 4개동 480세대가 거주하는 크지 않은 단지다. 1975~1976년에 입주했다고 하니 40여 년이 넘은 곳이다. 이렇게 오래된 아파트가 공실이 전혀 없는 상태인 데다가 거주자의 65%가 40여 년 전 입주 때 들어온 사람들이고, 소유주가 450세대나 되며 임차인은 30세대에 불과하다. 게다가 30여 년 후인 2048년까지 장기수선계획이 수립돼 있고 100년 유지를 목표로 장기수선계획을 체계적으로 세우고 대규모 수선 공사를 하고 있다. 관리 계획 기간도 놀랍고, 이런 거주 분포 구성도 놀랍다. 이들에게 집은 투기의 대상이 아니라 그냥 '사는 곳'이다

우리 도시의 오래된 아파트들은 대체로 골조는 튼튼해 보인다. 하지만 모두 30년 이상만 되면 재건축을 추진한다. 급배수 시설이나 엘리베이터 등이 자주 말썽을 일으키고 주차는 어렵고 내부 구조 등은 너무 낡고 시대에 뒤떨어져 있다. 따라서 많은 사람이 재건축을 하거나 새로운 아파트로 이사 가고 싶어 하고 새 아파트와 오래된 아파트의 가격차이도 점차 커지고 있다. 오래된 아파트의 사용 연한을 늘려 자원의 낭비를 막고 오래된 커뮤니티를 지키기 위해서는 아파트관리에 대한 새로운 접근 방법

이나 아이디어가 필요하다. 예를 들어 동일 아파트에 20년, 30년 오랫동안 거주하는 사람에게 신규 아파트 청약 시 1순위를 주는 것은 어떨까? 물론 결혼하고 애들이 커 가면 좀 더 큰 집으로 이사 가는 경우가 많아 20년 이상 한 집에 거주하기가 쉽지 않을 것이다. 하지만 한 동네에 오랫동안 뿌리내리면서 자신이 사는 아파트를 잘 관리하고 커뮤니티를 지키는 동기가 될 수도 있지 않을까? 그리고 신규 청약 시 혜택은 동일 시군이나 인근 시군으로 제한하면 더욱 효과가 클 것이다.

지금까지는 아파트가 급속한 도시화에 따른 주거문제 해결을 위한 최선의 선택이었을지도 모른다. 하지만 아파트는 산업화와 도시화 과정에서 부동산 투기와 도시 공간의 계층화와 파편화와 같은 많은 부작용을 가져왔다. 아파트는 주거의 60% 이상[38]을 차지하는 우리의 대표적 주거 문화이자 주거 형태이다. 획일화된 주거 형태로써 아파트에 대한 많은 비판이 있지만, 앞으로도 우리가 살아야 할 삶의 터전이라면 아파트가 도시에 녹아들 수 있도록, 도시와 함께 호흡하며 숨 쉴 수 있도록 만들어 나가야 할 것이다. 오래된 아파트의 환경 개선과 주차 문제의 해결을 위한 정책을 개발하고 실행에 옮겨야 한다. 또한 아파트 단지를 폐쇄된 공간이 아니라 거리에 개방된 공간으로 만들고 아파트 이외에도 저층 주거 단지와 같은 다양한 주거 유형을 도입한다면 도시가 더욱 활기차고 안전해지지 않을까?

---

38) 2017년 기준 인구주택총조사, 아파트 1038만 호, 60.6% 차지.

게이티드 커뮤니티(Gated Community)

고단한 하루를 마치고 한두 시간의 교통난을 헤쳐 숙소에 도착, 엘리베이터에 몸을 싣는다. 엘리베이터에서 위층, 아래층 사람을 만난다. 어색한 침묵이 흐른다. '띵'하고 엘리베이터의 문 열리는 소리가 반갑다. 황급히 숙소의 문을 열고 지친 몸을 소파에 기댄다. 몸과 마음은 피곤해 한 번 숙소에 들어오면 다시는 문을 나서지 않는다. 고층이라 엘리베이터를 타

도로에서 지하주차장으로 그리고 엘리베이터에서 집으로 바로 연결된다.

고 다시 나가기도 귀찮다. 아침 출근길, 뷔페식당에서 간단하게 식사를 마치고 엘리베이터로 지하 주차장에 도착, 차를 몰고 숙소를 나선다.

호텔에서의 생활이 아니다. 우리가 살고 있는 아파트에서 매일 반복되는 일상이다. 주변의 많은 장소가 고층 아파트로 채워지고 있으며, 아래 위층에 사는 이웃들에 눈길조차 주지 않는다. 고급 아파트일수록 초고층으로 지어지고 창문도 마음대로 열지 못하고 냉난방과 환기에 많은 에너지를 낭비한다. 아파트 단지의 규모도 갈수록 커지고 단지 내에서 모든 것을 해결할 수 있다. 초·중·고등학교, 피트니스센터, 사우나, 수영장, 골프연습장, 카페테리아, 독서실에 고급조식까지 없는 것이 없다. 지하주차장에서 엘리베이터를 타고 바로 집까지 들어간다. 엘리베이터에서가 아니면 이웃사람을 만날 기회조차 없다.

단지의 경계에는 담장을 두르거나 단차를 두어 외부인의 출입을 막는다. 소음을 막기 위한 엄청난 높이의 방음벽이 성곽처럼 아파트를 감싸고 있다. 담장과 방음벽에 마주한 거리에는 사람들의 활동이 사라지고 도시는 생기를 잃어 가고 있다. 차량들은 아파트 입구에서 지하주차장으로 곧장 들어가며 사람들은 엘리베이터를 통해 집으로 바로 들어간다. 아파트 단지 외부의 사람들을 마주치거나 부딪힐 일이 없다. 바깥 세계와는 단절된 아파트 단지만의 배타적 공간으로 일종의 게이티드 커뮤니티(Gated Community, 외부인 유입을 엄격히 제한하고 보안성을 향상시킨 주거 지역)이다. 고층아파트 단지는 점점 외부세계와 고립되고 단절된 채 도시는 점점 파편화되어 간다.

방음벽, 담장으로 둘러싸인 고층아파트 단지는
점점 외부세계와 고립되고 단절된 채 도시는 점점 파편화되어 간다.

단지 안에서 모든 것이 해결될 수 있도록 만들어진 대규모의 고급 아파트 단지가 한국의 도시 중산층에게 주는 매력은 모든 것이 그 안에서 쉽게 해결될 수 있다는 편의성만이 아니라, 그곳에 살고 있는 사람들이 아파트 단지 바깥 세계의 사람들과 굳이 얽히고 충돌하는 수고를 할 필요 없이 자신들이 꿈꾸는 도시적 삶을 살아갈 수 있도록 만들어 준다는 '공간적 예외성'이다.

이처럼 첨단을 오가고 바깥세상과는 소통을 거부하는 아파트 단지지만 공동의 이익을 향한 연대감은 너무나 끈끈하다. 아파트 가치 상승에 부정적이라고 생각하는 임대아파트는 어디에도 설 곳이 없다. 임대아파트가 들어서는 지역에는 여기저기 '임대주택 결사반대' 현수막과 '빈민 아파트가 들어오면 아파트 가격 폭락' 등의 안내문이 나붙는다. 주민들은 주변에 임대아파트가 들어서는 것을 결사반대하고, 임대아파트 단지의 아이들이

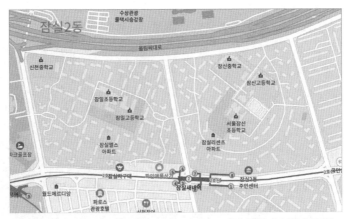

아파트 단지 내 초·중·고등학교가 모두 위치하고 있다. 학생이나 학부모들은 학교를 가기 위해 아파트 단지를 벗어날 필요가 없다(출처: 네이버지도).

같은 학교에 다니는 것에 신경질적인 반응을 보인다. 임대아파트가 옆에 있으면 집값이 떨어진다고 아우성이다. 같은 분양아파트라도 집의 크기와 가격에 따라 생각과 서로를 바라보는 눈길이 달라진다. 학교에서는 아이들끼리 어디 사는지, 몇 평의 아파트에 사는 지가 친구를 사귀는 기준이 된다. 아파트 단지로 인해 계층이 분리되고 서로 간의 갈등은 깊어만 간다.

아파트는 고단한 몸과 마음을 편히 쉬게 하는 따뜻한 보금자리가 아니라 냉혹한 경쟁이 소용돌이치는 현실에서 서로를 비교하고 우열을 가리기 위한 하나의 도구와 상품에 불과하다. 이웃 간의 정이 넘치고 공감과 배려의 문화가 감도는 아파트 단지를 만들 수는 없을까?

도시계획가 전상현에 따르면 유럽 아파트들은 대부분 1동짜리이다. 우

리나라로 치면 나 홀로 아파트인
셈인데, 차이가 있다면 우리나라
는 나 홀로 아파트라 해도 담을
쌓지만, 유럽의 경우 도시 공간에
자연스럽게 녹아 있다. 담장도 단
차도 없다. 유럽은 아파트가 대단
위 단지라 해도 우리 같이 배타적
영역을 구축하지 않는다. 아파트
건물 사이의 녹지 공간은 누구든
지 자유롭게 들어오고 나갈 수 있

아파트 단지 정문은 점점 커지고 위압적으로 변
하고 있다. 마치 이곳은 아무나 들어올 수 없다
는 듯이.

는 공공 공간이다. 임대아파트도 단지가 아닌 동네에 자연스럽게 섞여 있
다. 단지라는 폐쇄된 공간에서 살아가는 것이 아니라 도시에서 함께 숨을
쉬며 살아간다.

사회적 혼합(social mix)을 위해서 많은 고민이 필요하다. 파리시의 경
우 사회적 균형을 유지하고, 부유층과 빈곤층으로 양분되는 지역이 생기
지 않도록 정책을 수립한다. 공공주택이 적은 지역에서는 택지개발사업
의 규모가 1,000㎡를 넘을 경우 반드시 25%를 사회주택 아파트에 할애해
야 한다. '사회의 어울림(la mixite sociale, 주택개발사업으로 빈민층에게
주택을 소유할 기회를 제공하여 사회적 소외와 불평등을 해소하려는 정
책)'을 이루기 위해서이다. 대부분의 사회주택 아파트에는 빠르게 도시
밖으로 밀려나고 있는 주요 업종 종사자들이 거주할 수 있다.

공동주택단지의 규모에 대해서도 새로운 인식이 필요하다. 우리 도시의 아파트 단지 규모는 갈수록 커져 가고 있다. 미국의 도시계획사상가 제인 제이콥스는 대규모 공공주택단지는 도시환경을 악화시키는 경향이 있다고 했다. 촘촘한 가로와 짧은 블록은 도시의 이용자들에게 혼합되고 뒤섞인 경로를 제공하게 되고 모든 사람에게 활짝 열린 공간이 되도록 한다. 좁은 거리, 작은 공간, 건물의 디테일이 있는 적당한 규모의 상업지역이나 주택단지에서는 다양한 접촉이 일어나고 서로 간의 친밀성과 따뜻함을 느끼게 된다. 반면 큰 공간, 넓은 길, 고층 건물이 있는 주택단지는 차갑고 인간미가 없게 느껴지는 경우가 많다. 인간의 감각기관은 인간 척도(Human scale)에 맞춰져 있기 때문이다. 우리가 초고층의 오피스 빌딩 앞에서 느끼는 위압감과 왠지 모르는 불편함은 건물의 규모가 인간 척도에 비해 너무나 크기 때문일 것이다. 또한 블록이 커지면 동일한 교통량을 소화하기 위해 차도의 면적이 넓어지고 차량의 속도가 빨라져 보행자를 위협하게 된다.

2014년 2월 서울 송파구에 살던 세 모녀가 생활고로 고생하다 결국 스스로 목숨을 끊었다. 지하 셋방에서 살던 세 모녀는 집세와 공과금 70만 원, 그리고 죄송하다는 내용의 유서를 남기고 자살했다. 2019년 8월에는 탈북민 엄마와 6살 아들이 서울 봉천동의 13평짜리 임대아파트에서 숨진 채 발견되었다. 당시 냉장고에는 물이나 쌀 같은 먹을거리라고는 하나도 없고 고춧가루만 있었다고 한다. 2020년 12월에는 서초구 방배동 다세대 주택에서 60대 여성이 숨진 지 반년 만에 발견되었고, 숨진 여성의 30대 발달장애 아들은 거리를 전전하며 노숙생활을 하고 있었다고 한다. 너

서울 송파구 가락동에 있는 헬리오시티는 9,510세대의 대단지 아파트로 3만 명 이상의 주민이 거주하게 되는 작은 도시이다. 최고 35층 84개 동으로 이루어져 있고 단지의 면적만 40만 5,782㎡에 달한다. 아파트 단지의 둘레만 대략 2.8㎞이고 걸어서 한 바퀴를 도는 데 약 40분이 걸린다(출처: 네이버지도).

무나 가슴 아픈 이야기들이다. 가난과 고통은 늘 우리 가까이 있지만, 이웃도, 정부도 그 누구도 그들을 지켜 주지 못했다. 만약에 공동체가 제 기능을 하고 서로의 어려움을 알아차리고 도와줄 수 있었다면 이런 비극적인 일들이 일어나지 않았을지도 모르겠다. 아파트 단지로 조각나고 해체된 도시의 고립은 우리도 모르는 사이 우리의 의식을 점령하고 우리의 행동을 지배할지 모른다. 우리는 더욱더 분리되고 서로에게 무관심한 채 쓸쓸하게 삶을 이어가게 될 것이다. 폐쇄적인 대규모 아파트 단지가 도시에 미치는 영향을 주의 깊게 살펴봐야 하는 이유이다.

상상력을 잃어 가는 도시

　나는 출근을 위해 이른 아침 집을 나선다. 고속도로를 타기 위해 나들목을 지날 때면 마치 영화 〈나니아 연대기: 사자, 마녀, 그리고 옷장〉에서 주인공들이 마법의 옷장을 통해 환상의 나라 나니아의 세계로 들어가는 것처럼 신비한 기분을 느낀다. 매일 같은 시간일지라도 고속도로 주변의 풍경은 계절에 따라, 날씨에 따라, 그리고 그날의 감정에 따라 저마다 다른 모습으로 다가온다. 하루는 티베트 고원의 차마고도(茶馬古道)를 달리고 있는 듯하고, 하루는 눈 덮인 대관령 고갯길을 달리는 듯하고, 하루는 석양이 지는 애리조나 사막을 달리고 있는 듯하다. 그리고 어느 날은 안개 속에 갇혀 어디로 가는지도 모른다. 내 마음은 상상의 나래를 펴고 음

시시각각 변하는 고속도로 나들목 풍경은 상상력을 자극한다.

악과 함께하면 더욱더 영화 같은 장면으로 빠져든다.

우리는 도시의 풍경이나 거리의 모습을 보면서, 또는 역사의 현장을 보면서 현재를 되돌아보고 과거와 미래의 모습을 상상하곤 한다. 서울 정동 길을 걸으면서 주권을 빼앗기고 강대국의 외교 각축장으로 변한 조선의 암울했던 역사를, 경복궁을 지나면서는 임진왜란 당시 화염에 휩싸여 폐허가 된 궁궐을 그리고 궁궐을 중건한 대원군의 파란만장한 삶을 떠올리며, 남한산성의 성벽을 거닐면서 청나라 10만 대군에 맞서 추위와 굶주림, 두려움에 떨었을 민초들의 삶을 머릿속에 그려 본다. 고층빌딩이 즐비하고 세련되고 멋진 젊은이들로 붐비는 테헤란로를 거닐면서 뉴요커나 파리지앵이 된 것 같은 기분을 느끼고, 구름 속에 잠긴 잠실 롯데타워를 보면서는 미래의 도시는 과연 어떤 도시일까? 하고 잠시 상상해 본다.

획일적이고 거대한 규모의 오피스텔은 우리 도시에
어떤 영감을 주는 걸까?

하지만 도시의 다양했던 모습들은 점차 사라져 가고 도시의 모습은 획일화되어 가고 있다. 많은 도시들이 같은 느낌으로 다가오며 우리에게 어떠한 영감도 주지 못한다. 우리 도시들이 점점 상상력을 잃어 가고 있는 것은 아닐까?

수도권 제1순환고속도로 송파나들목을 빠져나와 잠실대교 방향으로 직진하면 왼쪽에 거대한 하얀색 건물이 눈길을 사로잡는다. 송파 파크하비오 푸르지오 오피스텔 동으로 오피스텔 2,289실로 구성되어 있다. 모든 건축물에는 그 건축물이 지어진 시대의 문화와 역사, 공동체의 삶의 방식이 스며 있다. 이 건축물은 과연 어떤 역사와 삶의 방식을 상징하는 걸까? 건축물을 바라보는 시각은 개인마다 다를 수 있다. 누군가는 건축물의 단순함과 깨끗함에 박수를 칠 것이다. 하지만 내게는 '오로지 백색의 거대한 콘크리트 상자'라는 생각 외에는 어떠한 상상력도 떠오르지 않는다. 많은 건축물이 도시의 장소성을 살리지 못하고 나 홀로 서 있거나 비슷비슷한 모습으로 개성을 잃어버린 채 도시에 무심하게 버티고 있다. 아파트에 붙어 있는 건설회사의 브랜드가 없다면 집도 찾기 어려울 것이다. 획일화되고 규격화된 아파트 단지를 보면서 생각한다. 이 아파트의 가격은 평당 얼마이며 몇 년 전에 비해 몇억 원이 올랐다. 이 아파트 단지는 분양할 때 경쟁률이 얼마였으며, 웃돈이 몇억 원 붙었다. 앞으로도 과연 가격이 오를까? 도시에 대한 우리의 생각이 도시를 메마르게 하고, 다양성이 사라지게 한다. 물질적 가치가 모든 것을 압도하는 도시를 만드는 것은 아닐까?

도시의 장소성을 잃어버리고 나 홀로 우뚝 서 있는 거대한 아파트.

아파트와 같은 건축물들만 획일화되고 상상력과 다양성을 잃어 가고 있는 것은 아니다. 동네의 골목길이 사라지고 있고 동네의 모습도 예전과는 사뭇 다르게 변화하고 있다. 거리에서 뛰어노는 아이들의 재잘거리는 소리, 저녁 시간이면 아이를 찾는 엄마들의 목소리, 시장을 보고 양손 가득 먹거리를 들고 오던 어머니, 어머니를 반기며 뛰어가는 아이들, 직장을 끝마치고 얼큰하게 취해 집으로 돌아오는 아빠들, 대문 앞마당의 평상에 앉아 담소하는 할머니들, 리어카를 끌며 물건을 파는 행상인들, 우리 주변을 아름다운 추억으로 물들게 하던 소리와 흔적들은 이제 좀처럼 볼 수가 없다. 도시의 오랜 풍경과 소중한 기억들이 사라지고 있다.

아파트 담장과 담장 사이의 거리에는 아이들이 없고 적막만이 흐른다. 동네의 구멍가게 대신 편의점이 들어서고 정육점, 철물점, 동네빵집, 골목시장 등은 없어지고 그 자리를 대형 쇼핑센터와 할인점, 프랜차이즈 매장들이 메우고 있다. 편리한 주차와 원스톱 쇼핑이 가능한 대형할인점 등의 편리함이 도시의 다양성을 몰아내고 있으며, 편리함의 이면에는 지역경제와 지역공동체의 희생이 뒤따른다. 대형할인점이나 기업형 슈퍼마켓 등의 이익은 지역보다는 대기업들에게로 돌아간다. 대형 유통업체들은 시장의 독점적 위치에 있어서 육류나 생선, 채소 등 모든 상품의 공급가격을 끌어내린다. 유통업체들은 거대 자본으로 원하는 가격에 세계 각지에서 물품을 조달, 판매함으로써 소비자가 지역생산물을 살 수 있는 선택의 폭을 제한하고 묶음판매 등을 통해 소비를 조장한다.

찰스 랜드리의 《크리에이티브 시티 메이킹 Creative City Making》에 따르면 그동안 이탈리아와 프랑스에서도 대형 체인 업체들이 효율성과 진보라는 명분 아래 많은 유혹과 압력을 퍼부으며 도시를 획일화시키려 했지만 두 국가는 잘 지켜 냈다. 파리시는 도시 내의 소형 상점과 주요 업종 종사자를 지킬 수 있는 방안을 고민하고 지방 도시화 계획을 수립한다. 파리에서 영업하는 상점 7만 1,000개 중 절반은 주인이 가게를 내놓거나 은퇴하더라도 새로운 주인이 마음대로 변경할 수 없게 용도가 묶여 있다. 파리의 각 지역에 활기찬 상권을 형성하고 고유한 식문화를 유지하기 위해서이다. 작은 식품점은 계속 식품점으로 유지되어야 한다. 정육점, 빵집, 청과물 가게가 있던 자리에 휴대폰 체인점이 대신 들어서 거리를 점령하는 상황은 벌어지지 않는다. 지난 십 년간 식품 판매점 42.8%, 정육점 27.2%, 생선가게 26%, 빵집 16.2%가 파리에서 사라졌다는 연구보고서가 발표되면서 이런 정책이 나온 것이다. 같은 기간 파리에서 휴대폰 매장은 350%, 패스트푸드점은 310%, 헬스장은 190% 늘었다.

제인 제이콥스는 도시의 활력을 높이고 살아 숨 쉬는 도시를 만들기 위해서는 도시의 다양성이 가장 중요한 요소라고 말한다. 더불어 풍부한 다양성을 만들어 내기 위한 몇 가지 제안들은 우리가 살아가면서 도시를 주의 깊게 관찰한다면 충분히 느낄 수 있는 것들이라고 이야기한다.

첫째, 지구와 그 내부의 가능한 많은 장소가 하나 이상, 가급적이면 둘 이상의 주요기능을 가지고 있어야 한다. 각기 다른 일정과 목적으로 외출을 하지만 많은 시설을 공통으로 이용할 수 있어 그 장소에 항상 사람들이 붐빈다. 즉, 용도를 혼합하는 것이 필요하다.

둘째, 블록 대부분이 짧아야 한다. 즉, 모퉁이를 돌 기회와 거리가 많이 있어야 한다. 슈퍼블록으로 이루어진 단조로운 길 대신 다양한 선택이 가능하고 사람을 끌어들이는 촘촘한 가로와 짧은 블록이 소중하다.

셋째, 오래된 건물을 포함하여 건물의 연령과 상태가 각기 다른 여러 건물이 섞여 있어야 한다. 새로운 건물들만 있다면 높은 신축 비용을 감당할 수 있는 업체만 존재할 것이다. 오래된 건물이 뒤섞여 있어야 각기 다른 생활비와 취향이 혼재되어 상업의 다양성뿐만 아니라 주거인구의 다양성과 안정성을 높인다.

넷째, 어떤 이유로든 간에 사람들이 충분히 오밀조밀 집중되어 있어야 한다. 주거지역의 경우에도 마찬가지이다.

제이콥스는 이미 60년 전 도시에 대한 독창적 제안을 통해 우리에게 많은 교훈을 주고 있으며, 그녀의 도시에 대한 생각은 현대 도시계획에 크나큰 영향을 끼치고 있다. 최근 도심의 용도를 혼합하고, 블록의 크기를 줄이고, 옛 건물을 보존하고 거리에 다양한 볼거리를 제공해 걷고 싶은 거리를 만들고, 밀도를 높여 압축도시(Compact City)를 만들어 가고자 하는 경향이 도시개발의 새로운 사조(思潮)로 자리 잡고 있다. 현대 도시들은 토지의 용도를 주거지역, 상업지역, 공업지역 등과 같이 엄격하게 분리하는 미국식 방식을 많이 따르고 있다. 이러한 방식은 쾌적하고 조용한 주거 환경을 만들 수 있다는 장점이 있으나 밤이면 도심을 텅 비게 만들어 도시의 활력을 떨어뜨린다. 그리고 도시외곽으로 주거지역이나 대형 쇼핑몰 등이 무분별하게 확장되고 자동차 의존도를 높인다. 반면 복합용도개발은 여러 가지 이점이 있다. 시설에 대한 접근성이 향상되고 통근교통의 혼잡이 줄어든다. 사회교류의 기회가 많아진다. 길에 지켜보는 사람들이 많아 안전성이 좋아진다. 에너지 효율은 물론 공간과 건물 이용도가 높아진다. 라이프 스타일, 입지, 건물 유형의 다양성이 커져 소비자의 선택의 폭이 넓어진다. 도시의 생동감과 거리의 활력이 커진다. 도시 시설의 경제성이 높아지고 중소기업의 사업기반이 좋아진다.

용도의 복합과 관련해서는 영국의 '상점위의 삶(Living Over the Shops, LOTS)' 캠페인이 인상적이다. 유럽의 도시는 도심 주거 인구가 많은 특징을 가지고 있는데 공통으로 나타나는 유형은 상가주택 또는 상가아파트이다. 1980년대 후반 이래 영국은 상점 위 공간을 주택으로 바꾸는 캠페인을 홍보하기 위하여 상당한 노력을 기울였다. '상점위의 삶' 캠페인은 같은 이름의 비영리단체에 의해 주도되었는데, 이 단체는 관련 교육의 실시와 함께 상점 위 공간을 주택으로 개조하려는 용도로 건물을 구입하기도 했다. 또한 영국정부는 공공복지주택을 상가주택과 상가아파트로 전환하는 프로그램을 통해 1만 세대의 주택을 만들었으며, 향후 50만 세대의 주택이 새로이 지어질 수 있을 것으로 보고 있다. 미국의 찰스턴(Charleston, SC)이나 포틀랜드(Portland, OR)에서는 더 나아가 주택과 사무실, 상업적 용도를 통합시키는 방향으로 성공적으로 추진하고 있다.

상가주택에 사는 것이 모든 사람에게 좋은 일은 아니며 장단점을 가지고 있다. 장점은 생활편의시설 등이 우수하고 상점이나 식당, 문화시설 등에 대한 접근성이 좋다는 것이다. 그리고 도심에 활력을 불어넣고 많은 사람의 감시의 눈을 통해 범죄예방의 기능도 할 수 있다. 단점은 집과 가까운 곳에 있는 술집, 식당, 혼잡한 상가에서 나오는 소음과 교육환경의 문제 등이다.

서울시에서도 도심 업무 빌딩에 임대나 분양주택을 조성하고 공공주택을 공급하는 방안을 검토하고 있다고 밝혔다. 서울시의 주택공급방안은 용도의 복합화를 통해 도심을 활기차게 하고 부족한 주택을 도심에서 공급하고자 하는 의도이다. 상가건물이나 오피스건물을 주거용으로 바꾸기 위해서는 소방 및 위생상의 문제, 구조물 변경에 따른 추가 비용, 주차장 부족, 건물 소유주의 참여 여부, 현재도 과밀인 도심의 밀도 증가에 따른 상수도, 하수도 등의 인프라 부족 등 많은 장애가 예상된다. 이를 극복하고 현실을 반영한 성공적인 정책이 마련되었으면 하는 바람이다.

범죄에 노출된 도시

2016년 기준, 전국에서 발생한 5대 강력 범죄는 모두 54만 3,500여 건이다. 폭력(30만 9,000여 건), 절도(20만여 건), 성폭행(2만 9,000여 건), 강도(1,100여 건), 살인(910건)순이다. 2016년 말 전국(5169만 명)기준으로 1만 명당 105건의 '5대 강력 범죄'가 발생한 셈이다. 2016년 전국 234개 지역 중 5대 강력 범죄 발생 건수(만 명당) 최상위권을 분석하면 공통된 키워드가 있다. 바로 '중구'다. 톱3 지역은 부산 중구(409건), 서울 중구(377건), 대구 중구(306건)다. 세 지역은 2014년엔 '서울 중구-대구 중구-부산 중구' 순이었고, 2015년엔 '서울 중구-부산 중구-대구 중구' 순으로 3년간 서로 엎치락뒤치락했지만, 톱3엔 매년 포함됐다. 이 지역들은 모두 광역시 내 대표적 구 도심지로 거주인보다 외부인의 출입이 잦은 지역적 특성이 있다.

왜 대도시 도심에서 강력 범죄 발생률이 높을까? SBS NEWS는 단순히 주간에 인구가 많은 곳이 아니라 거주인구 대비 주간에 인구가 많은 지역, 한마디로 외부인의 출입이 잦은 지역일수록 5대 강력 범죄가 자주 발생한다고 분석했다. 전문가들은 외부인의 유입이 많은 곳은 사람들 간 감시 체계가 약하고 외부인은 지역민으로서 책임감이 별로 없기 때문에 강력 범죄가 발생할 가능성이 크다고 지적한다.

전문가들의 말처럼 외부인의 유입이 많은 곳은 꼭 감시 체계가 약하고 외부인은 지역민으로서 책임감이 없어서 범죄가 자주 발생하는 걸까? 제인 제이콥스는 《미국 대도시의 죽음과 삶 The Death and Life of Great American Cities》에서 이웃은 범죄로부터 우리를 보호해 주는 '거리의 눈' 역할을 한다고 주장했다. 거주민들이 거리를 관찰할 수 있고 거리에 사람이 많은 지역에서는 자연스러운 감시의 역할을 하게 된다. 따라서 범행이 일어나기도 어렵고 설령 범행이 일어나더라도 재빨리 발견되어 그에 맞는 대응을 하게 된다. 다시 말해 낯선 사람이나 주민들로 붐비는 거리가 사람들이 희박한 한적한 교외 고급주택단지보다 안전하다는 이야기이다. 미국 보스톤 노스엔드(North End)에 살고 있는 프랭크 헤이비(Frank Havey)는 이렇게 말한다. "내가 28년 동안 노스엔드에 살고 있는데, 이 지역에서 강간이나 강도, 아동 성추행이나 기타 거리 범죄가 발생했다는 이야기는 한 번도 들어 본 적이 없다. 그런 일이 일어났더라면 아마 신문에 나기 전에 내 귀에 먼저 들어왔을 것이다." 헤이비의 말에 따르면, 지난 30여 년 동안 대여섯 명이 성추행을 시도하면서 아이를 유인하거나 밤늦게 한 여성을 공격하려고 한 적이 있다. 이 모든 경우에 지나가는 사람이나 창문을 열고 참견하는 사람, 가게 주인 등이 범행 시도를 가로막았다.

이처럼 외지인이 많이 몰리는 동네라서 반드시 위험한 것은 아니다. 구

도심의 경우 낮 동안은 외부인이든 거주민이든 사람들로 북적거리기 때문에 도심의 거리가 안전하다고 할 수 있다. 하지만 밤의 도심은 공동화로 사람이 없는 불 꺼진 도시가 되어 감시의 눈이 사라지고, 주변은 술 취한 사람과 그 뒤에 널브러진 쓰레기와 오물 등으로 지저분해져 범죄를 유발하는 환경을 제공하기 때문에 범죄의 가능성이 커지는지도 모른다.

도시의 환경측면에서 범죄의 발생과 전염성을 설명하는 이론으로 '깨진 창문' 이론이 있다. 말콤 글래드웰은《티핑 포인트》에서 이론의 열렬한 신봉자인 윌리엄 브래턴 뉴욕 경찰국장이 뉴욕 지하철과 뉴욕시의 범죄를 극적으로 감소시킨 사례를 소개하고 있다. 이 이론은 범죄학자인 제임스 Q. 윌슨과 조지 Q. 켈링이 만들어 낸 것으로 이들은 범죄가 필연적으로 무질서의 결과라고 주장한다. 만약 한 창문이 깨져 있고 그것을 수리하지 않고 내버려 둔다면, 그 근처로 지나가는 사람들은 창문을 쳐다보면서 '이 집에는 이런 문제에 아무런 관심이 없고 아무도 책임지는 사람이 없구나.'라는 결론은 내릴 것이다. 그렇게 되면 조만간 창문은 더 깨지게 되고 무정부 상태가 거리로 전파될 것이다. 무슨 짓을 하든 상관없다는 신호가 전달될 것이다. 두 사람은 낙서, 무질서, 공격적인 구걸과 같은 도시의 비교적 사소한 문제들이 깨진 창문에 버금가는 결과를 초래함으로써 보다 심각한 범죄를 불러일으킨다고 주장했다.

만약 동네 사람들이 거리를 무질서한 상태로 둔다거나 성가신 거지들을 그대로 방치한다면 도둑은 실제로 폭력 강도 행각이 벌어지더라도 경찰에 전화를 걸어 강도를 신고하거나 개입할 리는 거의 없을 것이라고 생각할 수 있다. 이것이 범죄의 전염이론이다. 범죄는 깨진 창문으로부터 시작하여 전체 지역사회로 번져 나갈 수 있다. 이런 전염성에서의 티핑 포인트[39]는 낙서와 같은 물리적인 것이다. 즉, 조그마한 변화가 커다란 결과를 초래할 수 있다는 것이다.

1980년대 중반 뉴욕 지하철 소장으로 영입된 데이비드 건은 "낙서는 지하철 시스템 붕괴의 상징이다."라고 주장했다. 낙서 청소작업은 1984년 ~1990년까지 계속되었다. 그때 뉴욕의 지하철 경찰서장으로 윌리엄 브래턴이 임명되었는데, 브래턴도 건과 마찬가지로 깨진 창문이론의 신봉자였다. 지하철 시스템에서 강력 범죄가 최고조에 달하자 브래턴은 무임승차를 분쇄하기로 결정했다. 낙서와 마찬가지로 무임승차가 티핑 포인트라고 믿었기 때문이다. 그는 작은 무질서의 신호가 더 심각한 범죄를 불러일으킨다고 보았다. 브래턴은 지하철 경찰서를 사소한 위반과 세부적인 지하 생활들에 초점을 맞추도록 변화시켰다. 낙서 청소 작업과 무임승차 분쇄정책으로 뉴욕지하철의 범죄는 대폭 감소했다.

---

39) 티핑 포인트(Tipping Point): 균형이 깨어지고 특정한 현상이나 세력이 한 순간에 퍼지는 것을 의미하는 용어로, 1969년 노벨경제학상 수상자인 토머스 셸링(Thomas Schelling)의 논문 〈분리의 모델 Models of Segregation〉에서 처음 소개되었다. 이후 1970년대 백인 거주 지역에 흑인들이 비율이 증가하면, 백인들이 다른 지역으로 거주지를 옮기는 현상인 화이트 플라이트(white flight)를 연구하는 데 활용되기도 하였다. 이를 통해 백인들 거주 지역에서의 흑인 비율이 20%에 다다르면 백인들의 이주가 시작된다는 것이 밝혀졌고, 이것이 화이트 플라이트에서의 티핑 포인트라고 볼 수 있다. 티핑 포인트는 전환점, 터닝 포인트로도 불린다. 출처: 네이버 지식백과.

1994년 뉴욕시장으로 루돌프 줄리아니가 선출되고 난 뒤 브래턴은 뉴욕 경찰국장으로 지명되었는데, 그는 대체로 이전과 동일한 전략을 뉴욕시에도 적용했다. 일례로 뉴욕의 횡단보도에서 신호 대기를 하고 있는 운전자에게 다가와 차창을 닦아 주고 돈을 요구하는 '차닦이 앵벌이'에 주목하라는 것이었다. 또한 지하철에서 회전 출입구를 뛰어넘어가는 무임승차나 낙서와 맞먹는 지상에서의 모든 행동에 초점을 맞추라는 것이었다. 지하철에서처럼 신속하고도 극적으로 뉴욕시의 범죄가 줄어들기 시작했다. 그는 외관상 사소한 생활범죄의 속성과 같은 것이 폭력범죄의 티핑 포인트라고 주장했다.

최근에는 도시계획 수립이나 건축설계 단계에서 '환경설계를 통한 범죄예방계획(CPTED: Crime Prevention Through Environmental Design)'을 수립, 범죄를 사전에 차단하는 설계를 하고 있다. 예를 들어, 공원의 조경을 설계할 때 나무들이 성장하여 거리로부터 숨겨진 장소를 만들어 우범지대가 되지 않도록 한다든지, 승강기 문을 유리로 만들어 외부에서 승강기 내부를 볼 수 있도록 하는 방법 등이 있다. 또한 도로변에 상가와 주택을 배치해 도로를 자연스럽게 감시할 수 있게 하는 것도 하나의 방법이다.

흔히 우리나라는 세계적으로 치안이 잘 되어 있는 나라라고 알고 있다. 하지만 밤거리는 여전히 무섭고, 특히 여성이 혼자 길거리를 걸어 다니기에는 어딘가 모르게 불안감이 밀려온다. 도심이나 동네의 범죄발생을 줄일 수 있는 티핑포인트는 무엇일까? 범죄율을 높이는 물리적 요인은 무엇일까? 작지만 커다란 결과를 초래할 수 있는 것은 무엇일까? 범죄의 전염성을 제거하려면 무엇을 해야 하는가? 그 작은 것들을 찾는 일부터 시작하자. 그래서 도심의 범죄율을 극적으로 감소시키자.

쓰레기와 낙서로 지저분한 거리와 지하철보다는 깨끗한 거리와 지하철이, 오가는 사람이 없는 한적한 거리보다는 행인으로 북적거리고 주민들이 동네에서 활발히 활동하는 거리와 지역이 더 안전할 가능성이 크다는 것은 분명하다. 하지만 범죄예방을 위해 사회 인프라를 정비하고 경찰관을 증원하더라도 이웃의 아픔과 슬픔에 공감하지 않는 사회라면 범죄율을 줄일 수 없을 것이다. 이웃 사람들의 고통과 삶에 무관심하고 동네에서 범죄가 발생하더라도 아무도 도움의 손길은 내밀지 않는다면 우리의 도시는 안전하지 않을 것이다.

누구를 위한 도시재생인가?

서울시 은평뉴타운이 개발되기 전, 은평구 진관내동에는 대지 50평, 건평 28평의 단독주택 214채가 자리 잡고 있었다. 서울시가 지난 1996년 '아름다운 마을'로 지정한 한적하고 나무와 꽃이 어우러진 동네이다. 1974년 박정희 전 대통령이 남북 공동성명 이후 북쪽 대표단 방문에 대비해 전시용 주택단지 조성을 지시해 1978년 완공된 한양주택 단지다. 서울시는 뉴타운을 개발하면서 한양주택을 전면 철거하는 것으로 계획했다. 주민들은 근대문화유산 등록을 신청하면서까지 30년 가까이 살아온 마을과 공동체를 보존하고자 개발에 반대했다. 근대문화유산으로 등록될 경우 재산권 행사에 불이익이 따를 수도 있지만, 아름다운 마을과 서로의 끈끈한 유대관계를 지키며 살아가는 게 더 가치 있는 일이라고 생각한 것이다. 하지만 마을은 흔적도 없이 사라지고 그 자리에는 아파트가 들어섰다. 주민들의 의사는 무시되었다. 한양주택 주민들이 현재 얼마나 은평뉴타운에 살고 있는지 궁금하다. 한겨레신문 보도에 의하면 은평뉴타운보다 먼저 개발된 길음뉴타운 2구역의 원주민 입주율은 10.3%에 불과하다.

도시 재생이나 재개발을 이야기할 때 우리는 초고층 아파트와 빌딩숲으로 변모한 화려하고 현대적인 도시의 모습을 떠올린다. 그 뒤편에 감춰진 철거민과 경찰의 극심한 대치, 도심재개발에 따른 부동산 투기, 공동체의 파괴, 세입자와 영세상인의 내몰림 등은 도시의 화려한 모습에 가려지고 흔적도 없이 잊히고 있다. 도시재생이나 재개발이 지역에 뿌리를 내리고 있는 평범한 사람들의 삶에 어떤 영향을 미치는지 생각하지도 않으며 생각하고 싶어 하지도 않는다. 오로지 사회전체의 부를 극대화하기 위한 효율에만 관심을 둔다. '최대다수의 최대행복'이라는 공리주의(功利主義)의 목표를 실현하기 위함일까? 하지만 우리는 최대다수가 누구인지를 정확히 알지 못한다.

미국의 도시경제학자 리처드 플로리다는 《도시는 왜 불평등한가》에서 도시재생에 대한 도시비관론자들의 관점을 이야기한다. 현대도시는 화려하지만 사실상 외부인 출입금지 구역에 살며 광적 소비를 일삼는 엄청난 부자들과, 그 주변에서 엄청난 가난과 열악한 환경 속에 사는 대중들로 나눠져 있다고 본다. 비관론자가 보기에 도시재생은 탐욕스러운 자본가들이 일부 지역은 재건하고 일부 지역은 제거하여 이익을 얻는 사업일 뿐이다.

그동안 우리의 도시재생은 이와 다르지 않았다고 이야기할 수 있을까? 도시의 주인은 누구인지, 마을의 주인은 누구인지를 자신에게 물어보자. 마을을 찾는 관광객, 담당 공무원, 개발사업자와 자본가를 위한 도시재생이 아니라 그곳에 뿌리내리고 살고 있는 주민을 위한 재생이었는지 말이다. 여기서 우리가 주목할 가치가 있는 것이 "딱 적당한 만큼의 초록(Just green enough)"이라는 방법이다.

이 말은 미국 드폴(DePaul) 대학의 위니프리드 커런(Winifred Curran)이 브루클린에 위치한 그린포인트의 마을 만들기 사업에 대한 연구에서 처음 사용했다. 그린포인트는 석유회사 엑슨(Axxon)의 석유폐기물과 폐수방류사고로 인한 부유물에 큰 피해를 입은 뒤, 보상금으로 마을을 되살리는 사업을 시작했다. 그런데 이들은 대규모 건축사업이나 기념사업 같은 것은 벌이지 않았고, 그 흔한 "공원, 카페, 강변산책로의 묶음개발" 같은 것도 하지 않았다. 그들은 원래 노동자 계층이 다수 거주하는 이 동네를 그 상태 그대로, 그저 더 깨끗하고 안전한 곳으로 만드는 데에만 관심을 갖기로 했다. 개발업자에게 매력적으로 보일 일은 하지 않는 것을 목표로 주민 자치회는 위험하고 오염된 것을 청소하고, 산업시설의 폐수방류를 감시하고, 주변지역의 수질을 검사하는 등의 여러 가지 프로그램을 운영했다. 또한 부분적으로 젠트리피케이션의 어쩔 수 없는 침투가 있더라고 노동자들이 그 물결에 밀려나지 않게 하기 위해, 이 지역에서 그들의 일자리가 감소하지 않도록 인근 기업들을 설득하는 일에는 열심이었다. 그곳에 사는 주민들을 위해 필요한 만큼만 재개발한다는 점은 우리에게 많은 공감을 준다.

성남시 수정구의 도시재생을 위한 산성동과 은행2동의 주거 환경개선사업도 원주민의 이주 없이 환경을 개선한 사례이다. 이들 지역은 오래된 다세대주택이 빽빽하게 들어선 마을로 주택을 최소한으로 정비하고 문화복지시설, 주차장, 공원 등 필요한 기반시설을 설치해 원주민이 떠나지 않고 살 수 있도록 사업을 진행했다. 다만 노후주택은 그대로이고 집값도 오르지 않았기 때문에 주민들이 체감할 수 있는 만족도는 높지 않을 수 있다. 하지만 세입자가 대다수인 지구의 특성을 고려한다면 더 의미 있는 사업방식일 수도 있다. 만약 전면철거해 대규모 아파트 단지로 개발했다면 살고 있는 대다수의 주민은 떠나고 개발로 인한 이익은 살고 있지도 않은 외지인이나 건설업체에게 돌아갔을 것이다.

골목길이나 다세대주택은 대부분 보존하고
국공유지 등 빈 땅에 문화센터, 주차장 등을 확충하였다.

문재인 정부는 도시재생사업에 매년 10조씩 5년간 50조 원의 예산을 투입, 전국 낙후지역 500곳에 도시재생 거점사업을 시행할 예정이다. 지자체들도 도시재생을 위해 많은 노력을 기울이고 있다. 기존 도심의 환경을 개선하고 활력을 불어넣어 일자리를 창출하고 인구를 늘리기 위해 아이디어를 짜내고 있다. 이번 도시재생사업들은 대부분 뉴타운사업과 같은 전면철거 재개발 방식은 아니다. 앞으로 도시재생사업은 그동안의 문제점이 되풀이되지 않도록 지역경제의 활력을 높이고 기초 생활 인프라를 확충하는 등 주민들의 삶의 질을 향상시키고 생활여건을 개선하는 데 중점을 두고 있다.

정부의 도시재생사업은 대상지역에 대규모 재정이 투입되므로 선정된 일부 지역에 혜택이 집중되지 않고 보다 많은 지역이 혜택을 받을 수 있도록 정책을 개발할 필요성이 있다. 원주민이 마을을 떠나지 않도록 부동산 투기를 예방하며 공공성을 강화하기 위한 방안도 함께 마련해야 한다. 아울러 도시재생이 우리지역을 살려 다른 지역을 죽이는 제로섬게임이 되지 않도록 꼼꼼히 살펴보아야 할 것이다.

도시재생을 통해 살기 좋은 마을이 되어 부동산의 가치가 올라가게 되면 부동산을 가진 사람들은 행복할 것이다. 하지만 세를 살고 있는 사람이나 가게를 임차해서 장사를 하고 있는 사람들은 암울하고 막막할 것이다. 아무런 보상도 없이 높아진 임대료 때문에 현재 살고 있는 삶의 터전에서 쫓겨날지도 모르는 일이다. 도시재생에 의한 젠트리피케이션이다. 도시재생과 이에 따르는 젠트리피케이션이 계속된다면 도시는 부유한 사람들만 사는 장소가 될 것이다. 가난한 사람과 중산층은 도시를 떠날 수밖에 없고 점차 도시는 아무나 살 수 없는 곳이 될 것이다. 제인 제이콥스의 말이 가슴에 와닿는다. "공동체 전체가 공동체 진보의 비용을 부담해야 하며, 공동체 진보의 불행한 희생자에게 이 비용을 강요해서는 안 된다."

뜨는 동네와 젠트리피케이션

서울 종로구 서촌 세종마을 문화음식거리 끝자락에 있는 궁중 족발 가게, 임대료 갈등으로 임차인이 건물주를 폭행하는 사건으로 이어져 안타까움과 두려움을 불러왔던 장소다. 지하철 경복궁역 2번 출구에서 배화여고 입구까지 이면도로 300여m에 조성된 서촌 '세종마을 문화음식거리'는 맛집을 찾아 많은 사람이 모이는 장

서촌 세종마을 문화음식거리.

소이다. 두 사람의 갈등은 건물을 새로 인수한 건물주가 리모델링 이후 재계약조건으로 임대료를 4배 가까이 올리면서 시작되었다고 한다. 소송과 강제집행을 거쳐 결국 망치폭행으로까지 이어졌다. 상가 세입자가 근로행위로 창출한 유무형의 영업가치인 권리금의 보상, 건물주가 재건축 등 자신의 필요 때문에 상가 세입자를 내보낼 때 보상방안 등 상가 세입

자와 건물주의 상생을 위한 제도의 필요성이 너무나 절실했던 사건이다.

동네가 활성화되거나 용도가 변경되는 과정에서 부동산가치가 급속히 올라 이를 견디지 못하고 원래 살던 주민이나 임차인이 내몰리는 사회현상을 '젠트리피케이션(Gentrification)'이라고 한다. 젠트리피케이션은 영국의 전통적 중간계급인 젠트리(gentry)에서 파생된 용어이다. 1960년대 영국의 사회학자 루스 글래스가 노동계층이 사는 런던의 낙후지역이 중산층과 상류 젠트리에 의해 바뀌는 것을 설명하기 위해 이 용어를 처음 사용했다.

홍대앞, 신사동 가로수길, 삼청동과 서촌 등이 젠트리피케이션이 일어난 장소로 자주 거론된다. 오래된 동네에서 예술가, 장인, 디자이너, 건축가들이 들어오고 이들만의 독특한 공간을 만들면서 동네는 특별한 공간으로 재생된다. 사람과 돈이 몰려오면서 장소를 이용해 이윤을 추구하는 자본이 침투, 임대료를 끌어올리면서 살고 있거나 활동하고 있는 주민들이 임대료를 감당하지 못해 다른 동네로 이전하게 된다. 즉, 동네를 대표하는 주도적 행위자가 문화자본(예술가)에서 경제자본(사업가)으로 바뀌는 것이다.

서울 성동구 성수동에서 일어난 젠트리피케이션의 징후와 이를 방지하기 위한 정책과 대응을 살펴보자. 쇠퇴하고 있던 성수동에 도시재생의 씨앗이 자생적으로 뿌려지고 있었는데 사회적 기업을 경영하는 사회 혁신가, 문화예술인, 스타트업에 나선 청년 사업가 등이 성수동에 작업공간과 생활공간을 마련해 활동하면서 거리의 분위기가 산뜻하고 맵시 있게 변해 가고 활력이 넘치게 되었다. 기업인들에 이어 예술가들도 성수동에 둥지를 틀고 아무도 관심을 갖지 않던 낡은 건물에 입주해 갤러리, 작업장, 카페로 리모델링, 건물과 거리의 풍경이 변화했다.

성수동이 이처럼 매력적인 공간으로 변해 가고 있었지만, 그 이면에 불길한 징후들이 나타나고 있었는데 임대료는 상승하고 대기업들이 공장부지와 창고를 매입하며 기획부동산이 땅값을 부채질하고 있었다. 성수동을 떠나는 사람들이 늘어나게 되면서 성동구청은 젠트리피케이션 초기상황에서 대응전략을 수립하게 된다. 건물주와 상가 세입자 간 상생협약을 추진하고, 도시계획 수단을 활용해 지역 상권의 황폐화와 문화 백화현상을 유발할 수 있는 대기업 프랜차이즈 진입을 규제하고, 자산화전략의 추진과 공공 임대 상가를 마련해 상가 세입자들이 저렴한 임대료를 내고 안

성수동 거리 모습, 기존 정미소와 창고를 활용해
베이커리, 카페 등으로 이용하고 있다.

심하며 장사할 수 있는 환경을 조성한다. 그리고 2015년 9월에는 자치구 조례(성동구 지역공동체 상호협력 및 지속가능 발전구역 지정에 관한 조례)를 제정했다.

　제인 제이콥스는《미국 대도시의 죽음과 삶》에서 젠트리피케이션 현상들이 도시의 활력을 약화시키는 '다양성의 자기파괴'라고 설명하고 있다. 도시의 어떤 장소에서 다양한 용도의 혼합이 눈에 띄게 인기를 얻고 전체적으로 성공을 거둔다. 번창하면서 사람들을 끌어당기는 다양성에 기초한 이 장소의 성공 때문에 이곳의 공간을 둘러싸고 열띤 경쟁이 전개된다. 이런 경쟁을 통해 마침내 한두 가지의 지배적인 용도가 승자로 대두된다. 그러나 이것은 공허한 승리일 뿐이다. 경제적 상호 지원과 사회적 상호 지원이라는 가장 복잡하고 성공적인 유기체가 이 과정에서 파괴되기 때문이다.

소위 뜨는 동네들은 이러한 과정을 밟고 있는 것은 아닐까? 계속된 성공으로 장소에 대한 경쟁이 치열해지고 이러한 과정에서 동네에 활력을 불어넣었던 초기의 서점, 꽃가게, 화랑, 음식점, 공방 등이 밀려나고 높은 임대료를 지불할 수 있는 프랜차이즈나 대기업자본이 침투한다, 같은 용도의 중복으로 거리의 다양성이 파괴되면서 활력을 잃어버리고 죽은 가로가 되는 과정을 걸어가고 있다.

제인 제이콥스는 한 장소가 지나치게 같은 용도로 중복되는 것을 막고, 그것들이 과도한 중복이 아니라 건전한 추가가 되도록 다른 장소로 유도하는 세 가지 수단을 제시했다. 첫째는 역사적으로 소중한 가치가 있는 건물의 파괴를 억제한다. 진행되는 변화나 교체가 한 종류에 의해 압도되지 않도록 하는 것이다. 둘째는 견고한 공공건물의 설치이다. 공공기관은 다양성을 효과적으로 높일 수 있는 곳에 자체 건물과 시설을 세우고 주위를 둘러싼 돈의 힘이 자신들을 밀어 버리려 할 때 주변의 다른 용도들 사이에서 견고하게 자리를 지킴으로써 다양성을 유지하는 데 큰 역할을 할 수 있도록 한다. 마지막으로 경쟁의 유도다. 활기차고 다양한 도시지역에 대한 수요가 너무 커서 공급이 따라가지 못할 때, 활기차고 경제적으로 생명력 있는 도시 가로와 지구를 더 많이 공급한다.

비평가들은 오래전부터 젠트리피케이션을 부유한 개발업자들이 땅과 건물을 사들여 그 동네에서 기존 주민들을 몰아내는 착취 과정이라고 했다. 한국 도시들의 젠트리피케이션 또한 고급 주거공간을 선호하는 중산층의 이주라기보다는 지대격차를 얻고자 하는 세력들의 자본이동 결과이며 특히 도시재개발은 오랜 기간 시민의 참여를 배제한 채 자본의 이익추구를 우선시했고 그 결과로 사회공간적 양극화를 초래하고 정의로움을 훼손해 왔다. 도시의 다양성을 지키고 무자비한 신자유주의, 자본주의 질서 속에서 도시가 자본의 식민지로 추락하지 않도록 도시를 가꾸고 지켜나갈 방법은 없을까? 우리의 이웃들이 도시 공간의 변화 과정에서 오랜 시간 살고 있는 곳으로부터 내몰리지 않도록 주민들의 고통과 아픔에 대한 이해와 관심이 어느 때보다도 필요하다.

도시의 이방인

내가 살고 있는 동네에는 폐지를 줍는 젊은 외국인이 한 명 있다. 그는 한쪽 팔도 없이 고단하고 겁먹은 얼굴로 종이 상자 등을 조그만 캐리어에 실어 간다. 외모로 볼 때 아마 네팔, 방글라데시, 인도와 같은 서남아시아 출신인 것으로 생각된다. 왜 고향으로 돌아가지 않고 이 낯선 이국땅에서 불편한 몸으로 폐지를 줍고 있을까? 그 사람을 볼 때마다 너무나 안타깝고 안쓰러워 마음이 편치 않았다. 이제 우리 주변 어디를 가더라도 외국인을 쉽게 만날 수 있다.

우리나라 외국인 주민 수는 2018년 11월 기준 205만 4,621명으로 집계됐다. 내국인과 외국인을 합한 국내 총인구 5162만 9,512명의 4%에 달하는 수치다. 외국인 주민은 우리나라에 거주하는 장기체류 외국인, 귀화자, 외국인 주민 자녀를 말한다. 2018년 외국인 주민 수는 17개 시·도 인구와 비교할 때 9번째에 해당하는 규모다. 218만 1,416명인 충청남도보다는 적고 전라북도 인구 181만 8,157명보다 많다.

이들 중 익숙하지 않은 사회 환경과 문화적 관습, 언어장벽에 따른 의사소통의 어려움, 변화된 기후 등에 따른 문화적 충격을 겪게 되고 힘겹게 삶을 이어가는 사람들이 많다. 이들은 우리 사회의 부족한 노동 인력을 지속적으로 공급하고 세금을 냄으로써 지역사회와 국가 경제에 기여하고 있다. 하지만 건강보험이나 사회보장제도를 활용하는 기회는 많지 않다.

경기 포천시 채소농장에서 일하는 캄보디아 출신 31세의 이주노동자 여성 누온 속헹(NUON Sokkheng)이 영하 18도 한파 속에 비닐하우스에서 쓸쓸히 삶을 마감했다. 비닐하우스 속 플라스틱 패널로 된 숙소의 내부는 곰팡이와 결로로 뒤덮여 있었고 화장실 바닥은 마감처리도 안 돼 있었다고 한다. 2019년 7월 정부가 모든 외국인의 건강보험 가입을 의무화하면서, 속헹도 지역 건강보험에 가입했다. 그가 낸 건강보험료는 월 11만~13만 원으로 비슷한 임금을 받는 한국 노동자의 2~3배에 달했다. 정부가 건강보험 전체 가입자의 평균보험료를 이주노동자에게 내도록 했기 때문이다. 속헹은 1년 반 동안 200만 원이 넘는 보험료를 납부하고도 건강 검진은커녕 병원 문턱 한 번 밟지 못했다.

열악하고 안전에 취약한 근로조건에서 일어난 이주노동자들의 사망사고는 계속해서 늘어나고 있다. 더불어민주당 이용득 의원이 한국산업 안전보건공단으로부터 받은 〈최근 5년간 내·외국인별 산업재해 발생 현황〉 자료에 따르면, 이주노동자 산업재해 사망자 수가 2014년 85명에서 2018년 136명으로 60% 증가했다. 중국이나 동남아시아, 서남아시아 출신 외국인들은 저임금에 높은 빈곤율을 보인다. 또한 차별과 멸시의 대상이며, 이들을 바라보는 주변의 시선은 부정적이다. 근처에 이들이 살고 있다면 교육에, 집값에, 거주환경에 좋지 않은 영향을 끼친다며 꺼리게 된다. 이들 대다수는 가난하며 장시간 일을 해야 하기에 삶은 고달프다. 어디에서도 환영받지 못하며 고향을 떠나 수만 리 떨어진 머나먼 타국에서 이방인으로 살아가고 있다. 하지만 이들이 살고 있는 마을은 활기가 넘친다.

우리나라도 유럽과 북미의 도시처럼 도시 곳곳에 외국인 마을(ethnic town)이 들어서고 있다. 안산시 원곡동, 서울시 대림동 등이 대표적인 외국인 거주지이다. 대림동은 주민의 89%가 조선족일 정도로 우리나라 최대의 조선족 밀집지역이다. 지하철 7호선과 2호선의 환승 지역이기도 한 대림역의 12번 출구에서부터 좁은 시

대림동 중국동포거리의 분위기는 활기가 넘치고 사뭇 이국적이다.

장길을 따라 조선족 동포거리가 형성되어 있다. 기존의 대림시장이 변화한 거리이다. 시장을 따라서 중국 음식점과 각종 음식재료를 판매하는 가게가 늘어서 있다. 가게의 간판이나 시장의 가판에 표기된 가격표는 거의 중국어로만 표기되어 있고 서로 사용하는 언어도 중국어로 리틀 차이나라고 불릴 정도로 중국을 닮았다.

이곳은 서울에 체류하고 있는 중국인의 만남의 장소로서 역할을 하고

있고 거리는 생동감으로 가득 차 있다. 거리에는 캐리어를 끌고 다니거나 배낭을 메고 온 사람들이 많다. 상점 앞에는 노점상들이 앉아서 사탕수수나 군고구마, 채소 등을 팔고 있고 길에는 아는 사람을 만난 듯 반갑게 인사하는 사람들도 많다. 오전부터 음식점에는 친구 여럿과 술을 마시면서 이야기하는 사람으로 저녁에나 있을 법한 분위기도 느껴진다. 거리에는 막 결혼식이 끝났는지 행복해 보이는 신랑신부의 모습과 이를 축하하는 하객들로 넘쳐난다.

　우리 사회와 도시는 다문화사회라는 낯선 환경에 맞닥뜨려 있다. 얼마 전까지만 해도 미국이나 캐나다와 같은 나라에서나 있는 현상으로 생각했었다. 하지만 이제 우리는 외국인이 없는 산업 현장은 생각할 수도 없고 인구구성에서 외국인이 차지하는 중요성을 놓칠 수도 없다. 이 땅에서 삶을 꾸려 가는 그들의 이야기에 귀를 기울이고 함께 살아갈 수 있는 사회와 공간을 만들기 위해 많은 노력과 실천이 필요한 시점이다.

해외에서 최대의 그리스인 지역인 토론토 그리크 타운.
축제기간에는 많은 사람이 모여 그리스 문화와 음식을 즐긴다.

산업도시의 쇠퇴와 통영 폐조선소

조선업과 자동차산업 등 제조업 경쟁력 약화에 따른 중화학산업의 타격, 공공사업과 신규사업장의 감소에 따른 건설업의 가파른 축소 등으로 울산, 창원, 거제, 통영. 군산 같은 도시들이 불황의 직격탄을 맞고 있다. 경기불황에 따른 소비침체로 일자리가 사라지고 젊은이들은 일자리를 찾아 수도권으로 옮겨 간다. 인구유출 및 고령화에 따른 소비침체가 가속화되어 지방 산업도시의 경제와 고용 기반이 무너져 내리고 있다.

유럽과 미국의 제조업 중심도시들이 아시아 신흥국들의 제조업 발전으로 쇠퇴했듯이 중국 제조업의 거센 추격으로 산업도시의 경제가 무너지고 있다. 특히 조선업의 쇠퇴로 거제, 통영 등의 타격이 크다. 통계청이 발표한 2018년 상반기 지역별 고용조사 시·군별 주요 고용지표 집계 결과에 따르면 실업률은 경남 거제시(7.0%)가 전국 1위이자 역대 최저, 통영시(6.2%)는 전국 2위, 고용률은 통영시(51.3%)가 전국 최저와 역대 최저로 나타나 지역의 조선업 쇠퇴에 따른 충격을 고스란히 보여 주고 있다.

조선업 구조조정 여파가 이어지고 있는 경남 거제시의 2018년 상반기 실업률은 7.0%로 전국 최고를 기록했다. 2017년 상반기 2.9%였던 거제시 실업률은 하반기 6.6%로 크게 올랐고, 2018년 상반기에는 7%대에 진입했다. 2013년 시군 실업률 통계를 작성한 이후 시군 지역 실업률이 7%대에 달한 것은 이번이 처음이다. 경남 통영시의 실업률(6.2%)도 성동조선해양 등 중견 조선업체들이 휴업 상태에 들어가면서 인원을 감축해 작년 상반기(3.7%)보다 2.5%포인트 상승했다.

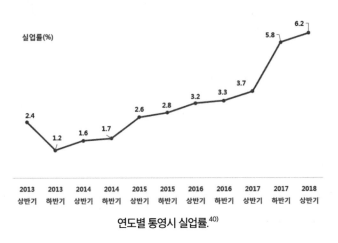

연도별 통영시 실업률.[40]

이처럼 산업의 침체로 쇠퇴해 가는 산업도시들에 대한 재생 방법은 없을까? 디트로이트와 같은 미국 러스트 벨트(Rust Belt) 도시들이 그러했듯이 어쩔 수 없는 탈산업화에 따른 숙명으로 받아들이고 쇠락의 길을 가야 하는 것일까?

---

40) 2014년~2018년 상반기 지역별 고용조사 시군별 주요고용지표 집계결과. 출처: 통계청.

(구)신아SB조선소 전경.[41]

　정부에서는 산업도시의 재생을 위해 기존 산업시설에 대한 재생계획을 수립하고 있다. 경남 통영시 미륵도 해안에 수년 동안 방치된 14만 5,000 ㎡에 이르는 신아조선소와 주변을 세계적인 문화관광단지로 개발하는 '통영 폐조선소 도시재생 사업'이 속도를 내고 있다. 신아조선소 재생사업 은 조선소 부지와 주변 주거 지역 등 모두 51만㎡를 2026년까지 관광문화 단지와 해양수변공원 등으로 조성하는 것이다. 예상 사업비는 민자를 포 함해 1조 1041억 원이다. 한국토지주택공사(LH)와 통영시가 공동으로 시 행한다. LH는 조선소 부지 매입 등에 1200억 원을 투입하고 정부에서도 2020억 원을 투입해 스페인 빌바오 구겐하임 미술관에 버금가는 국립미 술관 조성 등 세계적인 문화공간 조성 사업을 지원한다. 민간에서 7404억 원을 투자해 아쿠아리움, 호텔, 쇼핑몰 등 관광·상업 시설을 건립한다.

---

41) 출처: 통영폐조선소 도시재생 국제 아이디어 공모 홈페이지(http://idea.tongyeong-

LH는 마스터플랜 국제공모전을 통해 당선작으로 '캠프 마레(CAMP MARE)'를 최종 선정했다. 통영의 공예와 예술 등 전통적인 12공방을 모티브로 하는 '12개 교육 프로그램'을 단지 내에 배치해 통영은 물론 경남 지역 전체의 경제 재생을 이끌겠다는 게 목표다. 12개 교육 프로그램은 배 제작, 통영음악, 통영장인공방, 관광창업, 바다요리 등 통영만의 전통을 재탄생시켜 지역 주민과 관광객을 대상으로 하는 평생 교육 프로그램이다. LH는 기존 조선소 본관과 별관 건물을 활용해 실직자 등의 창업 및 재취업을 지원하기 위한 '통영 리스타트 플랫폼'과 인근 지역 주민을 위한 도서관, 돌봄센터 등의 '주민 커뮤니티 플랫폼'을 먼저 착공할 예정이다. 신아조선소의 200 ton 규모 골리앗 크레인은 캠프 마레의 상징물이 될 것으로 보인다. 크레인에 대형 스크린을 설치해 상설 영화제, 상설 음악제 등을 개최하겠다는 구상도 세웠다. LH는 이번 사업으로 1만 2,000개 일자리와 5000억 원 규모 건설 수요가 창출될 것으로 내다봤다.

정부와 통영시, LH는 폐조선소 도시재생을 통해 통영을 관광허브로 만들기 위해 야심차고 아이디어 넘치는 마스터플랜을 수립하고 있다. 통영시는 경상남도 최남단에 위치한 한국의 나폴리로 불리는 인구 13만여 명의 아름다운 항구도시이다. 하지만 통영처럼 대도시 주변에 위치하는 것도 아닌 지방 중소도시의 도시재생에는 수많은 어려움과 도전이 있을 것으로 예상된다.

regeneration.com)

첫 번째는 발전에 필요한 물리적 인프라 시설의 부족이다. 수도권에서 통영시에 접근하기 위한 광역교통시설은 매우 열악한 편이다. 서울에서 고속버스를 타고 가는 경우 차 안에서만 4시간 30분을 보내야 한다. 버스와 자동차외에는 다른 마땅한 교통수단이 없다.

두 번째는 지역 내부로부터의 주체적인 역량과 경쟁력의 확보이다. 이 사업은 정부와 공공기관이 나서 시행하는 국가적 사업이다. 하지만 지속적인 번영을 위해서는 지역의 지도자와 전문가 육성, 통영의 정체성과 문화적 가치를 지키고 발전시킬 수 있는 지역 내부의 역량이 중요하다.

세 번째는 구겐하임효과에 대한 철저한 검증이다. 통영이 꿈꾸는 도시, 스페인 빌바오가 도시 재활성화의 성공사례로 전 세계의 시선을 끌게 된 것은 '구겐하임 효과' 때문이다. 실제로 구겐하임 미술관을 유치하고 세계적 호텔과 브랜드 상점이 몰려들면서 관광객 수는 100만 명 정도로 늘었다. 하지만 스페인 발렌시아 등 많은 도시가 빌바오의 도시개발을 따르려 했지만 같은 수준의 품격을 유지하거나 민간 자본이 부추기는 고급 주택화 물결을 도시에 이롭게 바꾸는 데 성공한 경우는 거의 없다고 한다. 구겐하임 같은 미술관이 하나 성공할 때, 매년 40만 명의 신규 관광객을 유치할 수 있을 것이란 희망을 갖고 잉글랜드 셰필드에 세워진 전국 대중문화 센터처럼 값비싼 대가를 치르고 실패한 곳들이 수십 곳 생긴다. 1999년 문을 열었을 때 이 센터를 찾은 관광객 수는 예상치의 4분의 1에 불과했고, 결국 같은 해에 센터는 문을 닫았다. 독일 중동부에 있는 도시 라이프치히에도 아름다운 예술박물관이 있지만, 이 박물관이 지어진

후 숙박요금이 천정부지로 치솟자 안타깝게도 박물관 관광객 수는 급감했다.

마지막으로 관광허브로써 관광객의 증가가 주민의 삶과 미래에 얼마나 많은 기여를 할지에 대한 고민이다. 관광객의 증가로 인한 부동산 가격의 폭등, 이에 따른 임대료 상승과 원주민의 이탈, 주차와 교통문제, 사생활의 침해 등 많은 문제가 생길 수 있다. 관광객 증가로 인한 혜택은 소수의 개발업자나 부동산 소유자에게 돌아가고 시민들의 삶은 오히려 황폐해진다면 도시의 발전이 무슨 의미가 있을까?

부산 감천문화마을의 현주소는 관광문화산업의 어두운 뒷면을 잘 보여주고 있다. 한해 방문객 250만 명이 넘는 부산의 대표적인 관광 명소로서 관광객이 늘면서 마을은 유명해졌지만 정작 주민들은 살기 힘들다며 마을을 떠나고 있다. 유명세를 타기 시작한 2011년 1만 명이 넘었던 동네 인구는 6년 새 30% 가까이 줄었다. 집값과 임대료가 계속 치솟는 데다, 아침 일찍부터 몰려드는 관광객 탓에 정상적인 생활을 할 수 없다고 주민들은 하소연한다.

울산, 창원, 구미, 거제, 군산과 같은 제조업 중심도시들은 앞으로 세계 경제의 침체와 다른 저임금 국가들과의 경쟁으로 더 큰 어려움에 처할지도 모른다. 제조업중심에서 서비스업중심의 산업구조로 변화하는 과정에서 산업의 쇠퇴와 몰락을 성공적으로 극복하지 못한 미국 디트로이트의 사례는 우리에게 많은 교훈을 준다.

1950년에 디트로이트 시에는 185만 명의 인구와 29만 6,000개의 제조업 일자리가 있었는데, 2011년 인구는 70만 명으로, 제조업 일자리는 2만 7,000개로 급격히 줄어들었다. 2009년 실업률은 25%로 미국 전체 평균보다 2.5배 이상 높았다. 2008년에 범죄율은 뉴욕의 10배가 넘어서 미국에서 범죄율이 가장 높은 도시 중의 하나였다.

에드워드 글레이저 교수는 《도시의 승리》에서 디트로이트나 그와 유사한 도시들의 회생은 도시의 전통적 미덕에 의해서만 가능하다고 이야기한다. 그러한 미덕은 교육받은 근로자들, 소규모 기업인들, 그리고 상이한 산업들 사이의 창조적 상호작용을 말한다. 디트로이트는 3개의 대형 자동차 회사가 수직적으로 중소기업들을 통합하고 그 안에서 일하는 수십만 명의 미숙련 근로자들을 고용한 단일의 자동차 산업에 의존했었다. 크고 수직적으로 통합된 기업들은 단기적으로는 생산적일 수는 있어도, 도시의 장기적 성공에 필요한 역동적인 경쟁과 새로운 아이디어를 창조하지 못한다. 이런 점에서 디트로이트의 단일 자동차 산업은 도시의 혁신과 발전에는 더 나쁠 수 없는 조합이었다. 또한 시는 수요도 거의 없는 상태에서 필요하지도 않은 인프라에 수십억 달러의 돈을 낭비하고 이미 사용하는 사람들이 없는 건물들로 가득 차 있는 곳에 더 많은 건물들을 공급했다. 더군다나 시는 보스톤, 밀라노, 뉴욕처럼 다양한 도시들의 회생에 밑거름 역할을 해 주었던 교육제도에 투자한 적이 한 번도 없었다. 이러한 도시재건의 실패는 정부가 모든 차원에서 건물이 아닌 사람들이 정말로 도시의 성공을 결정한다는 사실을 인식하지 못했다는 것을 보여 준다. 공동체의 유지와 복원보다는 대형 건물의 신축과 인프라의 공급에 역점을 둔 도시재생은 주민의 참여를 이끌어 내기 어렵고 성공의 가능성이 적다는 것을 여실히 증명하고 있다.

디트로이트와 달리 제조업 쇠퇴에 따른 과도기적 충격을 완화하고 구조적 변화를 이끌어낸 도시들도 있다. 디트로이트에서 4시간 거리에 있는 피츠버그 역시 백인 중산층의 교외 이주 문제로 어려움을 겪었다. 하지만, 결국 철강과 석탄에 의존하던 경제를 교육과 의료, 법률 및 금융서비스에 역점을 둔 경제로 급속히 전환하는 데 성공했다. 백 년 동안 영국 직물 산업의 중심지였던 맨체스터 역시 교육, 문화, 음악의 중심지로 탈바꿈했다. 2002년 세계 최대의 조선소 크레인을 울산 현대중공업에 단돈 1달러에 팔아야 했던 말뫼. 한국 조선업에 밀려 경쟁력을 상실했던 스웨덴 남부 인구 28만여 명[42]의 항구도시이다. 말뫼는 철저한 구조조정을 통해 청정에너지와 바이오, 정보기술(IT) 등 지식기반 산업도시로 재탄생했다.

통영 폐조선소 재생사업은 문재인 정부의 경제기반형 대규모 도시재생사업 제1호로 많은 주목을 받고 있다. 이번 사업이 앞으로 마주하게 될 많은 어려움을 극복하고 제조업의 몰락으로 인한 침체된 도시에 활기를 불어넣기를 기대해 본다. 또한 통영시와 같은 환경에 처한 도시들의 회생과 부활의 물꼬를 트는 마중물 역할을 할 수 있으면 더할 나위 없이 좋겠다. 하지만 가장 중요한 것은 이 사업에서 지역 주민이 소외되지 않도록 정책

---

42) 출처: 나무위키.

과 프로그램을 만들고 성공의 혜택이 지역 주민 모두에게 돌아가야 한다는 것을 잊지 않는 것이다.

부자 아빠,
가난한 아빠

1%를 위한 사회

2011년 9월 미국 뉴욕에서 일어난 '월스트리트를 점령하라(Occupy Wall Street)'라는 운동은 세계인의 가슴에 파문을 일으켰다. 세계 자본주의의 심장 미국 뉴욕에서 일어난 부의 불평등과 정치·경제시스템의 불공정에 항의하는 운동이 의미하는 것은 과연 무엇일까? 시위대는 〈우리는 99%다〉라는 슬로건을 내걸었고 〈1%의, 1%를 위한, 1%에 의한〉을 구호로 외쳤다. 수많은 사람이 집을 잃고 직장을 잃었는데도 사회와 기업에 큰 손해를 끼친 월스트리트의 금융업자들은 천문학적인 상여금과 퇴직금을 받는 현실을 너무나 불공정하다고 느꼈다. 무엇인가 잘못되어 가고 있다고 생각했다. 세계의 많은 사람이 공감했고 운동의 성공을 응원했다. 그리고 세계 각지에서 이와 유사한 시위들이 잇따라 일어났다.

2018년 11월 에마뉘엘 마크롱 프랑스 대통령의 유류세 인상 발표에 반대하면서 시작돼, 점차 반정부 시위로 확산된 노란 조끼 시위에는 13만여 명의 시민들이 참여했다. 리용에서 파리로 올라와 집회에 참가한 팀 비투 (29)는 실직 중인 웨이터이다. 그는 도시의 비싼 집세를 견딜 수 없어 시골로 돌아갈 생각이다. "당신들은 어떻게 아이를 낳아 기를 수 있나요. 나도 아이를 원해요. 그렇지만 넉 달 뒤의 생활도 계획할 수 없는걸요."

팀 비투의 이야기는 괜찮은 직장을 구하기는 너무 어려워 아예 취업을 포기하고 천신만고 끝에 직장을 잡았어도 상상을 초월한 집값으로 집을 구하거나 결혼한다는 것은 생각도 할 수 없는 우리 젊은이들이 처한 현실과 오버랩되어 가슴 한편이 아려 온다.

미국은 세계에서 가장 불평등이 심한 나라라고 알려져 있다. 리처드 플로리다 교수에 의하면 1979년~2007년 사이 소득 상위 1%에 해당하는 사람들은 미국 전체 소득 증가분의 절반 이상(53.5%)을 가져갔다. 2008년 경제위기 이후 소득 상위 1%는 놀랍게도 총소득 증가분의 85%를 가져갔다. 미국 레이건 정권 이후 불어 닥친 신자유주의의 물결과 함께 세계적으로 심해지고 있는 불평등의 문제는 비단 미국만의 문제는 아닌 전 지구적 문제로 부상하고 있다. 물론 한국도 예외가 아니다. 1997년 IMF 경제위기 이후 불평등은 계속 확대되어 오고 있다. 국회입법조사처가 국제통화기금(IMF)의 자료를 분석한 결과 한국의 상위 10% 소득 집중도(2012년 기준)는 44.9%로 나타났다. 주요국 중 미국(47.8%)에 이어 두 번째, 아시아에서는 가장 높은 수치다. 우리나라는 외환위기 이전인 1995년만 해도 상위 10%의 소득집중도가 29.2%에 불과했으나, 이후 빠르게 상승해 2000년 35.8%, 2008년 43.4%, 2012년 44.9%까지 치솟았다.

조지프 스티글리츠 교수는 미국의 국부가 상위계층에게 집중되는 것은

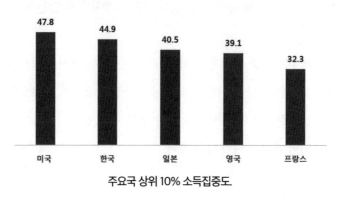

(단위 : %, 2012년 기준)
자료 : 국제통화기금(IMF)

47.8 44.9 40.5 39.1 32.3

미국 한국 일본 영국 프랑스

주요국 상위 10% 소득집중도.

지대추구(지대란 좁은 의미에서는 토지소유자가 그 토지의 사용자로부터 징수하는 화폐 및 기타 대가를 말하지만 여기서는 독점이윤, 그리고 일부 최고 경영자들 및 금융부문이 차지하는 과도한 보수도 포함)의 결과이며, 지금 갈수록 심화되는 과도한 불평등 때문에 값비싼 대가를 치르고 있다고 이야기한다. 경제성장이 둔화되고 국내 총생산이 감소하고 있을 뿐 아니라 불안정이 갈수록 깊어지고 있다. 게다가 민주주의의 약화, 공정성과 정의 등의 가치훼손, 국가적 정체성의 위기 등이 바로 그것이다.

지대추구 사회에서 우리가 우려하는 것은 자산 가격이 오르는 것 자체의 문제가 아니라 자산의 가격 상승으로 인한 지대 대부분이 소유자에게 옮아가는 것이다. 이에 따라 불평등한 자산 가치의 상승과 이에 따른 사회적 불평등이 깊어지고 지대추구가 영속화되고 확대된다는 것이다. 2016년 말 기준 한국의 국부(국민순자산)는 1경 3,078조 원으로 추산되며 그 중 부동산 자산의 규모가 1경 1,310조 원으로 86.5%를 차지한다. 20013년 기준 개인 토지소유자 1%는 전체 개인 소유지의 26%를, 상위 10%는 65%를, 법인 토지소유자 1%는 전체 법인 소유지의 75%를 소유하고 있다. 부동산 가격이 오르면 그만큼 자산이 폭발적으로 늘어나게 된다. 토지자유연구소에 따르면 매년 300조 원 이상의 불로소득이 발생한다고 한다. 미국의 경제학자 헨리 조지는 "지대란 토지에서 자연히 생기는 것도 아니고, 토지소유자의 행위에 의해 생기는 것도 아니다. 지대는 사회전체에 의해 창출된 가치를 대표한다."라고 말했다. 지대추구는 다른 사람이 피땀 흘려 만들어 낸 천문학적인 부를 매매와 임대를 통해 합법적으로 빼앗는 것과 다르지 않음을 이야기해 주고 있다.

소득이나 자산의 불평등과 함께 도시 공간의 불평등에 따른 폐해 또한 경계해야 한다. 리처드 플로리다 교수는 경제적 불평등의 증가보다 훨씬 더 나쁜 일이 은밀하게 진행되고 있다고 했다. 미국인들이 소득, 교육, 계층에 따라 구분되고 분리되는 현상이 심화되고 있으며, 오늘날 미국에서 경제적 불평등은 곧 공간적 불평등으로 부자와 가난한 자는 점점 다른 공간과 세계를 점유하고 있다는 것이다. 이러한 경제적 분리과정은 불평등 자체보다 훨씬 더 골치 아픈 문제다. 이것은 최상위 계층에는 혜택을 부여하고, 반면 혜택을 받지 못한 사람들의 열악한 환경은 악화시키기 때문이다.

이처럼 가난한 사람들의 경제적 분리의 결과는 대단히 파괴적이라고 했는데, 사회학자 윌리엄 줄리어스 윌슨은 1987년에 출간한 그의 대표작 《극빈자들 The Truely Disadvantaged》에서 빈곤의 공간적 집중의 유해한 결과를 상세하게 언급했다. 구체적으로 그는 질 낮은 소수의 일자리에서부터 경제적, 직업적 네트워크 미발달, 열악한 학교, 높은 범죄율, 문제가 많은 업무 파트너 네트워크, 결혼할 확률이 낮은 커플들, 긍정적인 역할 모델과 접촉할 기회 부족을 지적했다. 만성적으로 가난한 지역에 사는 사람들은 경제적 자원이 부족할 뿐 아니라 경제적 상향 이동을 가능하게 해주는 사회적, 경제적 제도로부터 고립되어 있다. 이런 열악한 환경은 실제로 그들의 빈곤이 대를 이어 가며 고착되게 만든다.

우리 사회 또한 대도시로의 집중, 특히 서울과 일부 지역으로의 과도한 집중으로 경제적 불평등은 더 악화되고 도시 공간도 소득, 교육과 계층에 따라 분리가 가속화되고 있다. 세대를 지나면서 불평등과 공간적 분리에 따른 기회의 불공정은 확대되고 가난한 사람들이 교육이나 직업을 통해 더 나은 환경으로 올라갈 수 있는 경제적 사다리가 쓰러져 가고 있다. '1%의, 1%를 위한, 1%에 의한' 사회가 되어 가고 있는 것은 아닌지 정말 걱정스럽다. 아니 벌써 1%의 사회가 되어 있는지도 모르겠다.

부자 아빠, 가난한 아빠

외환위기로 모두가 경제적 어려움에 처해 있던 2000년에 일본계 미국인 작가 로버트 기요사키의 책《부자 아빠 가난한 아빠》가 돌풍을 일으켰다. 나도 그 당시 다니던 회사를 그만두고 집에서 책을 읽으면서 많은 공감을 했던 기억이 난다. 무엇보다도 외환위기로 인해 급변하는 사회 속에서 지금까지의 삶의 방식이 가치를 잃고 개인주의와 무한경쟁의 정글로 내몰린 직장인들에게 돈에 대한 개념을 다시 생각하게 하였다.

가난한 아빠: 돈을 좋아하는 것은 악의 근원이다.

공부 열심히 해서 좋은 직장을 구해야 한다.

돈을 안전하게 사용하고 위험은 피해라.

똑똑한 사람이 되어야 한다.

부자 아빠: 돈이 부족한 것은 모든 악의 근원이다.

공부 열심히 해서 좋은 회사를 차려야 한다.

무엇보다 위험을 관리하는 법을 배워라.

네가 똑똑한 사람을 고용해야 한다.

나는 자라면서 직장에서 열심히 일하고 오랫동안 일하면 그게 인생의 성공이고 최고의 재테크라고 배우며 자랐다. 어떤 일이든 한 분야에서 한 눈팔지 않고 열심히 일하는 것이 최고의 미덕이라고 생각했다. 나의 아버지는 틀림없이 가난한 아빠였다. 아버지는 시골의 부유한 집안에서 태어나(아버지 얘기로는 천석꾼의 아들) 일제강점기 일본 유학을 다녀오셨다. 국내에서 대학을 졸업한 후 시인으로 활동하셨고 중등학교 국어교사로 정년퇴임하셨다. 아버지는 어머니께 생활비로 꼭 필요한 만큼만 돈을 주셨고 어머니는 그게 항상 불만이셨다. 어릴 적 내가 본 아버지는 돈을 만지면 꼭 손을 씻으셨고, 돈을 투자해서 성공했다거나 실패했다는 무용담을 들어 본 적이 없다. 나는 어머니의 불만과 불편함을 잘 알기에 결혼하면서 월급을 통장째 아내에게 맡겼고, 아내는 재테크라고는 저축밖에 몰라 적은 돈이지만 조금이라도 금리가 높은 은행을 찾아 동분서주하고 있다.

서울의 집값이 오르면 "은행에서 대출이라도 받아 서울에 집을 사둘걸…!" 주식이 오르면 "주식을 좀 사둘 걸, 주식에 전 재산을 몰빵해야 했는데…!", "하지만 지금은 살 때가 아니야, 아파트 가격이나 주식이 너무 많이 올랐어. 아껴 쓰는 게 돈을 버는 최고의 방법이야, 가족 모두가 건강하고 직장 열심히 다니고 있으면 이게 행복이지, 돈만 많으면 뭐 해!" 우리 부부의 대화는 매번 이렇게 끝난다.

로버트 기요사키가 우리 부부를 만난다면 어떤 조언을 할까?

"대부분 사람들은 평생 안전하게 살면서 일만 하다가 삶에 찌든 피곤한 늙은이로 죽게 되지…. 당신이 정말로 원하는 것이 일찍 은퇴하고 여유로운 삶을 살고 싶다면 돈에 대한 생각을 바꿔야 할 거야! 가난한 사람들은 돈을 위해 일하지만, 부자들은 돈이 자신을 위해 일하게 만들지. 부자가 되고 싶다면 돈에 관한 지식을 쌓아야 해. 대부분 사람들은 얼마나 많이 버느냐가 아니라 얼마나 많이 모으느냐가 중요하다는 것을 잘 모르지. 집을 주요 자산으로 여기지 말고 수입이 나올 수 있는 자산에 투자해야 해. 매달 저축하는 것은 안 하는 것보다는 좋은 방법이지만 부동산, 주식 등 더 많은 돈으로 불릴 수 있는 좋은 기회를 찾아라. 저금리 때에는 레버리지를 잘 활용해서 투자해라. 돈을 한 번도 잃지 않고 부자가 된 사람을 본 적이 없다. "실패를 두려워하지 마라." 그리고 또 이야기할 것이다. 자기 사업을 해라. 월급봉투의 크기로 결정되는 삶은 삶이라고 할 수 없다. 직장이 안정감을 줄 거라고 생각하는 것은 자신에게 거짓말을 하는 것과 같다. 지금 당장 행동해라!"

현실은 나의 바람과는 반대의 길로 가고 있다. 직장에서 열심히 일하는 것도 중요하지만 더욱 중요한 것은 돈을 벌어 재산을 늘리는 것이다. 재산을 늘리기 위해 이곳저곳 기웃거려 새로운 기회를 찾아야 하고 직장에서의 일 외에도 부동산, 주식, 암호화폐 등에도 열심히 투자해야 한다. 대부분 직장인들은 50대 중반에 퇴직하게 되고 벌어 놓은 돈은 없는데 국가의 사회보장 시스템은 취약하다. 따라서 대부분 사람들은 직장에서 살아남기 위해 늦은 시간까지 힘들게 일하고, 바쁜 중에서도 재테크에 더욱 열심이다. 부동산투자, 주식, 경매 등 돈을 버는 방법과 자기계발에 관한 책자는 항상 베스트셀러 상위권을 차지하고 세미나와 동영상 강의의 인기는 식을 줄 모른다. 직장일 만으로도 바쁘고 능력이 빠듯한 사람에게는 정말 힘든 세상이다. 아마 나는 가난한 아빠로 계속 살아갈 것 같다.

　우리는 거의 모두가 일찍 은퇴하여 인생을 즐기면서 편안하게 살기를 원한다. 부동산은 꿈을 현실로 만들어 줄 것이다. 땅값과 집값은 계속해서 오르고 부동산에 투자하기만 하면 십 년, 이십 년 후에는 부자가 될 것이다. 땀과 노동으로 재산을 늘리는 사람보다 땅과 집에 투자해서 부자가 된 사람들이 존경과 부러움을 한 몸에 받는 사회가 되고 있다. 우리는 모두 미국의 경제학자 베블런이 말한 '유한계급[43]'을 꿈꾸고 있다. 힘겨운 세상살이에 지친 어른뿐만 아니라 희망과 용기, 도전 정신으로 빛나야 할 청소년도 유한계급을 꿈꾸고 있다. JTBC방송에 따르면 고등학생들은 가장 선망하는 직업 1위로 '공무원(22.6%)'을, 2위로는 '건물주와 임대업자(16.1%)'를 꼽았다. 이유는 '안정적이어서(37.5%)', '높은 소득이 보장되기 때문에(28.5%)'라는 답변 순이었다.

　노력하지 않으려고 노력하는 유한계급이 말하는 사회적 성공의 황금률이다. "당신이 땀 흘리는 모습을 절대로 남에게 보여 주지 마십시오." 땀 흘리는 자는 평범함과 나약함을 노출시킨다. 힘 안 들이고 성취하는 자야

---

43) 유한계급: 미국의 경제학자 베블런이 《유한계급론》이라는 저서를 통해 명명한 것으로, 생산적 노동을 멀리하고 예술, 오락 등 비생산적인 일에만 탐닉하는 사람들을 가리킨다.

말로 진정한 실력자다. 여유 있고 우아한 성공이야말로 삶의 목표다. 부자들은 땀만 봐도 부르르 떤다.

아파트 거래 절벽

나는 경기도의 한 신도시에서 거의 20년을 살고 있다. 그리고 같은 아파트에 산 지는 10년을 훌쩍 넘어 16년째가 된다. 내 주변의 많은 사람이 이야기한다. "돈도 안 되는 동네를 떠나 빨리 서울로 진출하라고, 지금도 늦지 않았으니.", "얘들 교육을 위해서도 서울로 이사해야지." 나는 이야기 한다. "물가도 싸고 정이 들어서, 그리고 살기가 너무 좋고 얘들 학기 중에 전학 가는 게 좀 뭐해서…."

매일경제신문에 따르면 2018년 3월 1만 3,837건에 달했던 서울 아파트 거래량은 4월 6,324건으로 반토막 났다. 4월의 다주택자 양도소득세 중과와 향후 보유세 개편에 따라 강남의 아파트 거래 절벽을 우려하는 목소리가 높다. 다주택자는 집을 처분할 경우 양도세 부담에 따라 집을 팔려고 하지 않고 살려고 하는 사람은 보유세 중과에 따라 집값이 더 떨어질 것으로 생각해 관망하고 있기 때문이라는 분석이다.

아파트 거래가 줄어들면 은행이나 부동산 중개, 이삿짐, 리모델링, 가구

업체 등 관련 업종이 심각한 타격을 입는다고 걱정한다. 이는 우리가 아파트를 삶의 장소로써가 아니라 자산 증식이나 경제활동의 수단으로써만 여기고 있기 때문은 아닐까? 이미 우리 아파트에는 삶의 소중함은 사라지고 부동산이라는 덩치 큰 건물만이 덩그러니 남아 있다. 아파트 거래량이 적다는 것은 그만큼 사람들이 이사를 자주 가지 않는다는 의미일 것이다. 한 동네에 오랫동안 살면서 이웃과 어울리고 아이들을 키우고 서로의 관심을 공유한다. 살고 있는 곳에 애정을 가지고 그곳을 떠나고 싶어 하지 않는다. 한곳에 오래 살수록 그 장소에 대한 애착이 깊어져 도저히 떠날 수가 없다. 특히 청소년기에 자주 이사를 간다면 장소에 대한 정서적 유대감을 형성하기도, 친구와의 친밀한 관계를 만들기도 어려울 것이다. 장소에 애착이 강한 사람은 행복감을 더 크게 느끼고 공동체와의 유대감도 강하며 이기적인 태도와 사리사욕을 버리고 타인의 처지에서 생각하는 능력이 더 뛰어나다고 한다.

지방 중소도시의 2018년 3월, 4월의 아파트거래량을 한번 살펴보자. 표에서 보듯이 부동산세제 변화에 따라 영향을 크게 받는 서울과 분당을 제외하면 지방의 중소도시들은 아파트 거래량에서 변화가 적다. 이는 양도세강화나 보유세 개편에 따른 부동산 가격의 변동이 거의 없으며, 아파트 거래에서도 부동산정책의 영향이 없음을 의미한다.

2018년 3, 4월 아파트 거래량

월별	서울	분당구	의정부시	강릉시	포항시	진주시	목포시
3월	20,673	1,173	888	356	984	619	479
4월	10,130	424	724	361	1,054	460	408
증감률	-51.0%	-63.9%	-18.5%	1.4%	7.1%	-25.7%	-14.8%

* 자료: 온나라부동산정보(http://www.r-one.co.kr/rone/resis/statistics/statisticsViewer.do)
* 정부의 부동산거래현황 통계로 매일경제신문의 서울아파트 거래량과 차이가 있음.

이런 곳의 사람들은 한 동네에 오래 거주하면서 끈끈한 공동체를 형성하고 살기 때문에 아파트 거래에 부동산투기의 요소가 적다는 의미가 아닐까? 2017년도 국토교통부의 주거실태조사에 따르면 계약만기 및 집값·집세 부담으로 어쩔 수 없이 이사해야 하는 사람이 수도권에서 40.7%, 광역시에서 29.0%, 도지역에서 20.9%로 나타나 수도권의 주거안정성이 타 지역에 비해 낮았다.[44] 대도시에 살수록 자주 이사하고 한 동네에 둥지를 틀고 살기가 어려운 현실이다.

평균 거주 기간을 살펴보면 서울시가 6.5년으로 전국의 8년에 비해 낮은 수준으로 나타났다. 점유 유형별로는 서울의 자기 집에 사는 사람은 평균 10년 동안 같은 주택에 거주하고 있었고 세입자는 평균 4년으로 나타났다. 전국으로는 자기 집에 사는 사람은 11.1년, 세입자는 3.4년으로

---

44) 〈2017년 주거실태조사 요약보고서〉, 국토교통부, 2017. 12.

나타났다.[45] 반면 독일인들은 한 동네에 오래 거주하는 편이다. 독일 세입자의 평균 거주기간은 12.8년이며 20년 이상 같은 집에 거주한 사람들도 전체 인구의 22.7%나 된다.

독일, 스위스, 스웨덴, 프랑스, 스페인 같은 나라의 세입자는 자신이 원할 때까지 한곳에 산다. 한 번 계약하면 원할 때까지 살 수 있다. 이들 나라에선 세입자는 집을 구한 다음 아름답게 꾸민다. 원할 때까지 살 수 있기 때문이다. 임대료는 물가나 소득 증가율에 맞추어 내면 된다. 규정이 있어 마음대로 인상할 수 없다. 만약 규정을 어기면 제소가 되어 조사받아야 하고 인상분만큼 반납해야 한다.

독일을 예로 들어 보자. 맨 처음엔 자유계약을 하는데, 계약이 끝날 때 아주 특별한 경우를 빼고는 임대인이 계약 연장을 거부할 수 없다. 세입자가 아무 말 안 해도 계약은 자동 연장된다. 2년으로 계약한 세입자는 계약 기간이 끝나고 그냥 그대로 살면 된다. 자동 연장될 때는 무기한으로 연장된다. 세입자가 나가고 싶을 땐 3개월 전에 말하면 된다. 임대인이 계약 연장을 거절할 수 있는 특별한 경우란 임대료를 안 낼 때, 소란을 피워서 주변 사람을 괴롭힐 때, 주택이 낡아서 재건축이 필요할 때, 가족과 친척이 들어올 때다. 가족이 들어올 때도 꼭 그 집으로 들어와야만 하는 구체적인 이유와 근거를 대야 한다. 또한 독일은 임대료에 대해서도 법률이 직접 개입하고 있다. 독일 민법은 임대인이 월세를 3년 동안 20% 이상 올

---

45)   2017년도 서울시 주거실태조사

리지 못하도록 직접 규정하고 있다. 이 제한 내에서도 임대료를 마음대로 올릴 수 있는 것이 아니라, 임대료 기준표나 전문가의 감정서와 같은 까다로운 조건을 충족해야 올릴 수 있다. 물론 독일의 주택 임대 제도도 임차인이 훌륭한 법적 보장을 받는 대신, 높은 월세 등 그에 걸맞은 비용을 지불하고 있다는 의견도 있다.

정부는 2020년 7월에 4년까지 임대차 계약이 가능한 계약갱신청구권, 임대료 상승폭을 직전 임대료의 5% 이내로 제한하는 전월세상한제, 전월세 거래정보를 신고해야 하는 전월세신고제의 임대차 3법 도입을 골자로 하는 주택임대차보호법 및 부동산거래신고법 개정안을 의결했다. 새로이 도입된 임대차 3법이 세입자의 권리를 보호하고 실질적으로 세입자의 임대료 부담을 줄일 수 제도로 발전하도록 계속적인 관심과 보완이 필요한 것 같다.

우리는 얼마나 이사를 자주 하느냐가 자산의 크기를 결정한다고 흔히 이야기한다. 그래서 매번 아파트 분양 정보에 귀를 기울이고 청약을 하고 아파트를 분양받는다. 분양받은 후에는 양도소득세를 내지 않는 거주 기간 2년을 채우고 다시 아파트를 분양받아 이사한다. 새로운 아파트를 분양받지 않더라도 집값 상승이 예상되는 곳으로, 학군이 좋은 곳으로 떠나간다. 한 곳에 정붙이고 끈덕지게 살 시간이 없다. 나는 현재 아파트에 2006년에 이사해서 지금까지 살고 있다. 둘째가 태어나서 중학생인 지금까지 쭉 살고 있다. 아파트 주민 중 많은 사람이 바뀌었지만 우리 집보다 더 오랫동안 살고 있는 사람들도 많다. 아내는 학부모 모임, 독서모임, 영어모임, 지역사회 공동체 활동 등에 활발하게 참여하고 있으며, 아이들도 친구들을 떠나지 않아 좋아하고 있다. 하지만 나처럼 집값도 잘 오르지 않는 곳에 정붙이고 오랫동안 살다가는 경제관념이 없는 고지식한 사람으로 통한다.

우리는 모두 한 동네에 평생을 살며 환자들을 가족처럼 치료하는 의사를 칭송하고, 한 동네에 3대를 이어온 설렁탕집이나 추어탕집을 맛집으로 아끼고 사랑한다. 돈을 많이 벌고 성공해도 집값이 비싼 동네로 떠나지 않는 것은 지금 살고 있는 동네를 좋아하고 이곳의 삶에 만족하기 때문일 것이다. 헬레나 노르베리 호지가 《오래된 미래》에서 이야기했듯이 빈번한 이동은 공동체의 존립을 저해하고 이웃 간의 결속력을 약화시킨다. 반면 우리가 한 지역에 뿌리내리고 애착을 갖게 된다면 인간관계는 더욱 깊어지며 시간이 흐를수록 더욱 안정감을 유지하고 든든한 신뢰감을 갖게된다. 아파트 거래 절벽을 걱정할 것이 아니라 오히려 반겨야 할 일이다. 아파트 거래가 줄어들수록 그 만큼 정붙이고 살아가는 동네가 많아지는 것이 아닐까?

이제 우리 자신에게 질문해 보자. 어떻게 하면 우리의 이웃과 아들딸들이 동네를 떠나지 않고 계속 동네에 머무르게 할 수 있는지? 먼저 직업의 안정성이 중요하다. 매년 혹은 2~3년에 직장을 옮겨야 한다면 한곳에 오랫동안 살 수 없을 것이다. 일자리가 집 근처에 있으면 더욱 좋을 것이다. 살고 있는 집을 상품이 아니라 삶을 보듬고 있는 보금자리로 여기는 곳, 노인이 존경받고 어린이들이 마음껏 뛰어놀 수 있는 곳, 청년들이 떠나지 않고 마을에 애정을 가지고 있는 곳, 서로 간에 마음으로 소통하고 마을 공동체가 활성화되어 있는 곳, 도심까지 걸어갈 수 있고 자동차가 아닌 사람이 중심인 곳, 시민을 진정으로 위하는 공무원이 일하는 곳, 어려운 사람에게 경제적 지원이 이루어지고 누구나 최소한의 삶을 보장받는 곳, 경제적 활력이 넘치고 새로운 일자리가 만들어지는 곳, 여성과 어린이들이 안전하고 행복하게 살아갈 수 있는 곳, 누구나 평등한 기회를 보장받고 정당한 노동의 대가를 받는 곳, 이런 곳이 아닐까?

재건축 초과이익 환수

서울 서초구 '반포현대' 아파트의 재건축 초과이익 부담금이 1억 3569만 원으로 추정됐다. 조합 추정치 850만 원의 16배에 달하는 금액이 나옴에 따라 환수제를 피하지 못한 재건축 추진 단지들이 패닉 상태에 빠졌다고 한다.

재건축 추진 아파트. 살고 있는 집이 안전하지 않다는데도 모든 주민이 나서서 축하한다.

국토교통부는 조합 설립이 완료된 서울시 주요 20개 재건축 단지의 조합원 1인당 부담금을 시뮬레이션한 결과, 강남 4구 15개 단지의 부담금은 평균 4억 3900만 원, 강남 4구를 제외한 5개 단지 아파트의 1인당 부담금은 1억 4700만 원으로 나왔다고 밝혔다. 강남 4구 15개 단지 중 부담금이 가장 많은 곳은 8억 4000만 원, 가장 적은 곳은 1억 6000만 원이었다. 재건축 초과이익 부담금이 최고 1인당 8억 4000만 원이면 초과이익은 1인당 16억 원이 넘는다. 입이 다물어지지 않는다. 2018년 기준 대한민국 4인 가구의 중위소득[46]은 4,519,202원이다. 초과이익 16억 원은 평범한 가정의 구성원 4명이 한 푼도 안 쓰고 번 돈을 모두 저축한다면 거의 30년을 모아야 하는 금액이다.

재건축부담금제는 재건축사업으로 발생하는 개발이익에 대하여 일정한 부담금을 부과하기 위한 제도이다. 재건축개발이익의 사유화를 방지함으로써 주택가격의 안정과 사회적 형평을 기하고 국가경제의 건전한 발전과 사회통합에 이바지하고자 참여정부 시절 2006년 5월 「재건축 초과이익 환수에 관한 법률」을 제정하여 재건축부담금을 제도화하였다. 재건축부담금은 재건축 사업으로 개발이익이 발생하면 초과이익에 따라 10~50%를 환수해 해당 지방자치단체의 도시정비기금으로 쓰게 된다. 조합원 1인당 평균 이익이 3000만 원 이하면 면제되지만 1억 1000만 원을 초과하면 초과분의 절반에 2000만 원을 더한 금액이 부담금이 된다. 초과이익은 재건축 사업으로 오른 집값에서 사업 전 집값과 개발 비용, 해당 지역 평균 집값 상승분을 뺀 금액이다.

재건축 초과이익 환수제에 대해서 아직 실현되지 않은 이익에 대해 세금을 부과하기 때문에 문제가 된다거나 내 집을 내가 재건축하는데 집값이 올랐다고 과도한 부담금을 납부하는 것은 자유시장경제체제의 사유재

---

46) 중위소득: 우리나라 총 가구의 소득을 조사해서 많은 순서대로 줄을 세웠을 때 정확히 중앙에 있는 값.

산권을 전면 부정하는 것이라는 의견도 많다. 또한 지하철이나 도로 개통에 따라 가격이 오른 일반아파트나 주택은 제외하고 재건축아파트의 가격 상승만을 불로소득으로 환수하는 것은 형평성 차원에서 불공정하다는 의견도 있다. 재건축 초과이익 환수금 부담을 피하기 위해 1 대 1 재건축을 추진하는 아파트들이 확산되고 강남지역의 아파트공급이 줄게 될 거라는 전망도 있다. 이래저래 재건축 초과이익 환수로 인해 재건축시장이 침체되고 강남지역의 아파트공급이 줄면서 부동산시장이 침체되고 장기적으로는 강남의 아파트 가격은 더욱 올라갈 수밖에 없으니 규제를 완화해야 한다는 주장도 힘을 얻고 있다.

이러한 주장 모두가 터무니없다거나 너무 이기적이라고 하기는 어려울 것이다. 하지만 토지와 건축물을 포함하는 부동산의 가치는 용도와 규제에 의해 많은 영향을 받는다. 예를 들어 같은 지역이라도 상업용지와 주거용지의 가격이 다르고 같은 주거용지라도 용적률에 따라 가격에 많은 차이가 있다. 서울주변을 둘러싸고 있는 우리가 그린벨트라고 부르는 개발제한구역이나 상수도보호구역은 서울의 쾌적한 환경과 깨끗한 물 공급을 위해 개발에 많은 제한이 가해지고 있다. 이곳의 땅값은 이러한 용도지역 지정에 따라 많은 규제를 받고 있어 서울주변 다른 지역의 토지에 비해 제대로 평가를 받지 못하고 있다. 건축물을 증축이나 개축, 신축할 때도 많은 제한이 있어 해당지역 주민들은 생활에 많은 불편함을 겪고 있다. 이는 단순히 토지의 위치에 따라 가격이 정해지는 것이 아니라 토지의 용도지구와 그 규제내용에 따라 부동산의 가치가 달라짐을 알 수 있다.

재건축사업은 현재의 용도에 많은 특혜를 주는 사업이다. 추가로 개발이 가능하게 최대 법적 상한용적률까지 용적률을 상향해 일반 분양을 통해 이익을 얻을 수 있도록 정부가 허용한다. 늘어나는 세대수에 따른 도로, 상하수도 처리, 도시가스, 지역난방, 도서관, 주민지원센터 등 사회기반시설의 추가부담까지 정부가 지원한다. 일부 재건축 사업지구는 용도지역변경(일반주거지역에서 준주거지역으로 용도를 변경하면 용적률을 최대 300%에서 400%까지 증가시킬 수 있다.)을 통해 50층까지 층수를 올려 추진한다. 개인의 노력과 관계없이 용적률 상향과 기반시설의 공급 등으로 주택가격이 큰 폭으로 상승한다. 이처럼 재건축사업은 기반시설과 생활편의시설을 도시에 더욱 집중시키며 공공의 부담을 통해 개인의 편익과 부동산가치가 오르게 된다.

재건축 초과이익 환수제는 2006년에 만들어졌지만 2008년 글로벌 금융위기로 시행이 유예되었고 이명박·박근혜 정부에서도 부동산 시장의 침체에 따라 2017년까지 시행이 유예되었었다. 재건축연한은 40년에서 30년으로 완화되고 대출규제의 완화, 양도소득세 일시 완화 등 정부의 부동산 시장의 활성화를 위한 정책으로 전국의 재건축시장은 확대되었다. 정부가 빚을 내서라도 집을 사라고 권하고 은행은 대규모 부동산담보대출로 이를 뒷받침하고 막대한 수익을 올린다. 레버리지 투자와 갭 투자를 통해 수익을 낼 수 있는 것이 눈에 뻔히 보이는데 누가 이런 투기판에 끼어들지 않겠는가? 시세 차액을 노린 투기 수요가 엄청난 가수요를 부르고 돈 있는 사람들을 투기판으로 끌어들여 재건축 아파트 가격은 끝없이 상승한다.

이런 악순환의 고리를 끊기 위해서는 주택정책이 경기활성화의 수단으로 이용되어서는 안되며 개발이익의 철저한 환수를 통해 주택에 대한 투기가 발붙일 수 없다는 것을 명확히 해야 한다. 어느 정부가 집권하더라도 바뀌지 않는 정책의 일관성과 법적, 제도적 장치가 필요하다.

제도의 시행에 있어서는 일관성과 함께 형평성이 무엇보다 중요하다. 재건축초과이익이란 앞에서도 말했지만, 재건축사업으로 인하여 정상 주택가격 상승분을 초과하여 당해 재건축조합 또는 조합원에 귀속되는 주택가액의 증가분이다. 하지만 정상주택가격 상승을 초과하는 사업이 재건축 사업뿐만은 아닐 것이다. 재건축에 대한 초과이익 환수 뿐만 아니라 다른 부동산의 개발이익과 불로소득을 환수하기 위한 제도의 도입이 함께 이루어져야 누구나 공감하고 형평성에 대한 논란을 줄일 수 있을 것이다.

재건축아파트의 부정적 인식에도 불구하고 재건축은 주택공급이 어려운 기존 도심에 주택을 공급할 수 있는 중요한 수단이다. 따라서 추진과정에서 재건축을 어렵게 하는 문제점들에 대해서 살펴보고 개선점을 찾는 것이 중요하다. 건설 회사들은 막대한 비용을 투입하면서 일단 수주를 먼저 하자는 전략으로 재건축을 수주하는 경우가 많다. 이후 최고급 인테리어와 과도한 부대시설 등을 통해 공사비를 늘려 투입된 비용을 회수하고 수익을 극대화한다. 오마이뉴스에 따르면 서울 강남에서 신규 분양하는 아파트 건축비는 기하급수적으로 늘었다. 건축비는 2013년부터 2017년까지 4년 동안 143%, 매년 35%씩 상승했다. 같은 기간 강남 아파트 매매가 상승률을 3배 이상 웃도는 수치다. 2017년 신반포 센트럴자이 분양가에 포함된 건축비는 3.3㎡당 1,541만 원이며 이중 순공사비는 778만 원이며 나머지 763만 원이 '미래가치' 명목으로 뻥튀기된 셈이라고 한다. 아파트 분양 전단에 나온 분양가는 토지비(대지비)와 건축비로 나뉜다. 토지비와 건축비를 합한 금액이 분양가다. 건축비는 순공사비에 건물의 미래 가치를 더한 것이다. 순공사비와 거의 비슷한 미래가치는 어떻게 산정되는지 궁금하다. 건축비의 원가와 미래가치의 산정내용을 투명하게 공개하고 분양가 상한제의 재도입이 필요하다는 시민단체의 주장에 충분한 공감이 간다.

건축비 등의 거품을 걷어 내고 집값을 낮추기 위한 노력과 함께 실수요자들이 쉽게 집을 사고팔 수 있는 환경을 만드는 것도 중요하다. 부동산과 관련한 거래세가 적정한지, 부동산 중개업무가 부동산 매매와 가격 상승에 부정적인 영향을 미치지는 않는지 등에 대한 연구가 이루어져야 할 것이다. 특히 많은 사람의 불만을 사고 있는 중개수수료에 대해서도 적정 금액에 대한 논의와 합의가 필요하다. 공인중개사 사무소는 전국에 10만 2,000곳, 서울 경기에만 5만여 곳이 있다. 통계상으로 편의점의 2배, 치킨집의 4배이다. 서울 강남구에만 2,300곳이 넘는 공인중개사 사무소가 있다. 오마이뉴스에 따르면 2017년 전국 부동산 중개업자 업소당 연평균 중개 건수는 9.3건이며, 약 1만 7,000곳이 폐업을 하였고, 신규로 개업을 한 중개업소는 2만 3,000개이다. 또한, 개업하지 않은 자격증 보유자가 30만 명을 넘어섰다. 그런데도 공인중개사 응시생 수는 2018년에 20만 명을 넘는다. 2017년 4,910명 채용 예정에 22만 8,000여 명이 응시한 9급 국가공무원 공채시험과 응시자 수에선 큰 차이가 없다. 매년 이렇게 많은 사람이 공부를 하고 시험을 본다면 차라리 중고등학교에 부동산투자와 주식 등 금융 관련 교과목을 개설해 어릴 적부터 공부를 시키는 것은 어떨까? 그러면 전 국민이 해박한 부동산 지식과 금융지식으로 많은 돈을 벌 수 있지 않을까? 2020년 말 기준 개업 공인중개사 숫자는 11만 786명인데, 자격증 소지자는 46만 6,586명이나 된다. 35만 명 이상이 공인중개사 면허를 장롱 속에 썩히고 있다. 그 많은 공인중개사 사무소가 매달 1건의 거래도 힘든데 어떻게 사무실을 유지하는지, 그 많은 사람은 왜 공인중개사 시험을 준비하고 있는지 궁금하다. 젊어서는 공무원 고시 준비, 나이 들어서는 공인중개사 고시 준비, 점점 대한민국은 고시공화국이 되어 가고 있다.

이야기가 좀 다른 데로 흘렀다. 탈세를 위한 부동산 다운계약서, 아파트 분양권 불법전매, 위장전입 등 부동산 관련 불법을 차단하고 부동산 거래의 투명성을 높이도록 제도와 사회적 인식을 바꿔 나갔으면 한다. 고위공직자와 선출직 공직자에 대해서는 부동산과 관련한 불법 행위에 더욱 엄격한 잣대를 적용하고 사회지도층 스스로 노블레스 오블리주를 실천함으로써 공직사회가 국민으로부터 존경받는 사회가 되었으면 좋겠다. 책을 쓰는 와중에 고위공직자 후보자들의 공청회가 열렸다. 모두 인생을 치열하게 그리고 성공적으로 살아왔지만 부동산 투기, 위장전입, 부동산 꼼수 증여 등으로부터 자유로운 사람은 거의 없었다. 지도층 인사들의 양심과 도덕에 대한 신뢰는 사라진 지 오래되었지만 이제는 절망이 아닌 희망을 주는 사회가 되기를 간절히 염원해 본다.

국민연금과 부동산 증세

    2018년 8월 국민연금제도발전위원회의 발표에 따르면 국민연금기금이 현재대로 유지될 경우 2057년에는 고갈될 것으로 추정된다. 저출산과 고령화, 저성장에 시달리고 있는 국민연금에 대해 보험료를 올리는 방안, 연금수급 개시연령을 상향하는 방안, 소득대체율을 조정하는 방안 및 의무가입기간을 65세로 연장하는 방안 등의 제도개선방안이 논의되고 있다.

    어느 안이나 국민의 반발이 예상되고 급속한 고령화와 저출산으로 후속세대에 대한 부담은 커질 것이며, 공무원연금과 사학연금 등과의 형평성 논란도 계속되고 있다. 또한 국민연금을 받을 수 있는지에 대한 불안감도 계속 커지고 있어 하루빨리 연금 개혁에 대한 사회적 합의가 필요한 상황이다.

    국민연금을 제외한 3대 연금의 상황은 어떠한가? 2006년에 기획예산처가 예측한 바로는 2030년이 되면 당해 연도에만 공무원연금, 군인연금, 사학연금의 총 적자 규모가 26조 원이 된다고 한다. 2002년에 한국개발

연구원이 발표한 자료에 의하면, 2030년경에 공무원연금의 누적 적자는 207조 원에 이른다. 이대로 가면 연금 비용이 증가하는 젊은이들과 연금 붕괴를 필사적으로 막으려는 은퇴자들의 생존을 건 전쟁이 벌어질 수 있다.

이러한 시점에 맞물려 노르웨이의 국부펀드는 우리에게 시사하는 바가 크다. 노르웨이의 국부펀드는 석유 자원이 고갈된 이후의 미래를 준비하기 위해 국가 기금으로 운용되고 있다. 노르웨이는 원유가 언젠가 고갈된다는 점을 인지하고 그 수익을 기금으로 적립하여 '자원의 저주'[47]를 극복함과 동시에, 향후 연금 등 정부의 지출에 대비하고 있다.

2015년 말 운용자산이 7조 5000억 크로네(Krone, 약 1,026조 원)에 달하며, 현재 세계 최대 규모의 국부펀드이다. 1960년대 말 노르웨이 인근 북해에서 유전이 발견됨에 따라 석유의 활용에 대한 논의 후 미래세대를 위한 부의 축적을 위해 펀드를 설립기로 하고 1990년 펀드를 설립해 석유로 인한 수익의 78%를 세금으로 징수하고 있다. 2015년 현재 노르웨이 국부펀드는 GDP의 2.4배에 달하는 규모로 전 세계 78개국 9,000개 기업에 투자하고 있다.

---

47) 자원의 저주란, 천연자원이 풍부한 국가가 천연자원이 부족한 국가보다 오히려 경제발전이 부진하다는 역설로 《빈곤의 종말》의 저자인 제프리 삭스 컬럼비아대 경제학 교수가 실증했다.

노르웨이 국부펀드의 최초 명칭은 원유펀드였으나 2006년 '정부연금 펀드 글로벌(Government Pension Fund Global)'로 명칭을 변경하고 연금 등 정부의 미래 공공지출에 대비한다는 뚜렷한 목표를 세웠다. 펀드가 미래까지 지속될 수 있도록 중도에 사용목적을 변경하거나 정부가 임의로 인출할 수 없는 법적 규정을 마련하고 석유 수입을 전액 펀드에 납입하며, 매년 재정 상황에 따라 펀드 자산 일부를 인출하여 재정적자를 보전하고 공공부문에 지출하고 있다. 또한 펀드의 실질 기대수익률(4%) 이내로 인출하는 전략을 사용해, 펀드 원금이 이론적으로는 영구히 지속되도록 하고 있다.[48]

국민연금공단[49]에 따르면 국민연금은 1988년 말 443만 3,000명의 가입자를 시작으로 1999년 전 국민 확대 적용되어 2017년 말 현재 가입자 2182만 4,000명, 연금수급자는 471만 6,000명에 이르렀고, 기금 적립금은 622조 원에 이르는 세계 3대 연기금으로 성장했다. 하지만 2017년 기금적립금은 GDP의 36%[50]에 불과하며 2057년에는 기금이 고갈될 것으로 추정하고 있고 젊은 세대는 내가 낸 돈을 받을 수 있을지를 걱정하고 있다.

우리도 노르웨이처럼 개인이 낸 보험료 외의 다른 재원을 통해 기금 적립을 할 수 있는 방법을 찾는다면 더없이 좋을 것이다. 최근 논의의 중심

---

48) 노르웨이 국부펀드 관련 내용은 〈미래에셋 은퇴리포트 No.28 2016. 8. 10.〉 참고로 작성.
49) 2017년 제30호 국민연금통계연보. 출처: 국민연금공단.
50) 2017년 GDP 1,730조. 출처: 한국은행.

에 있는 종합부동산세를 포함하는 부동산 보유세와 양도소득세 및 개발 이익환수제도의 강화로 늘어나는 세금의 일정 부분을 국민연금으로 적립하는 방안을 검토했으면 좋겠다. 이러한 방법은 아무런 노력도 없이 토지 가격의 상승으로 얻는 부를 독점하는 데 따른 불공정과 증세에 따른 반발을 줄이고 불로소득의 일부가 노후 대비 및 미래 세대의 권리와 행복을 위해 사용함으로써 부담자의 세금 납부에 대한 인식을 조금이나마 긍정적으로 바꿀 수 있을 것이다. 오늘날 부동산의 가치 상승에 따른 혜택이 대부분 기성세대에게 돌아갔다는 사실은 확실하다. 부동산 증세의 국민연금적립은 이러한 혜택의 일부라도 젊은 세대와 미래 세대에게 돌려 주고 인구감소로 인해 미래세대가 기성세대를 부양하기 위해 짊어져야 할 짐을 조금이나마 덜어 주게 될 것이다.

편의점의 수익구조

최저임금 인상에 따른 후폭풍이 영세사업자에게 거세게 몰아치고 있다. 을과 을의 싸움으로 비화되고 있는 실정이다. 그 대표적인 업종이 아마 영세 식당 및 편의점일 것이다. 편의점 사업주는 최저임금 인상으로 아르바이트 근무자보다 가져가는 몫이 작다고 어려움을 호소하고 있다. 편의점의 수익 구조는 어떻길래 최저임금 인상에 망하게 되었다고 한숨을 내쉬는 걸까?

2018년 7월 17일자 KBS뉴스[51]에 보도된 서울 동대문구에 있는 33㎡ 남짓한 편의점의 매출 장부를 한번 살펴보자. 24시간 돌아가는 편의점 특성상 평일과 주말 3교대로 점주가 평일 8시간씩 일하고, 나머지 시간은 아르바이트생 5명이 근무하고 있는 곳이다.

지난달 매출은 8000만 원, 본사에 내는 제품 구입 비용 5700만 원을 제

---

51) 〈인건비 올리면 망한다? 편의점 수익구조의 진실〉, 취재후.

외하면 2300만 원 가까이 남는다. 여기에 또 한달 임대료 550만 원과 34% 정도 차지하는 가맹수수료를 내고 나면 남는 건 980만 원 정도이다. 카드 수수료가 110만 원, 그리고 5명 아르바이트생에게 주는 450만 원이 인건 비로 빠져나간다. 여기에 관리비와 각종 세금 등을 빼고 나면 실제 점주 손에 들어가는 돈은 240만 원 남짓이다. 내년 최저임금이 인상될 경우 수 익은 50만 원쯤 더 줄어들어 100만 원대로 낮아진다는 계산이 나온다.

편의점 6월 매출

(단위: 만 원)

매출액		8,000	
제품비		5,700	
순매출		2,300	100.0%
	임대료	550	23.9%
	가맹점수수료	770	33.5%
	총이익	980	42.6%
	카드수수료	110	4.8%
	인건비	450	19.6%
	관리비와 세금	180	7.8%
	영업이익	240	10.4%
2019년 인건비인상		50	
2019년 영업이익		190	

전국편의점가맹점협회는 5인 미만 사업장에 대한 최저임금 차등적용, 세금이 많이 포함된 담배 수입으로 인한 카드수수료 부담완화, 가맹점 수

수료 인하와 모든 브랜드에 대한 250m 근접 출점제한, 대형마트의 세 배 수준인 카드 수수료 인하 등을 요구하고 있다.

하지만 매출에서 큰 비중을 차지하는 임대료에 대해서는 세입자가 어떻게 할 도리가 없다. 점포의 위치와 면적에 따라 임대료가 다르기 때문에 편의점 매출에서 평균 임대료 비중은 얼마나 되는지, 적정 임대료가 얼마인지는 알기 어렵다. 따라서 편의점 업계뿐만 아니라 자영업자의 매출에서 임대료가 차지하는 비중이 얼마인지, 그 비중이 적정한지에 대한 사회적 논의가 필요하다. 국회 예산정책처에 따르면 2017년 1분기에 전체 취업자 중에서 자영업자가 차지하는 비율은 21.4%로 557만 명에 이른다. 경제협력개발기구(OECD) 국가 가운데 그리스(30.8%), 멕시코(26.7%), 이탈리아(23.3%)에 이어 4번째로 높은 수준(2015년 통계 기준)이다. 경제협력개발기구의 자영업자 평균 비율(14.8%)에 견줘 6.6%포인트 높고, 독일(10.4%), 일본(8.5%), 노르웨이(6.8%), 룩셈부르크(6.1%)보다는 2~3배 높다. 그만큼 자영업자의 임대료는 서민경제에 미치는 영향이 크다.

우리는 지금까지 임대료는 임차인과 건물주가 합의한 사항이고, 자유경제시장에서 수요와 공급의 시장 원리에 의해 결정되는 것이니 어쩔 방도가 없다고 방관해 온 것은 아닐까? 24시간 아무리 열심히 일해도 최저생계비도 벌 수 없고 건물 임대료의 절반에도 못 미치는 수익밖에 얻을 수 없다면 무언가 잘못되어 가고 있다는 증거가 아닐까? 일본에선 건물주가 세입자의 동의 없이는 마음대로 월세를 올릴 수 없기 때문에 편의점들은 월세를 고정 비용으로 생각하고 상대적으로 큰 부담을 느끼지 않는다고 한다. 영국은 영업용 건물에 대한 임대차법에서 세입자의 계약갱신청구권을 인정하고, 특별한 사정이 없는 한 7년의 기간을 정하고 있다. 프랑스는 영업용 건물의 임대차 기간을 원칙적으로 9년 이상으로 정하고 있으며, 세입자는 3년을 단위로 임대차계약을 해지할 수 있다. 상가의 권리금과 같이 세입자가 지출한 투자비용을 회수할 수 있도록 적정한 계약 기간을 보장하고 과다한 임대료를 제한하는 내용의 「상가건물임대차보호법 개정안」이 2018년 9월 국회를 통과했다. 개정안의 지속적인 관심과 모니터링을 통해 임대인과 임차인 간의 갈등을 줄이고 임차인의 권리를 보호할 수 있기를 기대하며, 임대인과 임차인이 서로 상생할 수 있는 제도로 발전했으면 한다. 최근 코로나19로 피해를 입고 절망에 한숨짓는 소상공인과 자영업자들을 위한 임대료 정책도 하루빨리 마련되면 좋겠다. 재주는 곰이 부리고 돈은 건물이 버는 사회, 노동의 가치를 소중하게 여기지 않는 사회는 희망이 없는 사회이다.

현대 글로벌 비즈니스센터와 청년실업

젊은이들의 삶이 갈수록 힘들어지고 있다. 청년실업률[52]은 좀처럼 개선될 기미를 보이지 않고 있다. 통계청이 2018년 7월 발표한 고용동향을 보면 전국 청년실업률은 9.3%, 청년실업자수는 40만 9,000명으로 심각한 수준이다. 정규직 자리는 고사하고 어렵게 구한 비정규직 자리도 지켜 내기 어려운 힘든 세상이다. 하루하루 버티는 것만으로도 힘든 탓에 구직, 결혼과 출산, 내 집 마련을 포기해 버리는 젊은이들이 많아지고 있다. 꿈과 희망을 잃어 가는 젊은이들이 점점 늘어나는 것은 기성세대의 욕심과 잘못된 정책 때문에 빚어진 일은 아닐까?

청년실업률의 원인은 경기둔화에 따른 괜찮은 일자리의 부족, 대기업과 중소기업 간의 임금과 근로여건의 격차, 고령화에 따른 기성세대의 은퇴시기 연장 등 여러 가지가 있을 것이다, 하지만 일정 부분은 정부의 부동산 정책과 기업들의 지대추구와도 연관되어 있다고 할 수 있다. 저금리

---

52) 청년실업률: 15세에서 29세의 경제활동인구 중 실업자의 비율.

로 풍부해진 시중의 유동자금이 생산적인 분야로 투자되는 대신 부동산으로 과도하게 유입된다면 일자리 창출은 멀어질 것이다.

현대기아자동차의 삼성동 신사옥(글로벌 비즈니스 센터, GBC)에 대한 투자를 살펴보자. 현대차는 2014년 한국전력 부지를 10조 5500억 원에 사들여 높이 569m, 지하 7층~지상 105층의 신사옥을 건축하고 있다. 현재 국내 최고층인 잠실 롯데월드타워(555m)보다 14m 더 높다. 삼성동 한전 부지의 인수 당시 감정가는 3조 3346억 원으로 현대는 4조 원 안팎에 낙찰될 거라는 세간의 예상을 뒤엎고 10조 5500억 원을 땅값으로만 지불했다. 여기에 건축 비용 2조 5700억 원, 공공기여금 1조 7000억 원까지 포함하면 14조 8200억 원의 천문학적인 자금이 투입되는 것이다. 2017년 현대자동차 영업이익 4조 5747억 원의 3.2배, 현대자동차 연구개발비 2조 4995억 원의 5.9배가 되는 엄청난 금액이다.

현대자동차의 2017년 연구개발투자비용은 총 2조 4995억 원[53]으로 매출액 대비로는 2.6%가 사용된 것으로 나타났다. 전 세계 완성차업체들의 2017년 연구개발투자비를 살펴보면 미국의 GM(76.8억 유로, 4.87%), 포드(69.3억 유로, 4.81%), 일본 도요타(75억 유로, 3.35%), 혼다(53.6억 유로, 4.71%), BMW(51.6억 유로, 5.48%), 폭스바겐(136.7억 유로, 6.29%) 등 글로벌 완성차업체는 물론 인도 타타(4.11%) 보다도 연구비 비중이 낮았다. 현대차가 기술과 디자인 개발 및 첨단기술 회사의 인수합병에 그

---

53) 출처: 위키리크스한국(http://www.wikileaks-kr.org).

돈을 투자했다면 더 많은 일자리를 창출하고 한국의 자동차 산업도 한 단계 업그레이드되었을 것이라고 많은 전문가가 주장하고 있다.

니혼게이자이신문은 13일 "세계 주요 기업의 자율주행 특허 경쟁력을 조사한 결과 2016년 구글의 자율 주행차 개발부문이 분사해 설립된 웨이모가 1위를 차지한 것으로 나타났다."라고 보도했다. 자율주행 특허 기술 세계 50대 기업 중에 한국 기업으로는 현대자동차(35위·107점)가 유일하게 포함됐다. 현대차는 보유 특허 건수 기준으론 세계 10위에 해당했지만 고급특허 확보는 상대적으로 미미한 것으로 평가됐다.

세계의 완성차업체들은 인공지능(AI), 자율 주행차 등의 기술경쟁과 함께 M&A를 통한 사세확장에 많은 투자를 하고 있다. 인도의 타타그룹은 영국의 고급차 회사인 재규어-랜드로버를 2008년 약 2조 3000억 원에 인수합병하고 중국의 지리자동차도 2010년 스웨덴의 볼보를 2조 1000억 원에 인수합병, 세계 자동차시장에서 한국을 빠르게 추격하고 있다. 또한 구글, 애플, IBM 등 기존 완성차업체 외에도 자율 주행차 개발에 많은 노력을 쏟고 있다.

현대기아자동차가 몇십 년 후에 자동차 완성차업체로 세계의 선두에 서 있을지 아니면 그저 그런 회사로 남아 있을지 예측하기는 어렵다. 중국 자동차산업의 거센 추격으로 아예 중국 자동차회사의 협력 업체나 판매 회사로 전락할지도 모를 일이다. 한국 게임을 수입하던 중국의 영세한 업체였던 텐센트가 오늘날 세계의 게임 업계를 지배하고 한국의 게임 업계에 거대한 영향력을 행사하듯이, 이러한 우려가 현실이 되지 않고 현대기아자동차가 세계 제일의 기술력으로 자동차업계를 이끌어 가기를 기대한다.

어쩌면 강남의 현대기아자동차 신사옥은 시간이 지날수록 회사에 더 큰 투자이익을 남겨 줄지도 모르겠다. "4년이 지난 2018년 현대차 신사옥(글로벌비즈니스센터; GBC) 부지의 지가는 50% 이상 상승했다. 국토교통부에 따르면 2018년 현대차 신사옥 부지(삼성동 167)의 공시지가는 1㎡당 4000만 원이다. 3.3㎡(1평)로 환산하면 1억 2000만 원을 넘는다. 4년 전만 해도 1㎡당 2560만 원 선이었던 지가는 지속해서 상승세를 보이고 있다."

현대기아자동차가 서울 삼성동에 15조 원 가까운 돈을 들여 사옥을 짓게 된 데는 서울시의 역할도 크다고 할 수 있다. 현대기아자동차는 당초 성수동 뚝섬의 삼표레미콘 공장부지에 지을 예정이었다. 하지만 2012년 서울시가 지상 50층 이상의 '마천루'는 여의도, 강남의 도심과 광역 중심 지역에만 건립할 수 있게 조례를 지정하게 된다. 여기에 해당하지 못하는 지역에는 최대 35층 건물까지만 허용된다. 따라서 현대자동차는 2014년 한전 본사가 전남 나주시로 이전함에 따라 매각하게 되는 삼성동 부지 7만 9,342㎡를 인수하게 된다.[54]

---

54) 출처: 나무위키, 글로벌 비즈니스 센터.

이는 공공기관의 이전에 따른 서울의 집중을 완화하는 정책목표와 달리 반대의 결과를 가져왔다. 강남에 영동대로 복합환승센터, 코엑스~잠실운동장 일대 MICE(회의, 관광, 전시, 이벤트) 단지, 삼성동 한국전력부지의 현대자동차 초고층 사옥(GBC)등 강남에 대형개발 프로젝트가 집중됐다.

우리나라의 경우 개발 시대를 거쳐 오면서 제조업의 경우 제조업으로 번 돈보다 부동산으로 돈을 더 번 사람들을 많이 볼 수 있다. 제조업을 위한 공장 부지나 사옥이 급격한 도시화로 몇 배의 수익을 안겨 주는 경우가 많아 제조업보다 부동산이 사업주에게 황금알을 낳는 거위로 인식되고 있다. 이를 반영하듯 2008년 이후 실제 대기업의 토지 보유가 급증했다.

국세청이 김영주 의원 쪽에 공개한 2008~2014년 법인별 토지보유현황 자료를 살펴보자. 2014년 공시지가 기준 토지보유 상위 20개 법인의 토지면적은 2억 6048만 4,303㎡에서 31억 446만 8,926㎡로 11.91배 증가했다. 대기업들이 IMF를 거치면서 토지를 집중 매입했을 것으로 추정된다. 김영주 의원은 "몇몇 소수 대기업의 토지 보유가 IMF 이후 급증한 것은 내부유보금으로 비업무용토지 보유를 대폭 확대한 것으로 볼 수밖에 없다." 라며 "특히 종부세 등 부동산 감세정책이 본격화된 2008년 이후 상위 기업들의 토지보유, 보유토지 가격이 폭증한 점을 감안, 기업의 부동산 자산에 대한 과세를 강화해야 한다."라고 주장했다.

우리 사회의 부동산 불패신화와 지대추구에 대한 근본적 구조를 변화시키지 않는다면 미래 세대의 발전과 성장은 요원하다. 부동산으로 유입된 자금을 생산적인 일에 투입하고, 젊은이를 위한 일자리를 창출하고 국가의 경쟁력을 높여 미래 세대에 진정으로 도움을 줄 수 있는 방안을 찾는 일이 시급하다. 청년실업률과 관련 우리가 기억해야 할 것은《거대한 불평등》에서 조지프 스티글리츠가 이야기한 내용이다. "적절한 임금이 제공되는 일자리를 오랫동안 구하지 못하는 젊은이들은 소외감을 느낀다. 간신히 일자리를 구한다 해도 훨씬 낮은 임금을 받게 될 것이다. 일반적으로 청년기는 기술을 신장시킬 수 있는 시기이다. 그런데 지금의 젊은이들은 기술이 쇠퇴하고 있다. 사회의 가장 소중한 자산인 국민의 재능이 낭비되고 파괴되고 있는 것이다."

스마트하지
않은
스마트도시

속도의 도시

'나는 자연인이다', '오지여행', '오지마을 체험' 등과 같이 번잡하고 바쁜 도시의 일상을 벗어나 살아가고 있는 사람들의 이야기를 들려주는 방송이 인기다. 대부분 도시를 떠나 타인을 의식하지 않고 좀 더 조용하게, 느리게 살고 싶은 사람들이다. 특히 빡빡한 직장생활에서의 은퇴를 꿈꾸고 노후를 준비하는 중년 남성들에게 하나의 로망이자 신드롬이라고나 할까?

세계적으로도 너무나 치열하고 빠르게 돌아가는 현대사회의 도시 생활에서 벗어나고자 하는 '슬로리빙(slow living)'이나 '슬로푸드(slow food)' 운동이 확산되고 있다. 그동안의 삶의 목표와 과정을 다시 생각해 보고 과연 도시에서의 욕망과 삶의 속도가 우리가 꿈꾸던 삶이었는지 고민을 하는 사람들이 늘고 있다는 것이다. 물질만능의 현대사회에서 정신세계의 중요성을 일깨우고 행복한 삶을 찾아가는 여정에 함께하고자 함이다.

하지만 도시에서의 우리 삶은 잠시나마 되돌아 볼 틈도 없이 바쁘게 흘러간다. 도시에서의 물리적 속도는 더 빠르다. 우리나라는 1991년을 정점

으로 매년 교통사고 사망자 수는 감소하고 있으나 OECD 주요 회원국에
비해 여전히 하위권에 위치하고 있다. 2014년 기준 우리나라의 인구 10만
명당 교통사고 사망자 수는 9.4명으로 OECD평균 5.3명의 1.8배 수준이
며, 34개 국가 중 32위이다. 특히 보행자 사망자가 40.1%에 달하며 30개
국가 중 29위이다. [55]

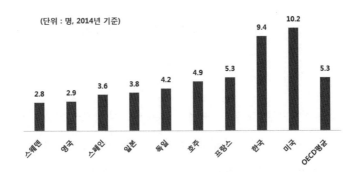

주요 선진국의 인구 10만 명당 교통사고 사망자 수.

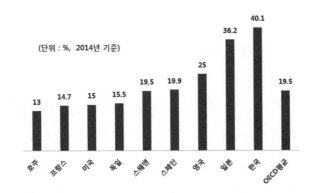

주요 선진국의 보행 중 교통사고 사망자 수 구성비. [56]

55) 〈보행안전 종합대책 발표〉, 행정안전부, 2017. 9. 25.
56) 출처: 도로교통공단, 2016년 판 OECD 회원국 교통사고 비교.

우리 도시는 교통사고 사망률이 높은데다 보행 중 사망자의 비율도 매우 높다. 2014년 한 해 동안 교통사고로 사망한 보행자는 1,910명. 전체 교통사고 사망자의 40.1%다. 이 중 26.2%(500명)는 횡단보도와 횡단보도 부근을 건너던 중 사고로 사망했고 65.2%(1,245명)는 폭 13m 미만의 도로에서 사고를 당했다.

무엇이 우리의 도시를 이렇게 위험하게 하고 걷기 불안하게 만드는 것일까?

차량의 빠른 속도이다. 우리는 너무 빠른 세상에 살고 있고 우리의 삶은 알 수 없는 무언가에 쫓기고 있다. 어디를 가든 빨리 도착하기 위해 하나뿐인 목숨까지 걸고서 달린다. 간선도로뿐만 아니라 동네의 좁은 도로와 아파트 단지 내 도로에서도 속도를 줄이지 않는다. 폭 13m 미만의 좁은 도로에서 보행자 사망의 65.2%가 발생한다니 믿어지지 않는 수치이다. 사람을 중요시하지 않는 우리의 운전 문화가 고스란히 나타나 있다.

전 세계적으로 도시 내 제한 속도 기준은 시속 50㎞보다 낮아지는 추세다. 제프 스펙의 《걸어 다닐 수 있는 도시》에 따르면 자동차 속도제한 운동이 영국 전역을 사로잡고 있고 이 운동에 미국 역시 주목하고 있다. 평균 속도가 시속 30㎞인 도로의 교통사고 사망률은 5%인 반면, 시속 56㎞인 도로에서는 85%라는 사실을 깨달은 많은 도시가 자동차 운행속도를 시속 30㎞로 제한하기 시작했다. 현재 영국의 80개 지역에서 '제한 속도 시속 30㎞' 캠페인이 진행되고 있고, 약 25개의 구역에서 주택가 자동차 운행속도를 시속 30㎞로 제한하고 있다. 2011년 6월, 유럽연합 교통위원회는 전 유럽대륙에 이와 같은 규칙을 권고사항으로 발표했다. 가까운 미래에 시속 30㎞가 유럽을 아우르는 기준이 될 것이다. 버뮤다에서는 매년 교통사고로 사망하는 사람이 거의 없다고 한다. 버뮤다 섬 전체에 걸쳐 최고 제한 속도가 시속 35㎞이기 때문이다.

얼마 전 속도위반 과태료 통지서가 날아왔다. 속도위반 장소도 내가 항상 다니는 길이고 좀처럼 과속을 하지 않는 운전 습관을 가졌기에 다소 당황했다. 내용을 보니 차량속도 68㎞/h로 제한 속도 50㎞/h를 초과했다. 나의 마음과 몸, 그리고 도로상황은 60㎞/h, 70㎞/h에 맞춰져 있는데 제한 속도 표지판만 어느새 바뀌었다. 시가지에서 많은 도로가 60㎞/h를 넘게 달려도 속도감을 느끼지 못한다. 2019년 4월 도로교통법 시행규칙 개

올림픽 아파트 앞 양재대로.
왕복 10차선 도로로 제한 속도가 50㎞/h이지만 누구도 50㎞/h 이하로 달리지 않는다.

정에 따라 2년간의 유예기간을 거쳐 2021년 4월부터 '안전속도 5030정책'이 시행된다. 안전속도 5030정책이란 교통사고 감소를 위해 도시지역 차량속도를 일반도로는 시속 50㎞로, 주택가 등 이면도로는 시속 30㎞ 이하로 하향 조정하는 교통안전정책으로 전국 도시지역의 일반도로는 최대속도가 시속 50㎞로 낮아지게 된다. 2019년 12월에는 어린이보호구역내 안전을 강화한 '민식이법'이 국회를 통과하는 등 점점 더 도로에서의 안전운전을 강화하는 추세이다. 하지만 도로에서의 현실은 그렇게 쉽게 바뀌지 않고 있다. 운전자의 의식변화와 함께 도로의 물리적 구조를 개선해 나갈 필요가 있다.

선진국의 많은 도시는 속도제한과 함께 차를 위한 도시를 사람을 위한 도시로 바꾸어 나가고 있다. 자동차교통은 공공의 공간체계를 마비시키고 다른 통행방식을 경시하며 도시 공간에서의 보행 활동 분포를 뒤바꾸면서 보행, 자전거, 버스 등 다른 교통수단을 억압하여 자동차가 없는 사람들을 무력화한다. 뿐만 아니라 자원을 독점해 대중교통을 위한 재원을 축소하고 도시의 공간구조를 왜곡해 자동차가 없는 사람들은 도시에서 살기 힘들게 한다. 한마디로 자동차 교통은 이용자 이외의 모든 사람을 무시한다.

1980년대 말 도시의 급격한 확장에 환멸을 느낀 영국의 찰스 황세자가 영국의 전통마을과 같은 스케일감과 친밀감을 회복하자는 어번 빌리지(urban villages) 운동을 시작했다. 그 결과 공공시설이나 상업시설, 직장, 주택 등 다양한 시설들을 도보권 내에 근접배치하는 계획을 세웠다. 서민들이 부자들과 섞여 살고 전통적인 가치가 지켜지며 아이들이 티끌 하나 없는 깨끗한 거리에서 마음껏 뛰어놀게 한다는 구상이었다. 그렇게 하여 파운드베리 뉴타운이 계획되었고 약 162만㎡의 땅에 5,000명의 인구를 수용하는 계획안이 마련되었다. 세상을 멈추게 하고 싶거나 최소한 세상이 변화하는 속도라도 줄이고 싶은 사람들에게는 들어올 만한 가치가 있는 장소였다.

파운드베리 뉴타운의 도로는 도로로서의 기준에 미달해 사도 취급을 받지만, 도로표지와 신호를 없애기 위해 굴곡을 많이 주어 자동차가 속도를 올리지 못하도록 하고 있다. 도로 중앙에 수목이 식재된 곳도 있다. 또한 보도와 이면도로는 자갈포장이고 이것은 경제성 이외에도 유지 관리의 용이함, 수상한 사람의 접근방지, 스케이트보드로 인한 소음방지 등의 효과가 있다고 한다. 하지만 이면도로를 걸을 때 소음이 발생하고 걷기에 다소 불편하다는 불만도 있다.

도시 교통의 속도가 느리다는 것은 도시가 활발하게 살아 있다는 것을 의미한다고 했다. 도로의 속도를 줄이고 사람을 위한 도시를 만들기 위한 노력으로 네덜란드에서 시작되어 1970년대 초 유럽의 여러 도시에 도입된 '본네프(woonerf, 생활의 터전이라는 뜻) 운동'이 있다. 본네프 운동은 차가 주인이라는 생각에 정면 도전하는 의식이다. 도시의 주인은 어디까지나 인간이고 차는 손님에 불과하다는 주장을 하고 나선 것이다. 물론 도시의 주택가 지역에 자동차가 다닐 수 있는 공간을 주되 그 속도가 시속 8㎞~16㎞를 넘지 않아야 한다는 것이 본네프 운동의 주장이다. 특히

이 운동의 주창자들은 운전하는 거리의 분위기를 봐서 절대 과속하면 안 되겠다는 생각을 하도록 만들어야 한다고 강조했다. 과속방지턱 같은 강제적인 장치가 아니라 사람이 앉아서 휴식을 취할 수 있는 벤치, 꽃, 화분, 멋있는 조약돌 장식 등을 설치해 그 길이 자동차보다 사람에게 더 중요한 길임을 운전자에게 일깨워 주어야 한다고 역설했다.

네덜란드의 교통공학 엔지니어 한스 몬더만(Hans Monderman)은 이야기한다. "차도와 인도를 완전히 분리하면 운전자는 '차도 공간은 모두 내 것이다.'라는 생각으로 속도를 내 운전하게 된다. 그러나 그 길이 나만의 길이 아니라 내 차 앞으로 얼마든지 어린이가 지나다닐 수도 있다고 생각하면 당연히 서행하게 된다." 몬더만은 더 나아가 세상에서 가장 안전한 도로를 만들기 위해 '신호 없는 거리(naked streets)'와 '공유 공간(shared space)'의 개념을 만들었다. 신호 없는 거리는 정지신호, 신호체계, 그리고 횡단보도까지 포함한 모든 도로의 신호를 없애는 것을 말한다. 혼란이 늘 것이라는 예상과 달리, 이런 시도는 오히려 교통사고 발생률을 낮춘다.

몬더만의 조언에 따르면, 덴마크의 작은 도시 크리스티 안스펠트는 중심교차로의 신호체계를 없앤 뒤 심각한 사고의 수가 연간 3회에서 1회로 줄었다. 스톤헨지의 고향 윌트셔 지역에서는 중앙차선을 없애자 충돌 사고가 35% 줄었다. 운전자들은 넓고 중앙선이 그어진 도로를 지날 때보다, 중앙차선이 없는 도로에서 맞은편 차를 더 주의했다. '공유공간'은 단순히 물리적인 신호와 장벽을 제거하는 '신호 없는 거리'를 확장시킨 개념이다.

이 방법은 연석을 없애거나 바닥의 재료를 구분하지 않음으로써 철저하게 모호한 환경을 조성한다. 이로써 자동차 운전자, 자전거 이용자, 그리고 보행자들이 거리에 뒤섞인다. 이것은 혼란으로 이어질 것처럼 들린다. 하지만 그것을 시도해 온 유럽 도시들은 인도와 도로의 구분이 모호해지면서 자동차는 속력을 줄였고, 교통사고도 줄어들었으며, 보행자들의 삶도 개선되었다.

도시와 도시를 이어 주는 고속도로는 안전할까? 우리가 고속도로를 설계할 때 설계속도는 시속 120~130㎞이고 고속도로를 달릴 때 제한 속도는 시속 100㎞~110㎞로 정하고 있다. 그러나 운전자는 보통 제한 속도를 초과해 고속도로를 달리고 일부 운전자는 설계속도도 초과해 시속 160㎞, 170㎞까지도 달린다. 차량의 성능은 시속 200㎞ 이상으로 달려도 불안감을 느낄 수 없을 정도로 향상되고 있다. 도로의 최고 제한 속도가 시속 100㎞이고 속도가 높으면 위험도 높아진다는 것을 알면서 왜 차량은 시속 200㎞ 이상을 달릴 수 있게 만들고 도로도 시속 170㎞까지 달려도 안전하게 만드는 것일까? 차량의 속도를 시속 130㎞까지만 낼 수 있게 만들 수는 없을까? 그리고 고속도로의 구조도 시속 130㎞까지만 달릴 수 있게 만들 수는 없을까? 그러면 속도에 의한 사망자의 수를 훨씬 줄일 수 있을 텐데 말이다. 실제 도로에서는 설계속도의 85%로 주행하는 것으로 예상하고 경찰은 이를 기준으로 제한 속도를 결정한다.

미국 연방고속도로 관리공단에서 일하는 심리학자 톰 그랜타(Tom Granta)는 이러한 심리를 잘 표현하고 있다. "어떤 도로를 넓게 건설해 시

야가 탁 트이도록 해 주고 거기에 대해 중앙분리대나 갓길을 설치하면 운전자는 당연히 그 도로가 안전하다고 느끼고 속도를 낸다. 이때 속도제한이나 교통표시는 중요한 역할을 하지 못한다. 사실 그러한 도로를 설계한 엔지니어는 운전자가 빨리 달리도록 유혹한 것이나 마찬가지이다."

미국의 심리·과학 저널리스트 톰 밴더빌트(Tom Vanderbilt)는 《TRAFFIC 트래픽》에서 우리가 지금껏 알고 있는 상식에 반하는 교통에 숨겨진 많은 이야기를 들려준다.

실제로 도로에서 발생하는 충돌 사고의 90%는 운전자가 훨씬 더 위험하다고 생각하는 자동차의 기계결함, 도로 결함, 나쁜 기상 조건이 아니라 운전자 자신이 유발한다. 로터리의 경우 실제로는 교차로보다 안전하지만 운전자는 그 반대로 믿고 있다. 아이를 차로 학교에 데려다주는 것이 아이가 걸어서 가는 것보다 훨씬 더 위험한데도 우리는 아이가 걸어서 가

잘 만들어지고 텅 빈 고속도로는 더 빠르게 달리도록 유혹한다.

도록 내버려 두지 않는다. 대부분의 추돌 사고는 노면이 잘 마른 날, 즉 날이 아주 좋은 날 발생한다. 운전자가 방심하기 때문이다.

우리는 운전 중 휴대전화 다이얼을 누르는 것이 위험하다며 핸즈프리 장비를 사용하지만, 그 때문에 운전 중 통화하는 위험한 행동(이는 그 어떤 것보다 위험하다)에 더 많은 시간을 할애하고 있다. 지나가는 차가 하나도 없는 교차로 빨간색 신호에는 조심스럽게 정차하면서 나머지 운전 시간에는 사정없이 속도를 내면서 달린다. 우리는 더 안전하다는 생각에 SUV를 구입하며 일단 구입하고 나면 매우 위험한 방법으로 차를 몰고 다닌다. 우리는 추돌 사고를 피할 수 없을 정도로 앞차와의 거리를 좁혀서 운전하는데, 이는 앞차 운전자가 갑자기 브레이크를 밟는 일은 절대 발생하지 않을 거라고 철석같이 믿기 때문이다.

오늘날 우리가 운전하는 자동차는 그 어느 때보다 안전하게 만들어진다. 그런데도 교통사고 사망률은 좀처럼 떨어지지 않고 있다. 이 모든 사실을 알고 있음에도 우리는 운전 태도를 바꾸지 않는다. 마치 아무것도 모르는 사람처럼 오늘도 같은 태도로 운전하고 있다.

물 스트레스 도시

속초시는 2017년 11월 4일 이후 비가 거의 오지 않는 등 7년 만의 가뭄에 시달렸다. 2018년 2개월 누적 강수량(13.8㎜)이 평년(90.4㎜)에 비해 15.2% 수준으로 재난 수준의 가뭄을 겪었다. 이 탓에 속초시는 2월 6일부터 심야 제한급수를 한 데 이어 2월 20일부터는 공동주택 격일제 제한급수까지 실시했다. 속초시의 제한급수는 이번이 8번째다. 1995년과 1996년에는 무려 77일 동안 제한급수가 실시됐고, 지난 2006년에도 55일간 시행됐다.

한국은 '물 스트레스 국가'라는 사실은 이제 모두가 잘 알고 있다. 하지만 일상에서 수도꼭지를 틀면 깨끗한 물이 쏟아지니 물 스트레스 국가라는 사실을 실제로는 체감하기 어렵다. 하지만 가뭄이 빈번하게 찾아오고 제한급수로 고통받는 사람들이 늘어나고 있다. 깨끗한 물 공급의 중요성이 더욱 커지고 있다.

주요 국가별 1인당 이용 가능한 수자원량[57]

(단위: ㎥/년)

캐나다	미국	일본	영국	중국	한국	이집트
90,766	10,169	3,362	2,467	2,128	1,453	775

2003년에 국제인구행동연구소(PAI)에서 발표한 자료에 의하면, 우리나라의 1인당 이용가능한 수자원량[58]은 1,453㎥이며 세계 153개 국가 중 129위의 물 스트레스 국가(물부족 국가)로 분류되어 있다. 이는 강수량은 풍부하나 좁은 국토에 많은 인구가 살고 있어 수자원 여건이 아주 열악하다는 것을 의미한다. 특히 우리나라의 경우 계절별 강수량의 편차가 심하여 홍수기에 이용하지 못하고 바다로 흘러가는 물이 많아 실제로는 더 열악한 실정이라고 할 수 있다.

- PAI 기준에 의한 국가분류
- 물 풍요국(1인당 이용 가능한 수자원량 1,700㎥ 이상): 미국 등 123개국
- 물 스트레스국(1인당 이용 가능한 수자원량 1,000~1,700㎥): 한국 등 15개국

---

57) 〈물과 미래〉, 국토교통부, K-water, 2018. 3.

58) 1인당 이용 가능한 수자원량은 국토면적에 떨어지는 연간 강수량 중 증발산 등의 손실을 제외한 유출량을 인구수로 나눈 값이다. 한국의 연평균 강수량은 연간 1,300㎜로 세계 평균의 1.6배에 달한다. 그러나 높은 인구밀도로 1인당 연간 강수총량은 2,546㎥로 세계 평균의 1/6수준에 불과하다. 공기 중 물의 증발, 손실을 감안한다면 우리나라의 1인당 연간 재생 가능 수자원량은 연간 1,453㎥로 세계 153개 국가 중 129위이다.

- 물 기근국(1인당 이용 가능한 수자원량 1,000㎥ 미만): 이집트 등 15개국

세계 주요도시의 1일 1인당 상수도 사용량을 보면 서울, 부산 등 국내 주요 도시의 경우 물 스트레스 국가임에도 불구하고 북경 100ℓ, 홍콩 211ℓ, 동경 220ℓ, 런던 155ℓ에 비해 높은 수준이다. 이는 물값이 싸고 평소에 물을 아끼지 않고 펑펑 사용하기 때문일 것이다. 상수도 사용량이 많으면 그만큼 사용한 수돗물의 처리를 위한 하수도 설비의 용량도 늘어나야 하고 비용도 많이 발생한다. 상수도와 하수도, 이 둘은 늘 붙어 다니는 존재다.

런던 시민 한 사람은 하루에 155ℓ를 사용하는데 그 내용은 흥미롭다. 하루 사용량의 1/3은 변기를 씻어 내리는 데 사용하고, 5분 동안 샤워를 하면 약 35ℓ의 물을 쓰게 된다. 수도꼭지를 틀어 놓고 양치질을 하면 6ℓ, 세탁기를 돌릴 때는 100ℓ가 들어가며 하루 동안 수도꼭지에서 떨어지는 물을 방치하면 4.1ℓ가 버려진다. 런던 전체 물소비량 8660억ℓ 중 28%가 상수도관의 누수로 사라진다. 서울은 전체 물소비량의 4.7%만이 누수로 사라진다. 노후 상수도관을 지속적으로 교체해 그만큼 누수로 사라지는 물을 줄였다. 물 문제가 심각한 지역에서는 하수 처리수 또한 중요한 수자원이다. 미국 캘리포니아의 오렌지카운티는 분뇨가 섞여 있는 폐수를 역삼투 공정과 지하대수층의 천연여과 과정을 거쳐 지하수로 만든다. 이런 과정을 거쳐 식수의 3/4을 충당한다.

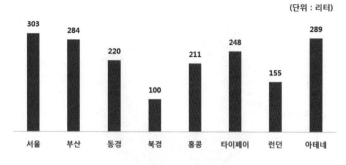

(단위 : 리터)

세계 주요도시의 1인당 상수도 사용량(ℓ).

2004년에 발표된 UNESCO-IHE[59] 연구 자료에 의하면 우리나라는 평가 대상 100개 국가 중 15번째로 물 수입률(62%)이 높은 국가이다.[60] 물 수입률을 이해하기 위해서는 물 발자국(Water footprint) 및 가상수(Virtual water)란 개념을 이해해야 한다. 물발자국이란 사람이 직접 마시고 씻는 데 사용한 물에다 음식이나 제품을 만드는 데 소요되는 가상수를 합친 총량으로 측정한다. 우리나라 국민 전체의 1년간 물발자국은 552억㎥이며 이중에서 38%인 210억㎥(수출을 위한 가상수 21억㎥ 제외)를 국내에서 사용하고 이 중 62%인 342억㎥를 가상수로 수입한다. 세계적 식량위기 등 만일의 상황에서의 물발자국의 국내 자급을 위해서는 현재 물 사용량 210억㎥외에 추가로 342억㎥의 물이 필요하다. 현재 물 사용량의 1.6배나 되는 양이다.

---

59) 〈유네스코 국제구조수리환경공학연구소(International Institute for Hydraulic and Environmental Engineering, IHE)〉, 출처: 위키백과.

60) 〈My Water, K-water와 함께하는 물 정보포럼〉

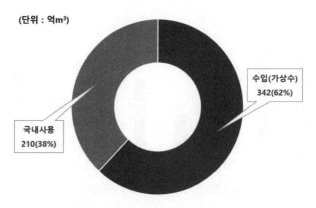

(단위 : 억㎥)

수입(가상수)
342(62%)

국내사용
210(38%)

우리나라의 연간 물발자국, 전체 물 사용량의 62%를 수입한다.

에릭 오르세나는 《물의 미래》에서 가상수의 개념을 가지고 우리가 몰랐던 흥미로운 세상을 들려준다. 트럭 1대가 토마토 20ton을 싣고 모로코에서 스페인으로 간다고 할 때, 우리는 백 대의 트럭, 각각 20㎥의 물을 실은 백 대의 물차가 그 트럭 1대를 뒤따른다는 사실을 알아야 한다. 20ton의 토마토를 기르기 위해서는 2,000㎥의 물이 필요하다. 쉽게 말해서 1헥타르의 땅에서 45ton의 토마토를 수확하기 위해서는 4,500㎥의 물을 주어야 한다는 것이다. 또한 고기 위주의 식사를 하는 미국인 한 명은 하루에 5,400ℓ의 가상수를 소비하는 반면, 채식주의자 한 명은 2,600ℓ만을 소비한다. 이는 생활수준이 높아질수록 물의 수요가 늘어난다는 의미이다. 주민들이 쌀만 소비하지 않고 고기까지 곁들여 먹게 되면, 물 수요량은 최소한 열 배 이상 증가한다. 세계 수자원관리기구 같은 일부 기관들은 가상수의 흐름을 계산했는데 아메리카와 오스트레일리아, 동남아시아는 물을 수출하고 지구상의 나머지 지역들은 물을 수입한다.

식량생산에 필요한 물의 양

식량(1kg)	가상수(ℓ)
우유	790
밀	1,160
쌀	1,400
돼지고기	4,600
쇠고기	13,500

　세계 여러 곳에서 물 확보를 위한 분쟁이 가시화되고 있다. 물은 생명이나 마찬가지이기 때문이다. 2018년 중국은 메콩강 상류에 7개의 대형 댐을 완공했고 추가로 21개의 댐을 지을 계획이다. 하지만 댐 건설로 메콩강 수위가 급격하게 낮아지면서 주변국과의 갈등이 불거졌다. 메콩강 삼각주 주변 주민들이 식수 부족에 시달렸고, 이들 국가는 메콩강 일대 농업과 양식업, 선박 운항 등 각종 경제활동에 차질을 빚고 있다. 중국 티베트자치구에서 발원한 메콩강은 중국 남부의 윈난(雲南)성과 미얀마, 라오스, 태국, 캄보디아, 베트남 등 6개국을 거쳐 남중국해로 흐른다. 총 길이 4,880㎞, 유역 면적 81만㎢인 세계 6번째로 큰 강이다. 메콩강에 의지해 6개국 농·어민 등 6500만 명이 살아간다. 또한 나일강의 물 사용을 두고 이집트와 수단, 에티오피아가 갈등을 빚고 있으며, 갠지스강, 서부 아프리카(오카방고, 림포포, 잠베지강), 러시아와 중국의 극동지역 국경지대 등에서 물 분쟁이 일어나고 있다.

　BBC NEWS에 따르면 현재 전 세계 10억 명가량이 식수를 구하는 데 어려움을 겪고 있다. 또 세계 인구의 3분의 1은 연중 최소 한 달은 물을 쓰는 데 어려움을 겪고 있는 것으로 나타났다. 유엔(UN) 보고서는 2030년이 되면 기후변화와 인구증가, 인구 활동에 의해 물의 수요량이 공급보다 40%를 초과할 것이라고 분석했다.[61] 지구는 90억, 100억 세계 인구를 먹여 살릴 미래의 농업이 필요로 하는 충분한 물을 공급할 수 있을까? 농업에 사용할 물마저도 모자라면 도시의 생활과 산업에 이용할 수 있는 물은 확보할 수 있을까? 지구적으로 물이 부족하다면 물 스트레스 국가인 우리는 어떻게 대처해야 하는가?

우리는 물의 소중함을 잊고 있는 것은 아닐까? 언제든지 수도꼭지만 틀면 물이 쏟아지고 너무나 흥청망청 물을 낭비한다. 우리는 물의 60% 이상을 수입하고 있다. 물을 아껴 쓰고 깨끗한 물을 확보하고 공급하기 위한 지속적인 투자가 필요하다. 새 나가는 물을 막기 위한 도시의 낡은 수도관과 급수시설도 정비해야 하며, 빗물을 흘려보내지 않도록 빗물 저장 시설들도 설치해야 한다. 그리고 도시에 가로수도 많이 심어야 하고 옥상정원과 투수성 포장의 사용으로 빗물을 흡수하고 천천히 흘러보내야 한다. 나무는 비가 내릴 때마다 처음 내리는 빗물 1.3㎜ 정도를 흡수한다. 또한 물의 공공성을 강화해야 하고 깨끗한 물을 공급해 수돗물에 대한 불신을 줄이는 일도 시급하다.

물은 살아가는 데 없어서는 안 될 생명의 원천이다. 가난이나 지역적 여

---

61) 〈물 부족이 우려되는 세계 10대 도시〉, BBC NEWS 코리아, 2018. 2. 24.

건으로 물을 마실 수 없다면 어떻게 우리 사회를 더불어 살아가는 사회라고 말할 수 있겠는가! 이는 가난한 사람의 생명을 빼앗고 또 다른 불평등을 만드는 것이나 마찬가지이다. 물을 생산하는 데 비용이 들기 때문에 공짜는 될 수 없지만 싸게 공급하고 전국 어디에서나 물을 구하는 데 어려움이 없도록 정책을 펼치는 것이 중요하다.

프랑스의 '물 나르는 사람들 모임'이라는 물 관련 재단의 헌장이다.

1. 물은 인류를 위한 공동의 재산일 뿐만 아니라 살아 있는 생명체 모두를 위한 재산이다.

2. 미래 세대에게 이 자원을 물려주기 위해 우리는 원래 그대로의 순수함을 간직한 물을 자연에 돌려주어야 한다.

3. 물을 사용할 수 있는 권리는 인간의 기본권으로, 법에 명기되어 있는 공익을 추구하며 민주적이고 투명한 공공 서비스에 의해서만 보장되어야 한다.

미세먼지에 갇힌 도시

코로나 발생 이전의 자료이지만 우리나라 국민은 미세먼지를 가장 불안하게 느낀다고 조사됐다. 우리는 미세먼지를 북핵문제나 실업, 홍수나 태풍과 같은 자연재해보다 더 위험하다고 느낀다. 한국보건사회연구원의 '사회통합 실태 진단 및 대응 방안 연구' 보고서에 따르면, 미세먼지와 같은 대기오염(3.46점)이 가장 높은 불안 위험 요소로 나타났다. 매우 불안하다는 점수가 5점인 가운데, 경기침체 및 저성장(3.38점), 고령화로 인한 사회문제(3.31점), 수질오염(3.29점), 성인병·실업 및 빈곤(각 3.27점), 북한의 위협 및 북핵 문제·노후문제(각 3.26점), 권력과 자본에 의한 민주주의 위기(2.84점), 지진·쓰나미(2.73점), 가족해체(2.64점), 홍수·태풍(2.63점) 순이다.

환경문제에 있어서도 미세먼지를 국민건강을 위협하는 가장 위험한 요인으로 인식했다. 통계청이 발표한 '2018년 사회조사 결과'에 따르면 총 6개 환경문제에 대한 인식 가운데 미세먼지에 대해 불안하다고 응답한 비율이 82.5%로 가장 높았다. 다음으로 방사능(54.9%), 가습기 살균제 등 유해화학물질(53.5%)과 폭염·홍수를 비롯한 기후변화(49.3%), 농약·화학비료(45.6%) 순으로 나타났다.

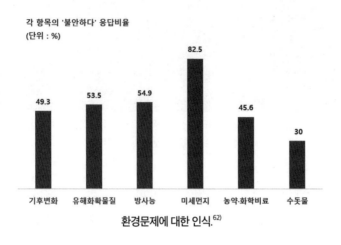

환경문제에 대한 인식.[62]

　죽음의 먼지로 불리는 미세먼지는 전 세계적으로 가장 위험한 환경 요인으로 꼽힌다. 세계보건기구는 2014년 한 해 미세먼지로 인해 기대수명보다 일찍 사망하는 사람이 700만 명에 이른다고 발표했는데, 흡연으로 인한 조기 사망자는 600만 명으로 미세먼지의 건강 유해성이 흡연보다 더 큰 것으로 분석됐다. 미세먼지는 각종 발암물질, 환경호르몬, 중금속 등으로 구성돼 있으며, 입자의 크기가 머리카락 굵기의 5~30분의 1 정도로 매우 작아 코·기관지에서 걸러지지 않고 폐포까지 들어가 혈액에 침투, 우리 몸속을 떠돌며 염증과 각종 질병을 유발한다.

---

62) 〈2018년 사회조사 결과 (가족·교육·보건·안전·환경)〉, 출처: 통계청, 2018. 11. 6.

미세먼지로 뒤덮인 도시의 모습. 최근에는 세계적으로 매년 1000만 명에 가까운 사람이
미세먼지로 사망하는 것으로 추산한다.

우리나라에서는 대기 중 초미세먼지(PM2.5)로 조기 사망하는 인구가
한 해 1만 2,000명에 육박한다는 연구 결과가 나왔다. 서울대 홍윤철 의과
대학 예방의학과 교수팀이 2015년 지역별 초미세먼지 농도와 연령 및 특
정사망률 등을 토대로 조사한 결과 연평균 24.4㎍/㎥ 초미세먼지에 노출
돼 한 해 1만 1,924명이 기대수명보다 조기에 사망했을 것이란 추산이다.
2015년 우리나라의 초미세먼지 농도는 WHO 권고기준인 10㎍/㎥를 두
배 이상 웃돌았다. 연구팀은 24.4㎍/㎥인 연평균 초미세먼지 농도를 권
고치 수준으로 낮추면 조기 사망자 10명 중 7명(8,539명)의 목숨을 살릴
수 있을 것으로 내다봤다. 우리나라 미세먼지 농도는 뉴욕, 런던 등 기타
OECD국가의 주요 도시 대비 높은 수준이다.

• 미세먼지 PM10: 대기 중에 부유하는 분진 중 직경이 10㎛이하인 먼
  지로 머리카락 직경의 1/5~1/7 크기이며 우리 눈에 보이지 않을 정도
  로 가늘고 작은 입자.

- 초미세먼지 PM2.5: 대기 중에 부유하는 분진 중 직경이 2.5㎛보다 작은 먼지로 머리카락 직경의 1/20~1/30 크기보다 작은 입자.
- 미세먼지 단위
  - ㎛(마이크로미터): 1m의 백만분의 일($1/10^6$m)
  - ㎍(마이크로그램): 1g의 백만분의 일($1/10^6$g)

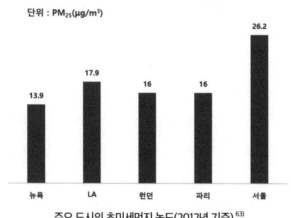

단위 : $PM_{25}(\mu g/m^3)$

주요 도시의 초미세먼지 농도(2012년 기준).[63]

　　미세먼지는 국민들에게 큰 충격과 피해를 가져온 가습기 살균제 사망 사건이나 방사능 오염의 라돈침대 사건 등 우리 주변의 예기치 못한 환경 문제보다 더 심각한 문제로 다가오고 있다. 미세먼지는 일회성 환경오염의 문제가 아니라 상시적인 환경재해로 우리의 일상생활을 변화시키고 있으며, 장소와 계절을 가리지 않고 발생하고 있다. 기상예보를 청취하는 만큼이나 미세먼지 예보에 귀를 기울인다. 미세먼지가 심각한 날은 태풍

---

63) 〈미세먼지_브로셔_최종본_0411.pdf〉, 출처: 환경부.

이나 홍수와 같은 자연재해처럼 주의보나 경보가 발령된다. 초미세먼지 주의보나 경보가 발생한 날은 외출을 삼간다. 공기청정기는 에어컨만큼 이나 가정의 필수품으로 자리 잡았다. 거리에는 건강마스크를 쓴 사람들로 넘쳐난다. 야외 스포츠 경기는 우천과 마찬가지로 미세먼지 때문에 취소된다.

환경부에 따르면 미세먼지의 발생 원인은 자연적인 원인과 인위적인 원인으로 구분되나, 인위적인 발생이 대부분이다. 인위적인 발생원은 대부분 연료연소에 의해 발생되며, 보일러나 자동차, 발전시설 등의 배출물질이 주요 발생원이다. 그 외 공사장, 도로 등에서 생겨나는 먼지도 많은 양을 차지한다. 초미세먼지 PM2.5는 자동차, 화력발전소 등에서 배출된 1차 오염물질의 대기 중 반응에 의한 2차 오염물질 생성이 주요 발생원이며, 주로 황산염, 질산염, 유기탄소 등으로 구성되어 있다. 특히, 국내외적으로 난방용 연료 사용이 증가하는 겨울철에는 오염물질 배출이 증가하여 고농도현상 발생이 증가한다. 국내뿐 아니라 국외에서 유입된 오염물질도 우리나라 대기에 영향을 미친다. 연구 결과에 의하면 대기오염 물질 중 중국의 비중이 연평균 30~50%이고 오염이 심할 때는 60~80%에 이른다고 한다.[64]

미세먼지의 발생원에 대해서는 중국의 비중이 얼마나 되는지 예측하기 어렵다고 한다. 전문가들마다 견해를 달리한다. 하지만 중국의 영향과 관

---

64) 〈미세먼지_브로셔_최종본_0411.pdf〉, 출처: 환경부.

계없이 국내 오염을 줄이게 되면 고농도 오염이 발생하는 날도 그만큼 줄어드는 것은 분명하다. 미세먼지 저감을 위한 정부의 대책도 2022년까지 미세먼지 국내 배출량 30%를 줄이는 것을 목표로 발전, 산업, 수송, 생활 등의 분야에서 종합적으로 추진되고 있다.[65]

환경부에 따르면 대도시는 경유차(비중 23%)가, 전국적으로는 사업장(비중 38%)이 미세먼지 배출 1순위이다. 따라서 대도시지역 대책에 있어서는 대도시 오염발생원과 전국적인 오염발생원이 다른 만큼 좀 더 지역 맞춤형으로 추진할 필요가 있다. 대도시의 경우 경유차와 건설기계 등에서 발생하는 비중이 40% 가까이 되므로 이에 대한 대책에 보다 비중을 두면 효과적이라 판단된다. 노후경유차와 노후화물차의 운행제한 등이 저소득층의 생계에 미치는 영향을 충분히 검토하여 저소득층에 대한 지원을 늘리고, 노후경유차의 폐차를 유도할 예정이라고 한다. 건설기계와 버스 등 대형차량 등의 경우에도 경유가 아닌 휘발유나 전기로 대체할 수 있는 기술을 적극 도입하는 것도 검토할 필요가 있다.

사업장 대기오염물질 총량관리제[66], 개인탄소 할당제나 탄소세의 도입

---

65) 미세먼지 종합관리대책. 출처: 환경부.

66) 사업장 대기오염물질 총량관리제란 사업장에 연도별로 배출허용총량을 할당하고 할당량 이내로 오염물질 배출을 허용하는 선진환경관리 제도임. 배출허용총량을 초과 배출할 경우에는 총량초과과징금을 부과하고, 차기 연도 배출허용총량을 삭감하며, 배출허용총량 이내로 배출할 경우에는 잔여배출량을 사업장간 이전 및 차기 연도로 이월 가능. 출처: 환경부.

과 같은 제도적 오염물질배출 규제정책에 대한 검토가 더욱 활발히 이루어져야 하겠다. 개인 탄소 할당제란 허용 가능한 탄소 배출 총량을 인구로 나누어 동등한 비율이나 쿼터제로 한 사람의 탄소 배출 허용량을 정하는 제도다. 즉, 탄소 배출량이 많은 소비자는 배출량이 적은 소비자들에게 보상해 주는 시스템이다. 예를 들어 승용차의 경우 차량가격에 따른 자동차세와는 별개로 오염물질을 더 배출하는 대형차나 경유차에 대해서는 부담금을 물리고 이를 재원으로 소형차와 친환경 전기차 사용자에게 혜택을 늘릴 수 있도록 한다. 휘발유와 경유의 가격 차이에 대한 적정성에 대한 논의도 필요하다. 하지만 가장 중요한 대책의 하나는 최종적으로 석유와 석탄 등 에너지소비를 줄이는 것이다. 우리나라는 세계에서 여덟 번째로 석유를 많이 쓰는 나라이며 1인당 연간 석유 소비량도 한국은 19.13배럴로 싱가포르(86.15배럴), 사우디아라비아(51.22배럴), 캐나다(24.14배럴), 미국(22.03배럴)에 이어 세계 5위를 차지하고 있다. 석탄소비량도 연간 8,450만ton으로 중국, 인도, 미국, 일본, 러시아, 남아프리카 공화국에 이어 세계 7위이다.

소비량 감축과 함께 가짜 경유 등에 대한 단속을 강화하고 가짜 경유가 유통되지 못하도록 법과 제도를 정비해 오염물질의 배출을 줄이는 방안도 검토한다. 일부 실험에서 가짜 경유를 사용했을 경우 미세먼지의 주원인인 질소산화물이 157%나 증가한 경우도 있었다고 한다. 산업통상자원부에 따르면 2015년 한 해 가짜 석유 유통량은 14억 852만 9,000ℓ로 전체

석유소비량의 9%를 넘어서고 탈루세액은 6428억 원에 달한다.[67]

오염발생원에 대한 저감대책과 함께 도시의 운영에서도 미세먼지 저감을 위한 연구와 노력이 절실하다. 대중교통을 확충해서 승용차의 이용을 줄이고 버스는 전기버스로 바꿔 나간다. 아울러 버스와 전철 등의 배차 간격을 줄여 시민들이 쉽게 이용할 수 있게 하고 대중교통의 공공성을 강화하고 실효성을 높이도록 한다.

숨 쉬는 거리를 만들어 대기오염을 극복한 독일 슈트르가르트시의 사례도 우리에게 많은 시사점을 준다. 슈트르가르트 시의 대기오염 원인은 오염물질의 배출보다는 배출된 오염물질을 확산시키는 바람이 매우 약하다는 데 있었다. 시에서는 바람을 도시 안으로 잘 흘러들게 하기 위해 도시의 토지와 건물의 형태를 제한하여 바람길을 만들고 신선한 공기를 끌어당기는 바람계획을 세운다. 근거가 되는 자료를 얻기 위해 대기의 흐름에 관해 많은 조사를 실시했다. 처음에는 바람의 흐름을 읽기 위한 기초 조사를 하고, 여름과 겨울, 낮과 밤의 지표면 온도분포도를 작성하고, 그것을 토대로 공기의 흐름과 하천, 녹지, 건물 등이 미치는 영향을 조사했다. 나아가 풍향, 풍속, 풍량 등을 자세히 조사하였다. 이러한 데이터를 바탕으로 광역 마스터플랜에 따라 도시계획을 세우고 바람길을 구체화했는데 광역적 차원에서는 도심에 머물러 있던 공기를 몰아내고 차가운 바람을 만들어 내는 구릉의 숲 지대는 모두 개발할 수 없는 지역으로 보전하

---

67) 〈석유제품 불법유통 현장분석을 통한 탈루세액 추정〉, 산업통상자원부, 2016. 3.

고 있다. 지구단위계획 차원에서는 바람의 흐름을 제어하기 위해 다음과
같은 규제가 이루어지고 있다.

- 도시 중앙부의 바람길이 되는 지역에서 건축물에 대해 높이는 5층까
  지로 규제하고 건물의 간격은 3m 이상으로 설정.
- 바람길이 되는 큰길과 작은 공원은 100m 폭 확보.
- 바람이 통하는 길이 되는 숲의 샛길 정비.
- 키 큰 나무를 밀도 있게 심어 신선하고 차가운 공기가 고이는 공기 댐
  을 만들고 강한 공기의 흐름을 확산.

환경문제의 해결은 '지구적으로 사고하고, 지역적으로 행동하라.'라는
것이 기본 원리라고 했다. 지구온난화와 오존층 파괴와 같은 지구 차원에
서 논의하는 것도 필요하지만 스스로 할 수 있는 범위에서 문제를 해결하

맑게 갠 하늘, 우리는 언제 다시 깨끗한 하늘을 되찾을 수 있을까.

는 것이 지구시민의 자세라는 것이다. 미세먼지를 줄이기 위한 각종 제도의 도입도 시급하고 중요하지만 이러한 제도의 실행에는 우리 사회의 집단책임감이 더욱 중요하다. '나 하나쯤 실천하지 않는다고 이 넓은 도시의 대기 질이 어떻게 되겠어!' 하는 부정적 인식을 가진다면 도시의 하늘은 항상 회색빛으로 남아 있을 것이다. 아무리 작은 걸음일지라도 한 걸음 한 걸음 내딛지 않는다면 우리에게 푸르른 하늘을 향한 문은 굳게 닫혀 있을 것이다.

지속 불가능한 소비(消費)도시

여유로운 토요일 저녁, 오랜만에 가족과 함께 스테이크에 와인을 곁들여 분위기 있는 식사를 하기로 하고 대형마트에서 음식 재료들을 구입했다. 이 재료들은 어디에서 생산되었고 얼마나 이동해 왔을까?

미국산 스테이크	10,642km
미국산 밀로 만든 빵	10,642km
칠레산 와인	18,378km
이탈리아산 올리브유	8,977km
베트남산 커피	3,206km
필리핀산 바나나	2,523km
국산 당근, 감자, 토마토, 아스파라거스	
합계:	54,368km(해외)

저녁 먹거리는 해외로부터 5만 4,368km나 되는 거리를 달려왔다. 서울-부산 사이를 60번 이상 왕복한 거리이다.

2017년 농림수산식품 수입은 물량으로 5만 8,378ton, 금액으로는 42조 600억 원에 이른다. 주요 수입국은 미국, 중국, 호주, 브라질, 베트남 등이며, 세부품목들을 보면,

곡류는 옥수수 2조 180억 원, 밀 1조 870억 원, 대두 6780억 원,

과일은 바나나 4090억 원, 오렌지 3070억 원,

채소류는 고추 1510억 원, 김치 1310억 원,

축산물은 쇠고기 2조 7570억 원, 돼지고기 1조 8370억 원, 낙농품 1조 8370억 원,

수산물은 문어 5380억 원, 명태 4710억 원, 새우 4470억 원,

커피는 1230억 원, 포도주는 2350억 원, 참깨 1220억 원에 달한다. 수산물 품목 중 문어의 수입 액수가 가장 크다는 것도 참 흥미롭다.[68]

우리는 너무나 많은 먹거리를 수입하고 있고, 이러한 먹거리는 수천, 수만 킬로미터의 거리를 이동하면서 엄청난 양의 온실가스를 배출한다. 환경부는 한국, 일본, 영국, 프랑스 4개국을 대상으로 식품 수입에 따른 푸드 마일리지 및 이산화탄소 배출량을 조사했다(2010년 기준). 푸드 마일리지(t·㎞)는 생산지에서 소비지까지 식품 수송량(ton)에 수송 거리(㎞)를 곱한 것이다. 푸드 마일리지가 크다는 것은 더 먼 지역에서 생산된 식품을 구입해 먹었다는 뜻이며, 식품 수송에 의해 환경에 미치는 영향이 크다는 것을 나타낸다.

---

68) 〈농림수산식품 수출입동향 및 통계〉, 농림축산식품부, 한국농수산식품유통공사, 2017.

한국의 1인당 식품 수입량은 조사 대상국 중 1위로 일본 370kg/인의 1.3배 수준이며 1인당 푸드 마일리지는 7,085t·km로 조사 대상국 중 1위이며, 739t·km를 기록한 프랑스의 약 10배 수준이다. 또한 1인당 이산화탄소 배출량에서도 142kgCO₂/인으로 조사 대상국 중 1위이며, 영국의 95 kgCO₂/인 대비 약 1.5배 수준이다.[69]

주요국가의 식품수입에 따른 푸드 마일리지 및 이산화탄소 배출량

2010년	한국	일본	영국	프랑스
1인당 식품수입량(kg/인)	468	370	411	403
1인당 푸드 마일리지 (t·km/인)	7,085	5,484	2,337	739
1인당 CO_2 배출량(kgCO₂/인)	142	123	95	96

우리가 지역에서 생산되는 농수산물을 더 많이 구입한다면 푸드 마일리지를 대폭 줄일 수 있고 환경적으로도 부정적 영향을 줄일 수 있다. 또한 점점 어려워져 가는 농촌 경제에도 많은 도움이 될 것이다. 농업경제연구원이 산출한 우리나라의 최근 3개년(2013~2015년) 곡물자급률은 23.8%이다. 즉, 국내에서 소비되는 밀, 옥수수, 대두와 같은 곡물류의 80% 가까이는 수입산이라는 의미이다. 곡물자급률 순위를 따지자면, OECD 34개 회원국 중 32위로 최하위권이다. 농업 전문가들은 이는 국가 식량 안보를 위협하는 수준이며, 세계적 기후변화나 식량수급 사정을 고려하면 미래엔 돈이 있어도 곡물을 조달할 수 없을 것이라고 한다. 농림

---

69) 〈우리 밥상, '신토불이' 찾기 어려워졌다…푸드 마일리지 증가세〉, 환경부, 2012. 5. 17.

어업의 GDP 비중도 점차 감소하는 추세다. 최근 5개년(2012~2016)의 지표를 살펴보면, 2012년 2.2%에서 2014년 2.1%, 2016년 2.0%로 나타났다. 따라서 곡물을 포함하는 식량의 자급률을 끌어올리고 농어촌을 살릴 방안을 하루빨리 찾았으면 한다.

갈수록 우리는 더 멀리서 먹거리를 수입하고 더 많이 소비하고 더 많은 쓰레기를 버린다. 도대체 우리는 얼마나 먹고 마실까? 그리고 버리는 쓰레기는 얼마나 될까? 2015년 기준 한국의 연간 1인당 육류 소비량은 51.4kg이다. 돼지고기(24.4kg)를 가장 많이 먹고 이어 닭고기(15.4kg), 쇠고기(11.6kg) 순이었다. 마릿수로 계산하면 연간 얼마나 많은 가축을 도축하고 있을까? 2017년 국내의 도축량[70]을 보면 돼지 1672만 8,000마리, 닭 9억 3699만 마리, 소 87만 3,000마리에 달한다. 인구 5000만 명이 닭을 소비했다고 한다면 닭의 경우 1인당 연간 19마리를 먹은 셈이다. 쇠고기나 돼지고기의 경우 해외에서 수입되는 물량이 상당하다는 점을 고려하면 실제 우리가 소비하는 가축 수는 이보다 많을 것이다. 참고로 세계에서 육류 소비량이 가장 많은 나라는 미국으로 연간 1인당 육류 소비량이 89.7kg이었다. 아르헨티나(85.4kg), 이스라엘(84.2kg), 브라질(77.6kg), 우루과이(72.6kg), 칠레(69.3kg), 캐나다(68.1kg) 등이 그 뒤를 이었다.

지구촌 76억 명을 먹이기 위해 소가 15억 마리, 돼지가 10억 마리에 이르고 닭은 무려 190억 마리가 살고 있다. 유발 하라리의 《사피엔스》에 따

---

70) 〈2017년 도축실적〉, 농림축산검역본부.

르면 지구상의 모든 사람을 한데 모아 거대한 저울 위에 세운다면 그 무게는 약 3억ton이 되고 우리가 가축화한 모든 농장 동물, 암소, 돼지, 양, 닭을 더욱 거대한 저울 위에 세운다면 그 무게는 약 7억ton에 달한다. 이와 대조적으로, 현재 살아 있는 대형 야생동물(펭귄, 늑대, 코끼리에서 고래에 이르는)의 무게를 모두 합쳐도 1억ton에 못 미친다. 세상에 남아 있는 야생 호랑이는 4천 마리가 안 되며, 기린은 약 8만 마리에 지나지 않고, 침팬지는 25만 마리에 불과하다. 늑대는 20만 마리밖에 남아 있지 않지만 개는 4억 마리다. 오늘날 인류는 많은 종을 멸종으로 몰아넣고 있으며 심지어 자신조차 멸종시킬지 모른다.

사람 한 명이 살아가기 위해서는 얼마나 많은 양의 음식물이 필요할까? 화학자 G. 타일러 밀러는 에너지의 개념에서 계산해 보았다. 사람 한 명의 생명을 유지하는 데 1년에 송어 300마리가 필요하다. 300마리의 송어는 9만 마리의 개구리를 먹어야 한다. 그리고 개구리는 2700만 마리의 메뚜기를, 그리고 메뚜기는 1,000ton의 풀을 먹고 산다. 평균 수명이 80세라면 한 사람이 살아 있는 동안 8만ton의 풀이 필요하다. 전 지구인이 살아가는 데 필요한 풀의 양은 얼마이며 풀이 살아가기 위한 땅의 면적은, 필

송어 300마리   개구리 9만 마리   메뚜기 2,700만 마리   풀 1,000 톤

사람 1명이 1년 동안 살아가는 데 필요한 에너지.

요한 물의 양은…? 상상하기조차 어렵다.

이처럼 지구에 가축 수십억 마리가 살면서 이들을 먹이는 데 들어가는 사료의 양은 상상이 되지 않을 만큼 엄청나다. 대부분 옥수수와 콩 같은 농작물로, 재배 과정에서 필요한 물을 대느라 세계 곳곳에서 저수지와 지하수가 고갈되고 있다. 실제 가축을 키우는 데 들어가는 물 발자국을 추적해 보면 농업용수의 40%가 가축사육을 위해 사용되고, 그 대부분은 사료용 작물을 재배하는 데 들어간다. 온실가스 발생량도 어마어마해 인류의 활동으로 내보내는 이산화탄소의 5%가 가축 사육의 결과다. 강력한 온실가스인 메탄의 경우는 상황이 훨씬 심각해 무려 25%를 차지하고 있다. 반추동물인 소나 양의 트림이 주범이다.

그러면 우리가 마시는 생수의 양은 얼마나 될까? 국내 생수 시장은 2016년 7400억 원 규모로 성장했으며 생수 매출이 급증해 생수 시장 규모가 2020년에는 1조 원대에 이를 것으로 전망되었다. 2015년 기준으로 1인당 생수소비량은 70ℓ[71]이다. 페트병으로는 몇 개나 될까? 페트병의 용량과 관계없이 개략적으로 계산해 본다면 약 40%의 점유율을 가진 삼다수의 생산능력은 하루 182만 병, 연간 6억 6000만 병이므로 전체적으로는 약 16억 5000만 개의 페트병이 생산된다. 탄산음료 등 기타 탄산음료의 판매량도 생수와 비슷한 규모라고 하니 훨씬 많은 양의 페트병이 매년 생산되고 버려지고 있다. 환경론자들은 페트병을 만들기 위해 많은 양의 석

---

71) 출처: http://www.dmzonewaters.com

유가 사용되고 생산지와 판매지가 지리적으로 먼 경우가 많아 생수 운송에도 많은 자원이 낭비된다고 비판한다. 《생수, 그 치명적 유혹》을 쓴 피터 글렉은 "개발도상국의 수도 시스템의 문제를 생수로 해결하려 하면 안 된다. 생수는 언제나 가난한 이들에게 너무 비싸고, 부유한 이들만 접근 가능한 불평등한 물건이다."라고 말한다.

생수 이외의 기타 우유나 커피, 술은 얼마나 마실까?

2016년 국민 1인당 흰 우유 소비량은 27kg으로 200㎖컵 기준 1인당 연간 총 135잔을 마셨다. 2017년 한국인은 무려 265억 잔의 커피를 마셨다. 1인당 연간 512잔의 커피를 마신 셈이다. 26일 국제커피협회(ICO)의 세계커피 소비 보고서에 따르면 우리나라는 세계 7위 커피 수입국이다. 지난해 230만 포대(60kg)에 달하는 커피를 수입했다. 2015년 기준 한국인의 1년 알코올 소비량이 9ℓ를 넘는다. 순수 알코올 소비량 9.14ℓ를 알코올 도수 21도짜리 소주로 바꾸면 1년에 121병 수준이다. 500㎖ 용량의 캔맥주로 환산하면 1년에 366캔에 이른다.

닭 19마리   생수 70리터   소주 121병   커피 512잔   우유 135잔

품목별 연간 1인당 소비량.

서울 시민 한 사람이 한 해에 버리는 음식물쓰레기는 111kg[72]을 넘는다, 서울시는 음식물쓰레기 처리 비용으로만 한 해에 1514억 원[73]을 사용한다. 버리는 음식물쓰레기 중에는 우리가 먹고 남기는 음식물 쓰레기가 30%를 차지한다. 전 세계의 2015년 음식물쓰레기 배출량은 16억ton으로 전체 음식물 생산량의 3분의 1에 해당한다. 금액으로 환산하면 1,360조 원 규모다. 2030년에는 이보다 31% 증가한 21억ton(1,680조 원 상당)의 음식물 쓰레기가 발생할 것으로 추정된다. 유엔식량농업기구(FAO) 조사 결과, 2016년 전 세계 인구 76억 명의 10%가 넘는 8억 1500만 명이 만성영양결핍으로 고통을 겪는 상황에서 엄청나게 많은 양의 음식이 쓰레기장으로 버려진다. 서울 시민 한 사람이 포장재, 일회용품, 재활용품 등을 포함해서 한 해에 버리는 생활쓰레기는 354kg으로 성인 남자 몸무게의 5배를 넘는다. 전국적으로는 매일 5만 1200여ton[74]의 생활쓰레기가 발생한다. 가정의 쓰레기, 공장과 건설폐기물을 모두 포함하면 전국적으로 매일 41만 8200여ton, 연간 1억 5260여만ton[75]의 쓰레기가 발생한다.

도시의 건축물과 인프라 건설을 위한 자재들은 얼마나 사용할까? 2016년 기준으로 레미콘은 연간 1억 6390만㎥를 사용했다. 이는 롯데잠실타워 건설에 들어간 콘크리트(22만㎥)의 약 750배 물량이다. 철근은 연간

---

72) 서울열린데이터광장, 2016년 기준.
73) 〈2015년 서울시 음식물쓰레기 처리비용〉, 서울정보소통광장.
74) 〈환경백서 2017〉, 환경부.
75) 〈환경백서 2017〉, 환경부, 2015년 기준.

1146만ton, 강재는 연간 305만ton, 도로의 포장을 위한 아스팔트 콘크리트는 1800만ton을 사용했다.[76]

전국에서 발생하는 폐기물은 8.7%가 매립, 5.9%가 소각, 85.2%가 재활용, 0.2%가 바다로 배출된다.[77] 서울·인천·경기지역의 2400만 명이 연간 배출하는 336만ton의 생활 및 사업장 폐기물은 수도권 매립지에 버려진다. 수도권 매립지는 인천광역시 서구와 김포시 양촌읍에 조성된 단일 규모로는 세계 최대 규모인 쓰레기 매립지이다. 부지 면적은 16.85㎢(축구장 2,360개 면적) 총 매립용량은 2억 2800만ton이다. 서울과 인천, 경기도의 58개 시·군·구에서 하루 15~25ton 트럭으로 1,000~1,100대씩 들어오는데, 하루 1만 400~1만 5,000ton의 쓰레기가 최대 40m 높이까지 묻힌다.

국제에너지기구(IEA)가 최근 발표한 온실가스 배출량을 보면 한국은 화석연료 연소를 통해 2017년 한 해 6억ton의 이산화탄소를 배출, 세계 7위를 기록했다. 중국이나 인도와 같은 개발도상국을 제외한 OECD국가들이 2010년부터 2017년까지 10년간 평균 10% 정도의 온실가스의 배출량을 줄여 왔다. 이는 영국이나 독일 등 유럽 국가들은 기후변화에 대처하기 위해 태양광·풍력 등 재생 에너지를 확대, 온실가스를 줄여 나가고 있기 때문이다. 반면 한국은 지난 10년간 22.8%나 온실가스 배출량을 늘려 왔으며, 한국은 국제사회의 시민환경단체로부터 기후깡패로 불린다고

---

76) 2017년 건설경기 및 건설자재 전망. 대한건설협회.

77) 출처: 위키백과. 2014년 기준.

한다.

우리는 도시에서 엄청난 양의 음식과 물을 먹고 마시고 전기와 가스, 석유 등의 에너지를 무한한 것처럼 소비한다. 그리고 자동차, TV, 세탁기, 냉장고, 가구, 의류, 화장지 등의 생활용품을 끝없이 구매하고 소비한다. 식품뿐만 아니라 갈수록 많은 제품이 더 멀리 이동해 수천 킬로미터를 오고 간다. 또한 자고 일어나면 철근과 콘크리트로 만들어진 새로운 빌딩과 구조물이 여기저기 모습을 드러낸다. 이에 더해 엄청난 양의 쓰레기가 쌓이고 갈 길을 잃은 쓰레기는 전국 곳곳의 땅속으로 들어가거나 가난한 나라로 실려 나간다.

우리의 생태용량의 수요는 공급량을 훨씬 초과한다. 한국의 생태용량 수요는 국토생태계 재생능력의 8배[78]를 초과한다. 우리의 삶이 자연에 엄청난 압박을 가하고 있다. 우리의 이러한 생활방식은 과연 지속 가능할까? 지구상의 인류 모두가 한국인처럼 살아간다면 3.3개의 지구가 필요하다고 한다.

끝없는 욕망과 탐욕스러운 소비가 지속 가능하지도 않으며, 지구의 생태를 몹시 위협하는 것임을 우리는 잘 알고 있다. 한정된 자원을 아껴 쓰는 지혜가 필요하다. 검약의 실천과 지역의 먹거리를 통해 생산자와 소비자 사이의 거리를 줄이기 위한 노력은 지구를 지키고 우리에게 지속 가능

---

78) 한국 생태발자국 보고서. WWF. 2016.

하고 아름다운 자연환경을 되돌려 줄 것이다. 이제 가파른 경제성장과 그에 따른 소득의 증가만이 우리 삶을 향상시킬 수 있다는 환상에서 벗어나 무절제한 소비를 줄이고 성장에 따른 자원의 공정한 분배를 통해 더 평등하고 지속 가능한 사회를 만들어 가야 할 것이다.

도시의 자투리땅이나 건물 옥상을 활용한 도시농업은 지역 식재료의 사용을 늘리며,
지속가능한 환경에 대한 교육적 효과가 크다.

프란치스코 교황의 말은 우리에게 깊은 울림을 준다. "우리는 소비주의에 젖어 낭비하는 것에 익숙해져 있습니다. 특히 음식을 버리는 것은 가난하고 배고픈 사람들이 먹는 음식을 우리가 훔치는 것과 같다는 것을 명심하세요."

스마트하지 않은 스마트도시(Smart City)

　개인이 차를 소유할 필요가 없다. 공유 자동차를 타고 출퇴근을 하지만 퇴근 시 동네 어귀에서 자율 주행차를 타고 집 앞까지 이동한다. 교통 흐름 데이터의 인공지능 분석으로 교통을 최적화하여 이동 시간과 비용을 절감한다. 드론과 로봇이 상품을 집까지 배달하다. 개인의 생체 데이터를 기반으로 맞춤형 의료 서비스가 제공된다. 학생들은 비판적 사고와 토론, 협력, 서술형 에세이를 강조한 창의적 교육 환경에서 수업을 받는다. 가상현실(VR)을 활용한 다양한 교육을 받을 수 있고 3D 프린트를 이용해 만들기 교육도 받을 수 있다. 청정에너지를 생산하기 위해 태양광 에너지를 이용하고 모든 건축물은 제로에너지 건물로 지어진다. 리빙랩 운영으로 도시문제를 해결하고 블록체인을 활용하여 개인정보를 안전하게 관리한다. 시민 데이터에 대한 금전적 보상으로 가상화폐를 받으며, 이를 통해 기본소득을 올릴 수 있다.[79]

---

79) 〈스마트시티 국가 시범도시기본구상안 수립현황 및 향후 추진계획〉, 관계부처합동, 요약 발췌, 2018. 7. 16.

스마트도시의 미래 모습이다. 4차 산업혁명위원회와 국토교통부는 스마트시티 국가시범도시 기본구상을 발표했다. 세종시에 자율 주행차를 활용하는 공유자동차 기반도시가 조성되고 부산 에코델타시티에는 혁신적인 기업들이 자리 잡는 친환경 수변도시가 조성된다. 세종에는 한국토지주택공사가 7000억 원, 부산에는 한국수자원공사가 1조 원 규모를 투입한다고 한다.

정부는 사물인터넷(IoT, Internet of things), 정보통신기술(ICTs, Information and Communications Technologies) 등 첨단의 IT기술을 인공지능과 접목하고 자율 주행차와 차량공유시스템, 빅데이터를 기반으로 한 도시서비스의 제공, 무인드론에 의한 택배, 스타트업 벤처기업의 육성, 인공지능을 이용한 홈오토메이션과 도시 관리 등 스마트하고 편리한 도시를 만든다는 거창한 구상과 막대한 투자 계획을 발표한다. 스마트도시는 더 편리하고 빠르게 우리의 삶을 변화시킬 것이다.

하지만 스마트도시의 장밋빛 모습 속에는 사람을 위한 기술의 모습은 너무나 희미하다. 차가운 도시 공간을 첨단의 기술로 연결하는 가상의 도시만이 어렴풋한 형상으로 다가온다. 기술의 효율성과 첨단기술의 적용에 너무나 집중, 가장 중요한 것을 잊고 있는 것은 아닐까? 편리함과 효율성보다는 안전함과 인간성을 중요하게 여기고 거리에서는 기계의 전자음보다는 왁자지껄하고 사람 냄새가 나는 도시를 느끼며 살고 싶다.

최근 우리 주변에는 너무나 안타깝고 가슴 아픈 일들이 계속해서 일어나고 있다. 섭씨 30도를 넘는 폭염 속 차량에 몇 시간씩 남겨진 아이들이 고통 속에 사망한다. 건설 현장에서는 생계를 짊어진 많은 일용직 노동자와 외국인 노동자들이 추락과 매몰 등으로 목숨을 잃는다. 전철역과 발전소 등의 산업현장에서는 안전 수칙이 있음에도 이를 무시하는 가진 자의 횡포는 생계를 위해 열악한 환경에서 일해야만 하는 젊은 청춘들의 목숨을 앗아간다. 힘들었던 수능시험을 마치고 잠깐의 휴식을 위한 펜션에서의 하룻밤은 일산화탄소 중독으로 영원히 돌아오지 못하는 길로 아이들을 데려간다.

이러한 모든 일을 인명재천(人命在天)이라고, 운명이라는 이름으로 망각하고 싶은 것은 아닐까? 아무런 대책도 없이 불행한 사고들이 계속 반복해서 일어나고 있는데도 모든 책임은 피해자에게 돌아가고 이를 해결하기 위한 환경과 제도 개선에는 모두가 눈을 감고 있다. 조금만 주의를 기울이고 관련 제도를 고치고 환경을 개선하면 충분히 막을 수 있는 사고들이다. 스마트 기술로 이러한 사고들을 예방할 수 있는 도시가 진정한 스마트도시가 아닐까?

차량 사고의 경우 차량의 시동을 끈 상태에서 아이가 남아 있다면 적외선 감지기로 감지해, 경보음과 함께 블랙박스를 통해 차량 내부를 실시간으로 휴대폰에 알려 주는 시스템을 개발할 수는 없을까? 경제성이 없어 개발할 업체가 없다면 정부에서 나서서 개발하고 우선 통학버스나 어린이시설 관련 차량에만 먼저 설치하면 될 것이다. 아니면 통학버스기사가 차량의 시동을 끄기 위해서는 실내 맨 뒤쪽의 체크 버튼을 눌러야만 시동을 끌 수 있는 '슬리핑차일드 체크(sleeping child check)' 제도의 도입이 절실하다. 알면서도 제도를 빨리 도입하지 않는 이유를 알 수 없다. 이 제도는 2019년 4월에야 시행되었다.

2016년 한 해에만 건설 현장에서 숨진 사람이 499명이다. 2012년부터 2016년까지 4명의 근로자가 전철역 스크린도어를 정비하다가 사망했다. 이러다가 전철의 도어를 수리하면서 사망하는 젊은 기술자의 숫자가 스크린도어가 없을 때 철로로 뛰어드는 사람의 숫자보다 많아지는 것은 아닐까? 화력발전소에서는 10년 동안 12명의 노동자가 사망하고, 2018년 20살의 젊은 청년의 목숨을 앗아간 작업 장소는 너무나 비좁고 어둡다. 젊은 청년의 죽음보다 전기 생산이 중요하고 컨베이어벨트의 가동을 멈추는 것이 더 두려운 것이 우리의 현실이다. 펜션의 가스보일러와 연통의 연결부는 틈이 벌어져 있었고 그 이유는 아직도 모른다. 목숨보다 편리함이 우선하는 사회, 약자를 보듬지 않는 사회, 한 사람의 죽음을 대수롭지 않게 생각하는 우리 사회의 모습이다.

힘들고 어려운 작업환경, 잠깐의 실수나 방심이 죽음으로 이어지는 곳, 스마트기술을 필요로 하고 스마트기술로 변화시켜야 할 공간이다. 아파트와 같은 고층건물의 추락 사고를 막을 스마트 기술은 없을까? 석탄 화력발전소의 컨베이어 벨트 가동 환경을 좀 더 안전하게 만들 수는 없을까? 스크린도어 정비 시 스마트기술을 이용하여 위험을 예방할 수는 없을까? 휴대용 가스누출 탐지기는 왜 개발이 안 될까? 비용 절감이 목숨보다 더 소중할까? 열악하고 위험한 환경에서 일하는 노동자가 우리의 아버지고 우리의 아들이며 딸이라면 그러한 환경에서 일하도록 방치할 수 있을까?

　연이어 일어나는 안타깝고 가슴 아픈 사고들을 예방할 수 없다면 어떻게 스마트도시라고 할 수 있겠는가? 4차 산업혁명, 공유도시, 빅데이터, 인공지능, 사물인터넷, 거창하고 최첨단의 정보기술로 도시를 치장하고 있지만, 왠지 공허하게 들릴 뿐이다. 공유차량과 자율 주행차를 도입하고 혁신과 실험을 논하기 전에 사람다운 삶과 생각이 함께 존중받는 사회가 더욱 절실하다. 스마트기술에 천문학적인 투자를 하고 편리하고 경쟁력 있는 도시를 만드는 것 이상으로 우리에게 소중한 것은 사람을 위한 도시를 만드는 것이다. 직장근처에 집이 있어 통근 시간을 줄이고 각종 생활 편의시설에는 걸어 다닐 수 있는 도시, 생명을 소중히 여기고 힘들고 어려운 노동의 가치를 인정하는 사회, 안전과 관련된 가치들이 존중받고 빈틈없이 실천되는 사회, 모두가 평등한 기회와 행복한 삶을 누릴 수 있는 도시가 우리가 원하는 진짜 스마트한 도시가 아닐까? 똑똑하지만 인간미를 잃어버린 차가운 도시, 첨단기술에 현혹되어 소중한 가치들을 잃어버린 도시라면 이는 허울뿐인 스마트도시가 될 것이다.

태양광발전과 국토공간

　정부의 탈원전과 신재생 에너지 확대정책에 따라 전국에 태양광 발전을 위한 개발이 급속하게 확대되고 있다. 문재인 정부는 원자력발전소 비중을 줄이는 탈원전을 추진하면서 태양광, 풍력 등 신재생 에너지 발전 비중을 2016년 7%에서 2030년 20%로 끌어올린다는 계획이다. 정부는 이를 위해 태양광 30.8GW, 풍력 16.5GW 확충 계획을 세우고 있다. 최근 공론화를 거쳐 건설이 재개된 신고리 5, 6호기의 발전 용량은 각각 1.4GW(1,400MW)이다.

　하지만 정부의 탈원전, 탈석탄과 신재생 에너지 확대를 위한 에너지전환정책은 논란의 중심에 있다. 태양광과 풍력 등 신재생 에너지원의 확대로 대규모 산림 파괴와 용도 변경을 노린 부동산투기 등의 문제점들이 노출되고 있고, 지역의 경관 및 환경훼손 문제 등으로 지역 주민들과의 갈등도 깊어지고 있다. 신재생 에너지의 확대에 따른 전력 가격의 상승과 신재생 에너지가 가격 경쟁력을 갖출 때까지 속도 조절이 필요하다는 의견과 탈원전에 따른 전문가의 부족으로 인한 운영 중인 원전의 안전문제

등도 제기되고 있다.

이러한 논란은 뒤로하더라도 신재생 에너지의 확대에 따른 국토공간의 이용측면에서 문제점은 없는 것일까?

한국농어촌공사는 2030년까지 12~24GW의 저수지 태양광 발전소를 만드는 것으로 계획하고 있다. 이를 위해 최대 서울시 면적(605.21㎢)의 절반에 달하는 저수지가 필요하다고 한다.

국회 김정훈 의원의 분석에 의하면 태양광발전소 필요 소요면적은 부지별로 차이가 있으나 1메가와트당 평균 1만 5,000㎡를 차지한다, 따라서 향후 태양광 30.8GW의 확충을 위해서는 단순계산으로 462㎢(15,000㎡× 30.8GW×1,000㎿/1,000,000=462㎢, 1GW=1,000㎿)의 땅이 필요하다. 물론 앞으로 태양광 모듈의 고효율화로 면적은 줄어들 수도 있으며, 환경적으로 완충거리 확보나 주민과의 민원 등을 고려해 면적은 늘어날 수도 있을 것이다. 단순계산에 의해서도 2030년 신재생 에너지 중 풍력을 제외한 태양광 발전용량의 확보를 위해서는 서울시 면적의 76%에 해당하는 땅이 필요하다. 참고로 우리나라의 2018년 발전시설용량은 아래 표와 같다. 또한 사용 만료된 태양광 패널의 처리를 위한 환경 비용과 부지 면적도 고려해야 할 것이다. 한국에너지기술연구원이 2015년 전력수급 기본계획을 전제로 태양광 폐패널 발생량을 분석한 결과, 2016년 39ton에 불과했던 연간 폐패널 발생량은 2023년부터 9,681ton으로 7년 새 248배나 급증하는 것으로 파악됐다. 2030년에는 1만 9,077ton, 2035년 5만 3,260ton, 2040년 7만 2,168ton으로 폐패널이 증가할 것으로 추산됐다.

2018년 국내 발전설비용량(발전원별)[80]

발전원	설비수	용량(단위:㎿)	비중
원자력	23기	21,850.0	18.5%
석탄	80기	36,298.7	30.8%
국내탄	3기	600.0	0.5%
유류	243기	4,318.6	3.6%
LNG	238기	37,834.4	32.1%
양수	16기	4,700.0	4.0%
신재생(수력포함)	34,200기	12,317.6	10.4%
기타	3기	76.7	0.1%
합계		117,996.0	100.0%

　국토가 좁고 인구밀도가 높은 우리나라에서 태양광발전으로의 에너지 전환을 위해서는 태양광발전의 토지소요면적을 줄이고 산림이나 농지 등 토지의 난개발을 막을 수 있는 방안 마련에 적극적으로 나설 필요가 있다. 또한 20~30년간 태양광 발전소로 이용 후 다른 용도로 개발하려는 부동산 투기도 경계해야 할 부분이다. 우리 주변의 산과 논, 바닷가에 태양광발전소가 대규모로 설치되어 있다면 경관이나 환경적으로 긍정적 이미지를 만들지 못할 것이다. 탈원전, 탈석탄과 재생 가능한 에너지로의 전환이 미래세대를 위한 지속 가능하고 보다 안전한 에너지정책이라면 이러한 에너지 전환정책이 국토와 도시에 미치는 영향을 검토하고 부정적

---

80) 〈전력통계정보시스템〉, 2018. 9. 11. 기준.

인 면을 개선하기 위한 방안들을 먼저 수립하는 것이 당연하다.

신재생 에너지와 관련한 일부 전문가들의 의견은 부정적이지만 귀담아들을 내용들로 가득하다. 석유, 가스, 석탄을 대체할 수 있다고 생각하는 주요한 재생 가능 에너지들에는 바람, 태양, 바이오매스가 있다. 문제는 그것을 생산하고 전송해 전력망에 적용하는 데 생산량보다 더 많은 에너지가 소비된다는 점이다. 예를 들면, 풍력발전은 환경을 훼손하지 않지만 워낙 불규칙해서 안정된 기준 전력을 공급하지 못하기 때문에 예비로 에너지가 필요하며 태양광은 패널(주재료가 납과 카드뮴이다)의 유독성 폐기물을 처리하는 환경정화에 많은 비용을 투입해야 한다고 주장한다. 미국의 경제전문가 조지 길더는 향후 에너지 문제에 대한 해법이 태양광 패널이나 풍력 기술이 아닐 것이라고 이야기 하고 있다. 태양이나 풍력 기술은 디지털이 아니기 때문에 반도체나 다른 첨단 기술처럼 비용을 획기적으로 낮추기 어렵다는 것이다. 물론 태양과 바람도 첨단기술과 인프라에 접근하기 어려운 오지에서는 매우 유용하게 사용할 수 있다.

바이오 연료는 장래성이 더욱 떨어진다. 바이오 에너지는 아직까지 식용 식물을 주원료로 사용하고 있어 원료 확보를 위한 넓은 면적의 토지가 필요하고 자원의 지역적 차이가 큰 단점이 있다. 전 세계의 경작지 중 약 5%가 식량재배지에서 연료 재배지로 바뀌었다. (미국의 경우 20%에 달한다). 모든 미국인이 음식물 섭취를 중단하고 기존의 모든 농장에서 바이오 연료를 생산한다고 해도 생산량은 미국에 필요한 에너지의 10~20%도 충족시키지 못한다. 식량 경작지에서 바이오 연료를 재배하게 되면 식량

가격은 상승할 것이고 빈곤층은 수입 대부분을 식료품비로 사용하게 될 것이다. 세계의 가난한 국가에서는 더 많은 인구가 굶주림에 희생될 것이다. 토지이용과 관련해서는 다음의 말을 되새겨 볼 필요가 있다. "핵기술과 화학기술에 비하면 재생가능에너지는 비효율적이기 때문에 그런 에너지를 생산하는 행위는 경작 가능한 토지라는 소중한 자원을 어이없이 낭비하는 것이다. 지구의 90억 인구를 위한 지속 가능한 미래는 개개인의 요구에 따른 토지사용을 최소화하는 데서 비롯될 것이다. 바람부터 태양, 바이오 연료까지 재생 가능 자원들은 토지, 자본, 노동력을 소모하기 때문에 환경재해나 마찬가지이다."

신재생 에너지로의 전환과 함께 우리 주변에서 에너지를 절감할 수 있는 방안들을 적극적으로 찾아서 실천할 필요가 있다. 유럽의 태양 친화적인 도시개발 사례들은 우리의 도시에도 좋은 길잡이가 될 수 있다. 유럽에서는 태양에너지를 신도시 및 도시개발의 설계과정에서 핵심으로 하는 다양한 사례들이 존재한다. 수동형 솔라[81] 설비와 유리온실, 태양에너지를 이용한 온수난방시스템 등이 광범위하게 사용된다. 특히 저소득 공공아파트의 지붕에 태양광 전지 설비와 온수난방시스템이 설치되어 관리비를 절감하고 신규아파트에는 수직의 솔라 벽을 설치하여 에너지를 절감한다. 우리나라의 옥수동 파크힐스 아파트 벽면에도 태양광 패널을 설치

---

81) 수동형 솔라(passive solar) 시스템은 태양열을 이용하되 특별한 기계 장치 없이 건물에서 태양열을 충분히 받아들여 빠져 나가지 않도록 설계하는 것이며, 능동형 솔라(active solar) 시스템은 반사경이나 태양전지판을 지붕 등에 설치하여 축열조에 태양열을 저장하는 방식 등으로 온수를 얻거나 냉방 시설을 가동하는 것이다.

해 공용으로 사용되는 전기를 충당할 예정이다.

마천루 빌딩 전체를 초고효율 태양전지판으로 덮을 수 있는 기술도 개발되고 있다. 페로브스카이트(perovskite)라는 물질이다. 페로브스카이트는 아주 얇게 입히기만 해도 햇빛이 흡수된다. 얇고 가볍고 휘어지는 건 물론이고 반투명한 태양전지판도 가능하다. 영국의 연구팀은 페로브스카이트 태양전지를 빌딩 창문에 설치할 방안을 구상중이다. 런던의 리튼홀 스트리트빌딩[82]의 경우 1기가와트시(GWh)[83]의 전력을 생산할 수 있으며 웬만한 고층빌딩은 전력 수요의 반까지 자체 해결할 수 있다고 한다. 실현 시점은 앞으로 15년 이상 걸릴 것으로 예상되는 먼 이야기지만 실현만 되면 에너지 해결의 청신호다.

앞으로 신도시를 건설하거나 재개발할 때 에너지를 절약할 수 있는 건축물과 태양광에너지를 개별 건축물을 통해서 이용하는 방안들의 잠재력이 매우 높을 것으로 예상된다. 하지만 태양광 패널의 반사에 의한 빛 공해와 경관 및 조망의 부정적 효과 등 생활공간 가까이 태양광 패널을 설치하므로 발생하는 문제점들에 대한 대책도 함께 필요할 것이다.

신도시뿐만 아니라 미래에 도로를 건설할 때도 태양광발전은 주요한

---

82) 리튼홀 빌딩은 시티오브런던에 소재하는 46층, 높이 224m의 빌딩이다.

83) 1GWh는 1GW용량의 발전소를 1시간 동안 가동해 만든 에너지의 합으로 10만 가구(4인 기준) 이상이 하루 동안 사용할 수 있는 전력량이다.

아이디어이자 실험이다. 2014년 네덜란드에서는 기존 자전거 도로 70m 구간에 태양전지가 내장된 콘크리트 평판을 깔고 그 위를 강화 유리로 덮어서 솔라로드(SolaRoad)라는 이름의 태양광 발전 자전거 도로를 시범적으로 구축했다. 유리라고 다 미끄럽다는 법은 없다. 개발팀은 거칠기 검사를 수행해서 아스팔트와 비슷한 질감의 노면을 만들었다. 개통 후 첫 6개월 동안 솔라로드는 70m 구간에서 3,000킬로와트시(kWh)가 넘는 전력을 생산했다. 한 가구가 1년간 쓸 수 있는 양이다. 2016년 프랑스 정부는 1㎞ 구간에 태양광발전 도로 와트웨이(Wattway)를 개통했다. 하지만 3년이 채 안된 2019년 7월 1㎞에 달하는 시범사업은 실패로 끝났다. 기대 이하의 발전량과 도로의 균열, 소음 등이 원인이었다. 장거리 교통에 적합한 시스템의 개발을 위해서는 더 많은 시간이 필요해 보인다.

새만금 같은 대규모 간척지에는 스마트 팜(smart farm) 기술과 태양광 발전을 융합, 태양광발전소의 하부 공간을 최첨단 IT기술과 LED조명을 활용해서 실내 농장으로 이용하는 것도 토지를 효율적으로 이용하는 방안이다. 일본 IT기업 후지쯔는 축구장보다 넓은 면적의 폐쇄된 반도체 공장을 실내 농장으로 개조해서 채소를 재배한다. 일본만이 아니다. 런던, 뉴어크, 코펜하겐 등의 도시에서도 태양과 토양 없는 인공농장들이 식료품 생산의 양상을 바꾸기 시작했다. 재배 판을 층층이 쌓아 올려서 공간 활용을 최대화하기 때문에 밭보다 훨씬 많은 식물을 동시에 재배한다. 하지만 지역농민들과의 생산품목 중복이나 판매 등을 고려해 재배 품목은 신중히 선정해야 한다.

전문가들은 에너지 정책에 있어서 당장 신재생 에너지 비중의 달성이 아닌 장기적 비전이 필요하다고 말한다. 환경을 보존하고 지키기 위해서는 지속적 투자를 해야 하고 지속적 투자를 위해서는 경제성장이 필요하다. 경제성장을 위해서는 비싸지 않고 합리적 가격의 에너지가 필요하다. 더불어 우리가 살아가는 땅을 훼손하지 않고 소중하게 지켜 나가야 한다. 주변의 농지나 야산, 갯벌, 염전 등은 쓸모없는 땅이 아니다. 우리 사회의 지속가능한 생존과 도시의 원활한 작동을 위해 꼭 필요한 요소이자 미래 세대를 위해 아껴야 할 자산임을 잊지 말아야 한다. 신재생 에너지로의 전환을 위한 정책들 앞에는 많은 고민과 장애가 가로 놓여 있다. 체로키 인디언들의 "7대손을 생각하고 결정하라."라는 지혜가 아쉽다.

SOC 사업과 예비타당성조사

　2019년 정부가 24조 원대의 예비타당성조사(보통 '예타'로 줄여서 이야기) 면제 사업을 선정한 데 대해 정치권에서도 공방이 뜨겁다. 최근 5년간 예타 면제금액의 5배에 달하는 대규모 예타 면제 조치에 '총선용 선심쓰기', '제2의 4대강 사업'과 같은 비난도 나왔지만 국가균형발전과 중장기 성장을 위해서는 불가피한 결정이었다는 반론도 만만치 않다.

　예비타당성조사란 국가재정법에 따라 대규모 신규 사업에 대한 예산편성 및 기금운용 계획을 수립하기 위하여 기획재정부장관 주관으로 실시하는 타당성 검증, 평가를 말한다. 대규모 재정사업의 타당성에 관한 객관적이고 중립적인 조사를 통해 재정사업의 신규투자를 우선순위에 입각하여 투명하고 공정하게 결정하도록 함으로써 예산낭비를 방지하고 재정운용의 효율성 제고에 기여함을 목적으로 하고 있다. 예비타당성조사 대상 사업은 총사업비가 500억 원 이상이고 국가의 재정지원 규모가 300억 원 이상인 신규 사업이다.

예비타당성조사에서 제외되는 면제 사업은 국가안보에 관계되거나 보안을 요하는 국방 관련 사업, 재난예방을 하여 시급한 추진이 필요한 사업, 지역균형발전, 긴급한 경제·사회적 상황 대응 등을 위하여 국가 정책으로 추진이 필요한 사업 등 10개 항목에 이른다.

　이번 예타 면제사업 이전에도 4대강 사업, 호남고속철도, 강릉~원주 고속철도 등은 예타 없이 진행되었으며 4대강 사업을 제외한 호남고속철도와 강릉~원주 고속철도는 지역발전에 많은 기여를 하고 있다. 호남고속철도의 사업 초기 B/C는 0.39에 불과하였다. B/C[84]는 Benefit-Cost(비용 대비 효용) 비율이라 하며, 1을 기준으로 그 이하는 경제성이 없는 것으로 본다. 기본적으로 0.8이 공공시설물의 건설 마지노선으로 생각되는 수준이다. 지금은 수요가 공급을 훨씬 초과해 고속철의 증편을 고려하고 있다.[85]

　철도, 도로와 같은 새로운 인프라 시설의 설치는 기존의 수요 외에 추가 수요를 유발한다. 만성적인 정체에 시달리는 지역에서 새로운 도로를 건설하면 추가적인 교통수요를 일으켜 또 다른 도로건설을 필요로 하며, 이는 기반시설이 집중되는 원인이기도 하다. 반면 낙후된 지역에 정책적으

---

84)　편익/비용 비율(Benefit Cost Ratio: B/C ratio): 총편익과 총비용의 할인된 금액의 비율, 즉 장래에 발생될 비용과 편익을 현재가치로 환산하여 편익의 현재가치를 비용의 현재가치로 나눈 것이다. 일반으로 편익/비용 비율≥1.0이면 경제성이 있다고 판단한다. 출처: 〈예비타당성조사제도의 이해〉, 공공투자관리센터 한국개발연구원, 2016. 12.

85)　출처: 나무위키, 호남고속선

로 도로를 건설하게 되면 지역발전을 견인하게 되고 교통시설 이용이 편리해짐으로 새로운 개발이 일어나게 된다. SOC 사업이 지역발전에 기여한다는 것은 누구나 알고 있다. 경제성만을 따져 타당성을 평가한다면 인구와 교통량이 적은 지역은 투자 기회가 없어져 지역 간 불평등은 심해질 것이다. 기반시설의 공급은 닭이 먼저일까? 아니면 달걀이 먼저일까? SOC 사업에 국가재정을 투입할 때 수요를 먼저 고려할지, 아니면 공급 후 수요를 만들어 나갈지는 정책적 목표와 지역 여건 등을 고려해야 할 것이다.

따라서 예비타당성조사도 시대에 따라 변화하는 다양한 가치를 반영한다. 초기의 경제석 분석 위주의 평가에서 지역균형발전 등의 평가 요소가 포함되는 것 등이 그 예이다. 예비타당성조사의 중점 조사 항목[86]으로는 경제성 분석, 정책적 분석, 지역균형발전 등이다. 일반적으로 건설사업의 경우 경제성 분석은 40~50%, 정책적 분석은 25~35%, 지역균형발전 분석은 20~30%의 비율로 정한다. 이처럼 예타의 평가 방법이 절대적인 것이 아닌 이상 평가항목 사이의 가중치는 얼마든지 변화가 있을 수 있다.

국가의 재정 투입이 일부 지역에 편중되고 단기적인 성과와 효율성에 발목이 잡혀 미래를 바라보지 않는다면 지역 간 갈등과 불균형은 커져만 갈 것이다. 자원의 일부는 미래를 위해 장기적 안목의 투자가 필요하다. 하지만 과잉투자로 인한 높은 고정비와 금융비용 등이 국민경제에 부담

---

86) 〈타당조사 운용지침〉기획재정부, 2016

으로 작용하지 않도록 경계할 필요가 있다.

건설 산업은 단일 업종으로는 가장 많은 인원인 185만 명(2016년 기준 전체 취업인원의 7.0%)이 취업하고 있는 대표적인 일자리 산업이다. 각종 시설물의 건설과정에서 건설업의 일자리 관련 유발계수는 전 산업의 평균을 상회하는 것으로 나타났다. 한국은행의 발표 자료에 따르면, 10억 원당 취업유발계수는 제조업은 9명 내외인 반면 건설업은 14명 내외로 높게 나타난다.[87] 가톨릭대 김명수 교수에 의하면 도로, 철도와 같은 SOC 시설은 건설 과정뿐만 아니라 완공 이후 운영·유지·관리 과정에서 생겨나는 고용 유발효과도 제조업에 비해 높다. 운영 단계에서 제조업의 고용 유발계수는 10억 원당 10명인 데 비해 도로는 22명, 철도는 17명으로 조사되었다. 또한 건설 단계에서의 생산유발효과와 부가가치 유발효과는 제조업보다 높으며 운영 단계에서도 도로, 철도는 부가가치 유발효과가 제조업보다 높았다.

SOC 사업만큼 그 역할과 효과에 비해 부정적 인식이 높은 분야도 없을 것이다. 언제부터인가 정부의 대규모 SOC 사업은 토건국가, 삽질정부 등으로 비하되고 폄하되어 그 순기능에 대한 정확한 평가가 이루어지지 않고 있다. SOC 사업에 대한 무조건적인 반대를 떠나 SOC 사업이 가지고 있는 순기능과 역기능을 면밀하게 분석하고 재정의 투명성을 높일 수 방안을 찾아야 할 것이다. 오늘날 우리는 전국 1일 생활권과 같은 교통의 편

---

87) 〈[시론] SOC시설의 사후적 일자리창출에도 관심을 가져야〉, 건설경제, 2019. 1. 18.

리함과 저렴한 물류 비용에 따른 편익을 누리고 안전한 환경에서 생활하고 있다. 이는 과거 앞선 세대에서 국가재정의 어려움 속에서도 댐, 철도, 도로, 항만 등과 같은 국가의 인프라를 적극적으로 구축했기 때문이 아닐까?

유니버설 디자인(Universal Design)

6~7년 전쯤 내가 다니던 회사가 법정 관리에 들어갔다. 우리 회사는 년 매출이 1000억 원에 가까운 건설엔지니어링 업계에서는 5~6위권의 잘나가는 회사였다. 하지만 경영부실과 정부의 SOC(Social Overhead Capital, 사회간접자본) 예산 축소에 따른 경영난으로 결국 청산하게 되어 600여 명의 직원들은 살길을 찾아 뿔뿔이 흩어졌다. 하루아침에 직장이 사라지고 많은 직원은 새로운 직장을 찾아 이곳저곳을 기웃거려야 했다. 도시의 원활한 기능을 위해 없어서는 안 되는 사회기반시설, 도로, 교량, 터널, 상하수도시설, 철도, 댐, 하수처리장, 신도시, 공원 등을 계획하고 설계하는 엔지니어링 업계의 현실은 어렵다. 잦은 야근과 과중한 업무, 낮은 보수와 불안정한 고용, 정부나 지자체, 공공기관 등 발주처의 무리한 업무 추진 등으로 대학을 졸업한 젊은이들은 엔지니어링 회사를 기피한다. 정부나 지자체는 예산 절감이란 이름으로 설계 금액을 턱없이 낮춰 발주한다. 기술자들은 대학이나 대학원 석·박사과정을 마치고 다양한 전문 분야에서 너무나도 열심히 일하지만 엔지니어링 업무는 용역업(用役業)과 토건족(土建族)으로 폄하되고 매도당한다. 기술자의 자긍심은 설 자리가 없다.

나는 회사가 청산되기 전 4개월 일정으로 회사에 휴직을 신청하고 캐나다로 어학연수 겸 여행을 떠났다. 모든 것을 잊어버리고 홀가분한 마음으로 떠났지만 적지 않은 나이에 처음으로 혼자 떠나는 여행에 대한 두려움과 설렘으로 가슴이 두근거렸다. 캐나다 토론토 국제공항에 내려 마중 나온 유학원 가이드를 따라 홈스테이를 신청한 필리핀 가정으로 향했다. 필리핀 주인아줌마와 아저씨는 아주 친절했으며 다음날 집에서 학원까지의 길은 주인집 아들이 동행해서 친절하게 안내해 주었다. 홈스테이 집에서 도심에 있는 어학원까지는 버스를 타고 전철역에 내려 지하철로 갈아타야 한다. 버스와 지하철에는 너무나도 다양한 민족과 언어가 뒤섞여 있다는 것이 정말 놀라웠다. 캐나다는 다민족, 다문화의 모자이크 사회라는 말이 정말 실감났다. 민족도 저렇게 다양하고 모든 사람이 영어를 유창하게 사용하는 것도 아닌데 국민은 어떻게 소통하고, 국가는 어떻게 유지되고 운영되는지 궁금했다. 나를 놀라게 한 것은 또 있었다. 장애인을 위한 버스 구조와 기사의 친절함이었다. 휠체어를 탄 사람이 버스에 쉽게 오를 수 있도록 저상버스에는 발판이 설치되어 있고 휠체어가 버스 안에 자리를 잡을 수 있도록 버스기사는 신속하고 친절하게 의자를 접어 자리를 만들었다. 다소 시간이 걸렸지만 승객들은 한마디 불평 없이 당연한 것으로 여기는 것 같았다.

흔히들 캐나다를 장애인의 천국이라고 이야기한다. 생애 주기에 맞춰 장애인 복지정책이 훌륭하게 수립되어 있고 장애인에 대한 차별도 없기 때문이다. 캐나다 거주 발달장애인 엄마의 이야기이다. 캐나다에서 살아온 지난 13년 동안 그녀는 장애인에 대한 배려가 상대적으로 잘 돼 있고 그들이 사회에서 소외되지 않게 살아가고 있다는 느낌을 받았다. 전동 휠체어를 타고 혼자서 거리나 쇼핑몰을 돌아다니는 지체장애인도 적지 않고, 다운증후군을 가진 이들이 수영장이나 소매점 점원으로 일하는 게 쉽게 눈에 띄기도 한다. 초·중·고등학교에서는 장애 학생들을 집 앞에서 태우고 다시 집 앞까지 데려다주는 스쿨버스를 운행한다. 학교에서는 특수반에 다니는 장애 학생도 자신의 능력과 과목에 따라 보조교사와 더불어 일반 교실에 들어가 통합수업을 받기도 한다. 혹은 일반 학급에 다니는 장애아를 위해 일대일로 보조교사가 배치되기도 한다. 그녀는 캐나다에서 아이가 일반학교 특수반에 다니면서도 일반인 아이들과 항상 접촉하고, 커뮤니티 안에서 활동하며 자랄 수 있게 된 것을 다행스럽게 생각한다. 한국에서 살았다면 장애아의 부모로서 남의 눈을 더 의식하며 스트레스를 받았을지도 모른다고 말한다.

우리 사회의 현실은 어떠한가? 장애인에 대한 편견과 장애인을 위한 제도나 지원의 부족, 정부의 무관심으로 장애아를 가진 많은 부모가 캐나다나 미국으로 이민을 간다. 장애인 학부모 수십 명이 무릎을 꿇고 특수학교를 세울 수 있게 해 달라고 설립반대 주민들 앞에서 눈물로 호소한다. 하지만 주민갈등은 몇 년이 지나도 끝나지 않고 평행선을 달린다. 장애인을 위한 특수학교는 인근 주민들이 결사반대하는 기피시설이다. 장애아를 둔 부모의 가슴에는 피멍이 든다. 강서구 특수학교(서진학교) 설립과정에서의 일이다. 2013년부터 계획된 중랑구의 특수학교(동진학교)는 주민 반대나 이런저런 이유에 부닥쳐 6년째 부지조차 확정하지 못하고 있다. 서초구도 진전이 더딘 상황이다. 2018년 정부는 2022년까지 특수학교를 전국 173곳에서 196곳으로 늘리겠다고 밝혔지만 2018년에 개교한 곳은 단 2곳뿐이다. 서진학교는 2020년 3월에 개교해 2021년 2월에 첫 졸업생 20명을 배출했다.

우리 사회의 장애인에 대한 사회적 인식의 수준만 낮은 것이 아니다. 사회적 인식을 반영하는 도시의 물리적 시설 또한 장애인이나 임산부, 어린이, 노약자 등 사회적 약자에 대한 배려가 거의 없다. 건물의 출입구에는 단차가 있거나 경사로가 없어 휠체어나 유모차는 건물에 들어가기조차 어렵다. 보행자도로도 마찬가지로 비좁고 요철이 심해 다니기에 불편하며 곳곳에 장애물과 계단이 버티고 있다. 전철역에는 엘리베이터가 설치되어 있지만, 전철역까지 오는 것은 커다란 모험이다. 버스는 턱이 높아 타기 어렵고 버스 내부는 비좁고 사람이 너무 많아 휠체어나 전동차가 설 자리가 없다. 영화 한 편 볼 수 없고 식당에서 식사 한 번 하는 것도 너무

보도에는 걸어 다니기 힘들 정도로 곳곳에 장애물이 있다.

힘들다. 외출하기가 두렵고 맘 편히 거리에 나서는 것은 꿈도 꿀 수 없다.

다행히 최근에는 도시의 물리적 시설을 개선하거나 정보를 제공하기 위한 활동들이 느리지만 지속적으로 이루어지고 있다. '배프 지도(Barrier Free Map)' 앱에 '휠체어 진입 가능함', '문턱 5㎝ 미만' 등의 정보와 사진을 올린다. 시민들이 자발적으로 장애인 접근성 관련 정보를 지도에 올려 장애인의 이동 편의성을 높이는 데 도움을 주고 있다. 도시의 디자인도 배리어프리 디자인(barrier free design)을 넘어 유니버설 디자인(universal design)으로 발전하고 있다. 배리어 프리 디자인이 장애인들이 일상생활 중에서 부딪히는 장애물(barrier)을 없애기 위해(free) 특별한 디자인을 내놓는 것이라면 유니버설디자인은 건축, 시설, 환경 사용 시의 어려움을 해결하기 위해 장애인만이 아니라 모두가 사용할 수 있는 보편적인 (universal) 디자인을 제시하는 것을 말한다.

가령, 배리어 프리 디자인 개념을 적용하여 개발된 지하철역의 장애인용 리프트(lift)는 휠체어 사용자의 수직이동을 효과적으로 할 수 있게 하지만 장애인들로부터 외면당하고 있는데 그 이유는 사용 과정에서 장애를 부각하고 사람들의 시선 때문에 마음이 불편해지기 때문이다. 이에 비해 엘리베이터는 휠체어 사용자뿐만 아니라 유모차 이용자, 어린이, 노인, 임산부 등 모든 사람이 이용할 수 있기 때문에 이런 생각을 갖지 않게 한다. 장애인 화장실도 마찬가지이다. 배리어 프리 디자인을 적용하여 설계된 장애인 화장실은 휠체어 사용자가 접근하고 이용할 수 있지만, 장애인들만을 위해 특별히 설치된 것이기 때문에 바람직하지 않다. 대신에 유니

버설 디자인은 장애인과 비장애인 구분 없이 모두가 사용할 수 있도록 한다.[88]

　장애를 가진 사람이나 노인 등 사회적 약자들이 우리 사회에서 함께 살아가기 위해서는 우리 주변의 식당, 공공시설, 교통시설 등 생활편의시설에 대한 접근성이 보장되어야 한다. 하지만 더욱 중요한 것은 장애에 대한 이해와 인식의 변화를 통해 차별과 편견이 없는 사회를 만들어 가는 것이다. 장애를 가지고 태어났더라도 장애를 느끼지 않으며 살아갈 수 있고 설령 어려움이 있더라도 이곳을 떠나지 않고 살 만한 세상임을 느낄 수 있는 곳, 이 땅에 태어난 사람 누구도 소외되지 않고 행복하게 사는 곳, 우리가 꿈꾸는 차갑지 않은, 사람 냄새가 나는 따뜻한 도시이다.

---

88) 〈유니버설디자인 실태분석 및 문화적 적용방안 연구〉, 문화체육관광부, 2012. 12.

우리 국민의 92%[89]가 도시에 살고 있다. 도시를 떠난 삶은 생각할 수도 없다. 우리 모두 도시에 모여 일하고 즐기고 서로 관계를 맺으면서 행복하고 인간다운 삶을 누리기를 원한다. 하지만 언제부터인가 도시는 우리에게 꿈과 행복을 주는 장소가 아닌 하루빨리 벗어나고픈 고단한 삶터가 되어 가고 있다. 도시의 활기와 풍요로움보다는 욕망과 불평등, 고립과 불안의 어두운 그림자가 도시의 주위를 맴돌고 있다.

아파트의 가격으로 도시의 품격이 정해지고, 일부 지역의 집값과 임대료는 천정부지로 치솟지만 가난한 사람들은 한 평짜리 고시원과 쪽방에서 하루하루 힘겨운 날들을 보낸다. 근로자의 실질임금은 계속 감소하고 언제 직장에서 잘릴지 불안하다. 젊은이들이 변변한 직업을 구하는 것은 하늘의 별따기 보다 어렵고 연애와 결혼, 출산은 아예 꿈도 꾸지 못한다. 출산율은 1명이 채 안 되고, 지방의 많은 도시에서 아이들의 울음소리를

---

89) 출처: e-나라지표, 2017년 도시지역 인구비율 91.82%.

들을 수 없다. 대부분의 사람은 노후 준비도 없이 노년을 맞이하고 노인들은 극심한 빈곤에 고통스러워한다. 중산층은 사라지고 소득과 자산의 양극화는 더욱 심해지고 있다.

노동의 가치는 종말을 고하고 영끌과 빚투 등 일확천금의 꿈을 좇아 모두가 달려간다. 로또 분양을 받으면 수억 원의 차액을 남길 수 있다며 정부는 돈 놓고 돈 먹는 투기판으로 모두를 내몰고 있다. 집값 상승의 혜택은 자산을 가진 상위계층에게 고스란히 돌아간다. 공교육은 제 역할을 못하고 사교육에 수십, 수백만 원을 쓰지만, 대학입시는 깜깜이 모집이자 금수저 전형으로 대학 가는 것도 부모의 능력이 우선한다. 부와 교육의 대물림으로 계층 간 상향 이동을 위한 사다리는 쓰러진 지 오래다.

도시의 주인은 자동차이고 걸어 다니기에는 너무나 위험하다. 중국의 제조업 발전에 따라 경쟁력을 잃어버린 지방의 산업도시들은 쇠퇴의 길을 가고 있고 중국의 산업경쟁력은 자동차, 반도체, 휴대폰 등 우리 핵심산업의 턱밑까지 추격해 오고 있다. 코로나는 우리의 일상을 지우고, 미세먼지는 장소와 시간을 가리지 않고 우리를 괴롭히고 있다. 태풍이나 집중호우, 화재와 같은 크고 작은 사고들은 수많은 생명을 앗아가고 도시의 기능을 불안하게 한다. 초고층빌딩과 첨단의 정보통신 기술로 무장했지만 도시에서 인간미를 찾기는 갈수록 어렵고 삶의 만족도와 행복도는 나날이 추락하고 있다.

"우리가 건물을 만들지만, 다시 그 건물이 우리를 만든다." 처칠이 한 말이다. 우리가 도시를 만들지만, 다시 그 도시가 우리의 모습을 만든다고 할 수 있다. 당신이 사는 장소가 바로 당신이라고 했다. 도시와 인간은 상호작용을 통해 서로를 닮아간다. 우리 도시의 모습은 바로 우리 자신의 모습이자 우리 삶의 결과이다.

도시 공간은 현재의 우리뿐만 아니라 우리의 아들딸 모두가 함께 살아가야 하는 장소이다. 우리 세대의 끝없는 욕망에 대한 절제가 필요한 순간이다. 타인의 아픔과 슬픔에 공감하고 나 자신만이 아닌 우리 공동체의 삶에 공감하는 연대의식이 우리의 도시를 건강하고 행복하게 만들 것이다.

미국의 지리학자 데이비드 하비 교수의 말이다. "우리는 토지를 우리에게 속하는 상품으로 여기기 때문에 그것을 오용하고 있다. 그것을 우리가 속하는 공동체로 이해한다면 이를 사랑과 존경으로 사용하게 될 것이다."

이 책에서 우리 도시의 변화와 위기에 대해 다양한 문제들을 제기했으나 실질적이고 만족스러운 대안을 찾지는 못했다. 지식과 경험이 부족하고 워낙 다양한 요인이 복합적으로 얽혀 있어서이다. 독자들 스스로 우리 도시와 그 안의 삶을 되돌아보고 우리 도시를 더욱 살고 싶고 행복한 도시로 만들어 나갈 방안을 고민했으면 한다. 우리는 도시에서 과연 행복할 수 있을까? 우리가 꿈꾸는 도시는 어디에 있을까? 그 해답은 독자 여러분에게 있다.

◆ 서울특별시 강남특별자치구

《한국 도시 60년의 이야기 1》, 손정목, 한울, pp. 25~31.

《도시, 역사를 바꾸다》, 조엘 코트킨, 을유문화사, p. 123.

《도시는 왜 불평등한가》, 리처드 플로리다, 매경출판, p. 51.

《강남 만들기, 강남 따라하기》, 서울대SSK동아시아도시연구단, 동녘, p. 141.

《유체도시를 구축하라》, 이와사부로 코소, 서울리다리티.

《우리는 도시에서 행복한가》, 찰스 몽고메리, 미디어윌, p. 192, p. 356, p. 377.

《포용국가》, 성경륭 외, 21세기북스, pp. 181~182.

《도시의 승리》, 에드워드 글레이저, 해냄출판사, p. 365.

《걸어 다닐 수 있는 도시》, 제프 스펙, 마티, p. 44.

《그린어바니즘》, 티머시 비틀리, 아카넷, p. 26.

《개발제한구역》, 권용석 외, 커뮤니케이션북스, p. 100.

《서울과 세계대도시》, 서울연구원, 2017, p. 38, p. 66, p. 88.

◆ 우리 도시의 마지막 시간

《지방식민지 독립선언》, 강준만, 개마고원, p. 96, p. 152.

《지방소멸, 마스다 히로야》, 와이즈 베리, p. 175.

《2018 인구절벽이 온다》, 해리 덴트, 청림출판, pp. 303~304, p. 313.

《평등이 답이다》, 리처드 윌킨슨, 케이트 피킷, 이후, p. 144, p. 232.

《심리학의 즐거움》, 크리스 라반, 쥬디 윌리암스, 휘닉스, p. 204.

《바이러스의 습격》, 최강석, 살림.

《바이러스 쇼크》, 최강석, 매일경제.

《바이러스 폭풍의 시대》, 네이선 울프, 김영사.

《2050 거주불능 지구》, 데이비드 월러스 웰즈, 추수밭, p. 173.

《코로나 이후의 세계》, 제이슨 솅커, 미디어 숲.

《데이비드 하비의 세계를 보는 눈》, 데이비드 하비, 창비, pp. 11~14.

《사피엔스》, 유발 하라리, 김영사, p. 461.

《아틀라스 세계사》, 지오프리 파커, 사계절, p. 103.

《21세기를 위한 21가지 제언》, 유발 하라리, 김영사, pp. 129~134.

《이데아시티》, 매일경제 국민보고대회팀, 매경출판, p. 180.

◆ **우울증에 걸린 도시**

《경제학 콘서트 2》, 팀 하포드, 웅진지식하우스, p. 198.

《삶이 있는 도시디자인》, 얀겔, 푸른솔, p. 132.

《도시유감》, 전상현, 시대의창, pp. 46~51.

《강남 만들기, 강남 따라하기》, 서울대SSK동아시아도시연구단, 동녘, p. 34.

《서울, 도시의 품격》, 전상현, 시대의창, p. 325.

《미국 대도시의 죽음과 삶》, 제인 제이콥스, 그린비, pp. 58~59, pp. 201~321, p. 327, p. 339.

《도시설계: 장소만들기의 여섯 차원》, Matthew Caromna외, 대가, p. 326.

《크리에이티브 시티 메이킹》, 찰스 랜드리, 역사넷, p. 202, p. 514.

《그린 어바니즘》, 티머시 비틀리, 아카넷, pp. 139~142.

《티핑포인트》, 말콤 글래드웰, 김영사, pp. 141~147.

《도시는 왜 불평등한가》, 리처드 플로리다, 매경출판, p. 27.

《도시로 보는 미국사》, 박진빈, 책세상, p. 278.

《서울 젠트리피케이션을 말하다》, 성공회대 동아시아연구소, 푸른숲.

《도시의 역설, 젠트리피케이션》, 정원오, 후마니타스.

《도시재생과 젠트리피케이션》, 한국도시연구소, 한울, p.86.

《도시의 승리》, 에드워드 글레이저, 해냄출판사, p.88, pp.90~126, p.130.

《거대한 불평등》, 조지프 스티글리츠, 열린책들, p.314, p.318.

《나는 튀는 도시보다 참한 도시가 좋다》, 정석, 효형출판.

◈ 부자 아빠, 가난한 아빠

《불평등의 대가》, 조지프 스티글리츠, 열린책들, p.52, p.41.

《도시는 왜 불평등한가》, 리처드 플로리다, 매경출판, p.138, pp.154~159, p.164.

《진보와 빈곤》, 헨리 조지, 비봉출판사.

《부자아빠 가난한 아빠》, 로버트 기요사키, 황금가지, p.25.

《죽은 경제학자의 살아 있는 아이디어》, 토드 부크홀츠, 김영사, p.262.

《공간 혁명》, 세라 W. 골드헤이건, 다산사이언스, p.289.

《서울, 도시의 품격》, 전상현, 시대의창, p.330.

《대한민국 부동산 7가지 질문》, 하승주, 스마트북스, pp.222~228.

《오래된 미래》, 헬레나 노르베리 호지, 중앙books, p.329.

《토지법제론 제4판》, 류해웅, 부연사, p.493.

《부자의 시간》, 최윤식, 지식노마드, p.42.

《거대한 불평등》, 조지프 스티글리츠, 열린책들, p.504.

◈ 스마트하지 않은 스마트도시

《걸어다닐 수 있는 도시》, 제프 스펙, 마티, p.189, pp.194~195.

《TRAFFIC》, 톰 밴더빌트, 김영사, p. 402, p. 426, p. 599, pp. 601~602.

《도시설계 : 장소만들기의 여섯 차원》, Matthew Caromna외, 대가, p. 161.

《거의 모든 시간의 역사》, 사이먼 가필드, 다산북스, pp. 371~372.

《도시계획의 신조류》, 마쓰나가 야스미쓰, 한울아카데미, p. 89.

《도로위의 과학》, 신부용, 유경수, 지성사, p. 71.

《사이언스 앤드 더 시티》, 로리 윙클리스, 반니, p. 110, p. 167, pp. 352~353.

《크리에이티브 시티 메이킹》, 찰스 랜드리, 역사넷, p. 130.

《물의 미래》, 에릭 오르세나, 김영사, p. 392, p. 358.

《평등이 답이다》, 리처드 윌킨슨, 케이트 피킷, 이후. p. 144, p. 232.

《세계의 환경도시를 가다》, 이오누에 토시히코, 스다 아키히사, 사계절, p. 24, p. 32.

《공감의 시대》, 제러미 리프킨, 민음사, p. 43.

《사피엔스》, 유발 하라리, 김영사, pp. 495~496.

《교황 프란치스코》, C.M. 그리말디, 미르북컴퍼니.

《지식과 권력》, 조지 길더, 세종연구원, pp. 217~222.

《그린 어바니즘》, 티머시 비틀리, 아카넷, pp. 438~p439.

《데이비드 하비의 세계를 보는 눈》, 데이비드 하비, 창비, p. 271.

《공간 혁명》, 세라 W. 골드헤이건, 다산사이언스. p. 289.

《WALKABLE CITY》, JEFF SPECK, NORTH POINT PRESS.

◆ 에필로그

《데이비드 하비의 세계를 보는 눈》, 데이비드 하비, 창비.

《공간혁명》, 세라 W. 골드헤이건, 다산사이언스.

참고 기사 목록

〈상장회사 72% 수도권에 본사 배치…'서울' 쏠림 현상 심각〉, 이투데이, 2017. 5. 19.

〈서울아파트 시가총액 작년 100조 증가…종로구 48% 급등〉, 한겨레, 2018. 1. 11.

〈"서울시에서 독립하겠다"…부자동네의 도발〉, 머니투데이, 2015. 10. 7.

〈강남엔 112개, 도봉엔 1개 … 한국점령 스타벅스의 비밀〉, 중앙일보, 2018. 6. 22.

〈서울 10억 원 이상 아파트 5년 전보다 2배 늘었다〉, 연합뉴스, 2017. 7. 26.

〈서울아파트 시가총액 작년 100조 증가…종로구 48% 급등〉, 한겨레, 2018. 1. 11.

〈서울시 강남구 땅값, 부산시 전체와 비슷〉, 조선일보, 2011. 9. 19.

〈17억 강남 아파트 구매자 79%는 대출 한 푼 안 받았다〉, 조선일보, 2018. 9. 8.

〈한강변 평당 1억 원 시대, 適價일까 呼價일까〉, 건설경제신문, 2018. 5. 23.

〈아파트 평당 1억 시대〉, 매일경제, 2019. 10. 1.

〈반포 아크로리버파크 3.3㎡당 매매가 1억원 '훌쩍'…품귀 '지속'〉, 이코노믹리뷰, 2021. 1. 8.

〈현찰로 집사는 사람들…고삐 풀린 서울부동산 어찌하나〉, 동아일보, 2018. 9. 24.

〈[팩트체크]강남불패, 강남 거주 고위직들 때문일까?〉, CBS노컷뉴스, 2018. 9. 13.

〈홍콩시위로 드러난 경제 불평등…밀월 끝내는 中정부와 홍콩재벌〉, 서울신문, 2019. 10. 10.

〈정부가 '강남 집값' 잡을 수 없는 5가지 이유〉, 중앙일보, 2018. 2. 20.

〈한눈에 보는 서울 지하철 역세권 아파트 가격〉, 경향비즈, 2018. 2. 10.

〈수시 역대 최대 77.3% 선발…주요대 학종 비중↑〉, 동아일보, 2019. 9. 1.

〈정시 늘고 수시 줄어든 2022학년도 대입 전략?〉, 세계일보, 2021. 1. 10.

〈"2020대입, 학생부 위주 전형이 대세"〉, e-대학저널, 2019. 2. 22.

〈2017 서울대 의대 합격자 55.8% 일반고 출신외대부고 5명 최다〉, 베리스타 알파, 2017. 8. 30.

〈서울대의 배신, 서울대 '지역균형선발'도 불균형…강남구 출신, 7년새 4배↑〉, 이데일리, 2018. 6. 11.

〈2019대입잣대, 1인당 교육비, 재정지원사업.. 서울대 1위 석권〉, 베리타스 알파, 2018. 5. 23.

〈기름값의 비밀…휘발유 1리터에 세금이 60%〉, 머니투데이, 2018. 6. 3.

〈경기도의 꿈, GTX 현실화되다〉, 경기도 보도자료, 2009. 9. 1.

〈교통부담금 17조 8000억 걷고도…2기 신도시 도로·철도 지지부진〉, 한국경제, 2018. 10. 25.

〈서울시 출퇴근시간 1시간36분…출근보다 퇴근이 더 걸려〉, 한겨레신문, 2018. 5. 16.

〈집값 35% 뛴 강남아파트, 전국상승액 13%나 챙겼다〉, 경향비즈, 2017. 2. 10.

〈KTX세종역 갈등 고조…국토부는 뒷짐〉, 이투데이, 2018. 10. 21.

〈서울시-국토부 그린벨트 갈등 불씨 여전…'직권해제' 카드 등장〉, 연합뉴스, 2018. 9. 21

〈풀어도 문제, 놔둬도 고민 서울 그린벨트 딜레마〉, 조선비즈, 2018. 9. 20

〈그린벨트 해제는 안 된다는 서울시…정부 직권으로 벨트 푸나〉, 연합뉴스, 2018. 9. 17.

〈내년만 25조 '역대급 토지보상금'…부동산가격 '불쏘시개' 되나〉, 머니투데이, 2018. 12. 21.

〈[신년기획 2019-富의 장벽 높이는 서울] 인구 주는데…공급 늘리면 수요 더 늘어…'서울 미스터리'〉, 헤럴드경제, 2019. 1. 2.

〈사망자, 출산자 앞서는 데드크로스…인구절벽 코로나에 가속화 우려,〉, 동아닷컴, 2021. 1. 4.

〈저출산·고령화로 시군구 약 40% '소멸위험'…대도시로도 확산〉, 연합뉴스, 2018. 8. 13.

〈지역서 번 소득 '62조 원', 서울·경기로 빨려 들어갔다〉, 한겨레, 2018. 11. 25.

〈한국, 세계 유일의 '출산율 0명대 국가' 된다.〉, 조선일보, 2018. 7. 6.

〈평생 아이 1명도 안 낳는 나라…매년 수십조 원 붓고도 OECD 중 출산율 꼴찌〉, 조선비즈, 2020. 8. 26.

〈결혼 포기한 2030〉, 머니S, 2018. 7. 23.

〈집·결혼 포기하니 행복해요〉, 아시아경제, 2018. 8. 28.

〈대졸초임 21년 한 푼 안 쓰고 모아야 서울 아파트 산다〉, 이코노믹리뷰, 2018. 9. 4.

〈서울 소득 대비 집값 세계 23위…파리, 도쿄보다 집사기 어려워〉, 조선일보, 2017. 10. 12.

〈집도 없는데 결혼출산 포기했어요〉, 매일경제, 2018. 8. 26.

〈하루 45분…한국 남성 가사분담률 OECD 최하위〉, 중앙일보, 2017. 7. 3.

〈한중대 폐교 '사라진 입학식'…지역 주민 '아쉬움'〉, 노컷뉴스, 2018. 3. 2.

〈서남대 폐교 한 달…도심 속 외딴 섬 전락〉, 전북일보, 2018. 3. 28.

〈지방대 몰락' 막는다더니…정원 감축 75% 지방대서 이뤄졌다〉, 한겨레, 2018. 6. 5.

〈우면산 사고 겪고도, 산사태 관할은 위·아래 따로따로〉, 중앙선데이, 2018. 10. 6.

〈종로 고시원 화재, '창문값' 월 4만 원이 삶과 죽음을 갈랐다〉, 한겨레신문, 2018. 11. 9.

〈광화문광장 3.7배 커진다…시민 광장, 보행 중심 공간으로 탈바꿈〉, 조선비즈, 2018. 4. 10.

〈소방관 증원과 처우개선 시급하다〉, 중앙일보, 2017. 9. 19.

〈소방관의 불면증, 자살 생각 악화시킬 수 있어 주의 필요〉, 메디컬투데이, 2018. 8. 31.

〈中 '광군제' 쇼핑광풍 예고…알리바바 매출 36조 원 전망〉, 조선일보, 2018. 11. 10.

〈얼굴인식·무인점포·자율車… 中, BAT 드림팀 띄워 'AI 굴기'〉, 한국경제, 2018. 8. 9.

〈여의도 면적 82배 땅 외국인 소유…중국인 '제주도 투자' 지속〉, 머니투데이, 2018. 5. 1.

〈사드 배치로 인한 제주 경제의 위기, 돌파구는 없는가?〉, 제주의 소리, 2017. 3. 20.

〈텅 빈 청주국제공항, 노선 다변화가 답이다〉, 충북일보, 2017. 3. 19.

〈애플, 최초로 시가총액 2조 달러 넘었다〉, 국민일보, 2020. 8. 20.

〈세계 최고부자 85명이 가진 재산, 전세계 하위 50% 재산과 맞먹어〉, 조선일보, 2014. 1. 23.

〈신년기획 2019-富의 장벽 높이는 서울, 4년 전 순간선택이 10억을 좌우했다〉, 헤럴드경제, 2019. 1. 2.

〈한국 청소년 사망원인 1위 자살…4명중 1명 "심각한 우울 느낀다"〉, 중앙일보, 2018. 4. 26.

〈독거노인 140만 시대, 외로움이 우울증 부른다〉, 뉴스토마토, 2016. 7. 5.

〈자살률 OECD 1위⋯ 우울증약 복용 ⅓ 수준〉, 한국일보, 2018. 7. 1.

〈고층아파트, 살만한 곳인가? 일부내용 수정〉, 레디앙, 2010. 11. 28.

〈늙어 가는 日아파트들, 수리도 재건축도 어렵네〉, 머니투데이, 2019. 2. 7.

〈[사설] 일본 아파트 '장수명화 관리'에서 배울 점〉, 아파트관리신문, 2017. 11. 2.

〈길음 뉴타운 원주민 입주율 10%에 불과〉, 한겨레신문, 2005. 7. 19.

〈외국인주민 200만 명 넘었다⋯전북인구 추월〉, 매일경제, 2019. 10. 31.

〈한국에서의 4년 9개월, 속헹씨가 죽어간 시간〉, 한국일보, 2021. 02. 02.

〈5년간 이주노동자 산재사망률 60% 급증, 산재사고 사망 100명 중 11명이 이주노동자〉. 민중언론 참세상, 2019. 10. 4.

〈에릭슨LG 빠져나간 안양시 실업률 전국 3위로 올라⋯거제·통영·군산 고공행진〉, 조선비즈, 2018. 8. 29.

〈"말뫼의 눈물 잊어라"⋯통영 폐조선소, 관광·문화 허브로〉, 국민일보, 2018. 9. 26.

〈통영 도시재생①흉물 '골리앗 크레인', 도시의 미래가 되다〉, news1, 2018. 9. 26.

〈관광객 몰리는데 주민들은 떠나고⋯'부산 마추픽추'의 그늘〉, 채널A, 2019. 1. 26.

〈造船 몰락' 스웨덴 말뫼, '에코 시티'로 변신 비결〉, 동아닷컴, 2016. 5. 9.

〈프랑스 '노란조끼' 4주째 시위⋯"프랑스 혁명, 68혁명 잇는 제3의 혁명으로"〉, 한겨레, 2018. 12. 9.

〈한국 소득 불평등 세계 2위⋯상위층 10%에 전체 富 45%〉, 한국일보, 2016. 9. 4.

〈"양도세 엎친 데 종부세 덮쳐"⋯더 얼어붙는 강남 고가아파트〉, 매일경제신문 2018. 6. 24.

〈독일 13년 vs. 한국 3년⋯주거권은 어디에?〉, 프레시안, 2017. 1. 28.

〈반포현대 1억 3569만 원⋯재건축 부담금 '쇼크'〉, 한국경제신문, 2018. 5. 16.

〈강남4구 재건축 초과이익 부담금 최고 8억 4천만 원〉, 한겨레, 2018. 1. 21.

〈강남4구 재건축 초과이익 부담금 최고 8억 4천만 원〉, 내용 일부수정 한겨레, 2018. 1. 21.

〈평당 4천만 원 호가 분양가 거품의 핵심은 '건축비'였다〉, 오마이뉴스, 2017. 11. 23.

〈중개업시장 포화상태인데…공인중개사 시험에 왜 사람 몰릴까?〉, 오마이뉴스, 2018.
10. 29.

〈중년의 고시 '공인중개사' "아 옛날이여"…시장은 포화, 수입은 양극화〉, 중앙일보,
2017. 5. 29.

〈10억 집 중개수수료 900만→550만 원…7년 만에 내리나〉, 머니투데이, 2021. 1. 26.

〈일본 편의점은 19억 매출 중 얼마를 남기나?〉, SBS 뉴스 월드리포트, 2018. 7. 27.

〈韓 자영업자 비율 OECD 3위…포화상태 넘어 생존 '치킨게임'〉, 헤럴드경제, 2018. 1. 21.

〈현대차, GBC 사옥 신축에 1조 4146억 원 투자…총 공사비 2조 5700억 원〉, 조선일보,
2016. 7. 26.

〈현대차 연구비 비중 '글로벌 하위권', 현대모비스 중심 연구 확대〉, 비즈니스포스트,
2018. 6. 11.

〈'AI 제국' 구글, 자율車 특허 질주…도요타·GM·포드 다 제쳤다〉, 한국경제, 2018. 9. 14.

〈볼보·재규어-랜드로버 인수 외면한 현대차…현대建·한전부지에 15조 원 쏟아〉, 인
베스트조선, 2015. 10. 16.

〈현대차, 삼성동 부지 인수 재평가?…땅값 50% 넘게 올라〉, Invest Chosun, 2018. 8. 31.

〈대기업의 역사, 땅재벌의 역사〉, 한겨레신문, 2016. 8. 30.

〈대한민국은 재벌 부동산 공화국…1% 기업 부동산 보유액 966조 원, 상위 10개 기업
부동산 보유액 6년 새 147% 폭증〉, 뉴스타워, 2016. 8. 30.

〈7년 만에 최악 가뭄 속초 28일 만에 제한급수 해제〉, 한겨레신문, 2018. 3. 6.

〈메콩강 '제2 남중국해' 되나…중국, 물줄기 맞닿은 5개국과 갈등〉, 한국경제, 2018. 1. 3.

〈미세먼지가 지진·북핵보다 더 걱정〉, 내일신문, 2018. 5. 14.

〈미세 먼지로 인한 조기사망자 한해 700만 명, 담배보다 많다〉, 조선일보, 2017. 3. 22.

〈초미세먼지로 조기사망자 한해 1만 2천 명…뇌혈관질환 최다〉, 중앙일보, 2018. 6. 7.

〈미세먼지 논란…중국 탓일까, 국내오염 탓일까〉, 중앙일보, 2018. 2. 13.

〈한국, 1인당 석유소비량 작년 19.13배럴 세계 5위〉, 연합뉴스, 2016. 7. 17.

〈한국 곡물 자급률 24% 불과…국가식량안보 위협하는 수준〉, 서울경제, 2018. 10. 29.

〈생수, 소비 급증세…2020년 1조원대 시장 된다〉, 연합뉴스, 2017. 6. 14.

〈164억 병 팔린 제주삼다수, 무인화 공장 통해 1위 지배력 확대〉, 조선비즈, 2018. 3. 30.

〈탄산음료 앞지른 생수, 개운치만은 않네〉, 한겨레, 2015. 8. 9.

〈지난해 국민 1명당 흰 우유 135잔 마셔…흰 우유 소비 4년 만에 '나홀로 증가'〉, 한국일보, 2017. 4. 12.

〈[11조 한국 커피시장] 年265억 잔 소비. 세계 7위 수입국…커피에 빠진 대한민국〉, 이투데이, 2018. 2. 26.

〈"한국인 1인당 알코올 9ℓ.1년에 맥주 366캔 꼴" "한국인 1인당 알코올 9ℓ…1년에 맥주 366캔 꼴"〉, 중앙일보, 2017. 11. 15.

〈음식물쓰레기 절반은 먹기도 전에 나온다〉, 한국일보, 2016. 11. 02.

〈2030년엔 버려지는 음식물 1초에 66톤〉, 한국일보, 2018. 8. 21.

〈18년 쌓아올린 40m 피라미드…여기는 인천 쓰레기산〉, 중앙일보, 2018. 6. 25.

〈한국 1인당 온실가스 배출량 일본·독일보다 많아…영국·프랑스 2배〉, 중앙일보, 2019. 12. 6.

〈작년 공사장 사고 499명 사망…"20년 전 신도시 조성 때 같다"〉, SBS 뉴스, 2017. 3. 13.

〈"이렇게 깨끗한 발전소는 처음" 태안화력, 이해찬 방문에 대대적 물청소〉, 오마이뉴스, 2018. 12. 21.

〈脫원전 대안이라는 태양광, 거리규제에 막혀 설 곳 없다〉, 매일경제, 2018. 7. 25.

〈그림 같은 저수지…전국 3400곳에 태양광을 짓겠다고 합니다〉, 조선일보, 2018. 7. 6.

〈태양광 1MW당 건설부지 최소 원전 20배 이상 필요〉, 투데이에너지, 2017. 9. 11.

〈중금속 범벅 '폐 태양광 패널' 폭증… 무방비로 매립만〉, 문화일보, 2018. 7. 10.

〈실패로 끝난 세계 첫 태양광 발전도로〉, 한겨레, 2019. 8. 17.

〈예타면제…제2의 경부고속도로 vs 제2의 4대강〉, 노컷뉴스, 2019. 1. 30.

〈발달장애인 복지 확대시킨 캐나다 부모들〉, 시사IN, 2014. 4. 15.

〈강서구 특수학교 합의, 이런 방법밖엔 없는 건가〉 한겨레, 2018. 9. 5.

〈자영업자 10명 중 7명, 직원 없는 '나홀로 사장님'〉, 한겨레, 2017. 7. 21.

〈2018 QS 세계대학 순위 설카포 고대 성대 톱5…'성대 첫100위 진입' 연대 한대 경희대 GIST 이대 순〉, 베리타스알파, 2018. 6. 7.

〈2019 대입잣대, 1인당 '실질'교육비 DGIST 1위…GIST대학 포스텍 순〉, 베리타스알파, 2018. 9. 3.

〈범죄와 도시 ①: 중구(中區)의 오명…외지인 몰리는 동네에 범죄 많다〉, SBS뉴스 마부작침, 2017. 2. 17.

〈최초 공개! 2016 '전국 범죄지도' ① 범죄 발생 1위 도시는?〉, SBS뉴스 마부작침, 2017. 3. 9.

〈폐신아조선소 세계적 관광 명소로…'통영의 구겐하임' 꿈꾼다〉, 서울신문, 2018. 9. 4.

〈투기잡고 경제 살리는 보유세〉, 시사IN, 2017. 8. 14.

〈부동산은 잡았으니 땅값도 잡아보자〉, 시사IN, 2017. 12. 18.

〈공무원·건물주가 꿈…청소년들의 현주소〉, JTBC 탐사플러스, 2016. 2. 29.

〈한국 석유 소비량 세계 8위 석탄은 5년 새 11.2% 증가〉, Economy Insight 76호, 2016. 8. 1.

〈디젤자동차의 생명을 위협하는 독, 가짜 경유〉, 에쓰오일, 2017. 8. 24.

〈가짜석유 유통 연간 140만 8,500kℓ·탈세 6,428억 원〉, 투데이에너지, 2018. 9. 12.

〈세계 평균 곡물자급률 102%, 한국 20%대 '식량후진국'〉, 이코노믹 리뷰, 2018. 7. 3.

〈[강석기의 과학카페] 고기를 향한 무서운 열망…어떻게 해결할까?〉, 동아사이언스, 2018. 7. 24.